실명으로 밝히는 참여정부 인사 시스템 막전막후

노무현이 선택한 사람들

글 최 광 웅(데이터정치연구소장)

노무현이 선택한 사람들

초판 1쇄 인쇄일 2016년 5월 19일
초판 1쇄 발행일 2016년 5월 23일

지은이 최광웅

펴낸이 김완중
펴낸곳 내일을여는책
편집총괄 이헌건
디자인 구정남
관리실장 장수댁

인쇄 예림인쇄
제책 바다제책

출판등록 1993년 01월 06일(등록번호 제475-9301)
주소 전라북도 장수군 장수읍 송학로 93-9(19호)
전화 063) 353-2289
팩스 063) 353-2290
전자우편 wan-doll@hanmail.net
블로그 blog.naver.com/dddoll

ISBN 978-89-7746-055-3 03300

실명으로 밝히는 참여정부 인사 시스템 막전막후

노무현이 선택한 사람들

글 최 광 웅(데이터정치연구소장)

내일을여는책

인사(人事)는 만사(萬事)다

지명 5일 만에 낙마, 지명 6일 만에 낙마, 지명 3주 만에 낙마, 임명과 사의 표명과 재임명 반복, 임명 63일 만에 사퇴한 역대 최단명 국무총리, 여당 단독 인사청문경과보고서 채택. 박근혜 대통령이 지명한 국무총리 후보자 6명의 초라한 성적표. 1조원대 재산 보유, 원정도박설, 별장 성접대 연루 의혹, 무기중개상 전력, 역외 탈세, 식민역사관. 고위공직 후보자들이 새롭게 선보인 낙마 사유들이다. 집권 3년을 경과하면서 인사 분야만큼은 기네스북에 오를 만한 신기록을 차곡차곡 작성해나가고 있다. 20대 총선에서 새누리당이 2당으로 추락하며 20년 만의 여소야대 국회가 만들어진 건 결코 우연이 아니다.

변호사 활동 7개월 동안 7억원의 수입을 올린 고위공직 후보자, 5개월 동안 16억원이 넘는 고액 수임료를 받은 또 다른 후보자, 법무법인 소속 변호사로 2년을 근무하면서 월평균 약 2,800만원의 공식 소득을 올렸다고 밝힌 고위공직자, 검찰 퇴직 후 로펌에서 17개월간 16억원을 받았다는 정무직 공직자. 이상은 박근혜 정부의 최고위급 공직 후보자로 지명된 사람들의 소득명세서 중 일부이다.

인터넷 가입자 수 세계 5위, 무역규모 세계 7위, 상장기업 수 세계 9위, 20-50클럽(1인당 국민소득 2만 달러와 인구 5,000만 명) 7개국 중 하나인 2016년 현재 대한민국의 처참한 인사(人事) 자화상이다.

통계청이 발표한 자료에 따르면 2016년 1월 현재 우리나라 근로자들이 받은 월 평균 임금은 356만원에 불과했다. 이에 반해 100만 명 공무원들의 임금은 기준봉급 및 복지포인트 등을 합하면 평균 500만원을 상회한다. 국민 혈세로 봉급을 받는 공무원은 국민의 심부름꾼이라는 뜻으로 공복(公僕)이라고 불린다. 그중에서도 장·차관 이상 고위직 공무원은 공복 중 공복이다. 즉, 일반 직업인보다 더 높은 윤리규범을 요구받는다. 투철한 봉사정신과 부정부패를 척결하는 청렴·결백이 그것이다. 그래서 장관은 연봉 및 직급보조비로 매월 평균 1,131만원, 차관은 1,073만원을 지급받는다. 별도의 업무추진비로 월 500만원~1,000만원씩 사용할 권한까지 주어진다. 그럼에도 불구하고 도덕성이 결여된 인물들로 인사추천이 이루어진다면 국민이 동의하기 어렵다.

'강부자'(강남 부동산 자산가)와 '고소영'(고려대·소망교회·영남 출신) 인사라는 신조어를 낳으며 인사실패의 전형으로 꼽히던 이명박 정부는 다수 고위공직자들이 인사검증 과정에서 '위장전입, 탈세, 부동산 투기, 병역기피' 등의 결격사유가 줄줄이 드러났다. 그런데 박근혜 정부 들어서면서 새로운 항목들이 추가되고 있으니 '구관이 명관이다' 하는 말이 나올 정도다. 단순한 비교는 쉽지 않지만, 후보자들의 도덕성 측면에선 이명박 정부보다 오히려 더 악화되고 있는 것이다.

스위스 세계경제포럼(WEF)이 발표한 '2015년 국가경쟁력 평가'에서 한국의 국가경쟁력 순위는 140개국 가운데 26위였다. 10년 만에 최저 수준으로 떨어진 2014년도와 같은 순위다. 정책결정의 투명성은 123위로 최하위 수준이고, 공무원 의사결정의 편파성 역시 82위였다. 정부 정책의 불투명과 공무원의 자의적 의사결정이 국가경쟁력을 갉아먹는 대표적인 요인인 셈이다.

또 다른 지표도 있다. 독일의 국제투명성기구(TI)에서 발표한 2015년도 국가별 부패인식지수(CPI)에서 한국은 OECD 34개국 중 공동 27위로 최하위권이었다. 2008년 이후 7년 연속 하락과 정체를 반복하고 있다. 정부정책을 최종 결정하는 고위공직 후보자들을 부패 전력자들로 줄줄이 지명하고 있으니 국가청렴도의 하락은 어쩌면 당연한 일일 것이다.

우리가 고위공직자 인사청문회 제도의 모델로 삼고 있는 나라는 미국이다. 그런데 미국 공직자 임명 절차의 가장 큰 특징은 철저한 사전검증에 있다. 따라서 인사청문회 현장에서 도덕성 문제로 인준이 거부되는 경우는 극히 드물다.

미국 대통령이 직접 인사권을 행사할 수 있는 자리는 백악관 비서실장부터 각종 위원회 위원까지 약 9,000여 개에 이른다. 상원의 인준청문회가 필요한 주요 직책은 연방대법관, 행정부의 장·차관과 차관보 이상의 직위, 연방수사국(FBI) 국장을 비롯한 국가기관의 장, 각국 대사 등이며 2012년 기준으로 약 1,200여 개다. 정권이 바뀌면 워싱턴 이삿짐센터가 반짝 경기를 누리는 것도 이 때문이다.

우리나라는 이보다 적다. 청와대 민정수석실이 인사검증을 하는 자리는 국회 인사청문회를 거치는 정무직을 포함해 3급 이상 일반직 직위, 군·검·경·국정원·외교관 등 특정직의 일정 직급 이상 직위, 대통령이 위촉하는 정부위원회의 위원 직위, 공공기관의 임원 직위 등 총 3,000여 개다.

1787년 헌법 제정 당시부터 인사청문회를 실시해온 미국은 매우 안정된 인사시스템을 자랑한다. 200년이 넘는 오랜 기간 동안 정교한 제도를 정착시켜 오면서 청문회 이전 단계에서 도덕성 검증을 완벽하게 끝낸다. 백악관 인사실과 법률고문실, FBI, 연방정부 윤리처, 상원의 소관 상임위원회의 철저한 검증을 거치면서 공직후보자는 그야말로 완전히 벌거숭이가 된다.

현재 미국 고위공직자에 대한 인사시스템은 우리나라와 유사하다. 백악관 인사실 추천 → 백악관 법률고문실 검증(FBI, 국세청, 연방정부 윤리처와 해당부처의 윤리담당관 등 참여) → 대통령의 후보자 지명 → 상원 해당 상임위원회의 인준청문회 등의 순으로 진행된다. 인사 검증부터 청문절차가 끝나기까지 무려 90~120일이나 소요된다. 참여정부의 인사시스템은 바로 이 미국의 인사시스템을 벤치마킹한 것이다.

참여정부 이전에는 정무직과 공공기관 임원 후보자 등의 추천과 검증을 모두 민정수석실의 공직기강비서관실이 담당했다. 공정하고 객관적인 인사를 담보하기 위해 긴장과 견제관계에 있어야 할 두 가지 기능을 단일조직이 수행한 것이다. 따라서 좋은 얘기를 듣는 추천에만 관심이 집중되다 보니 검증의 유명무실화로 나타났다. 이와 같은 문제를 심각하게 인식했던 노무현 대통령은 정부 출범 전 인수위 시절에 인재 발굴 기능을 전담할 인사보좌관(2003년 말 인사수석으로 승격)과 민정수석을 각각 내정하고 첫 조각부터 추천과 검증을 분리·적용함으로써 합리적 긴장관계를 유지하면서 인사과정을 투명하게 했다.

하지만 후보자 추천과 검증 기능의 분리가 공정하고 객관적인 인사의 필요조건은 되지만 충분조건은 되지 못한다고 판단한 노 대통령은 취임 직후 다시 '시스템 인사'를 제안했다. 후보자를 발굴하고 검증하는 과정에서 나타난 크고 작은 문제들을 종합적으로 평가하고 이를 통해 복수 후보자들 가운데 특정 후보자를 인사권자에게 최종적으로 추천하는 일은 어떤 형태로든 제도화가 필요했다. 인사 과정의 시스템화 미흡 또는 기능의 분장 자체가 베일에 가려지거나 특정인에게 집중되면 비선이 영향력을 행사하게 되고, 의사결정 과정의 투명성을 잃을 위험이 커지기 때문이었다.

2003년 3월 14일 노무현 대통령은 수석보좌관 회의에서 "시스템에 의한 체계적인 정무직 인사를 위해 비서실장과 관계 수석 등이 참석하는 인사추천회의를 설치·운영하는 방안을 강구하라"고 지시했다. 인사추천회의는 비서실장이 의장, 인사수석이 간사, 그리고 정무수석·민정수석·홍보수석·국민참여수석 등 정무관계 참모들이 참여하는 인사배심원제 형태로 운영됐다. 매주 목요일 오후 2시에 열렸는데, 참석률이 거의 100%였을 만큼 관심이 뜨거웠다.

인사수석실이 발굴해 민정수석실에서 검증한 후보들의 자료를 놓고 최적임자를 선정, 그 결과를 대통령에게 보고했다. 대통령의 인사권을 자문하는 기구에 불과했지만 노 대통령은 이 '시스템'에 힘을 실어주기 위해 되도록 그 결정을 따랐다. 이 책에도 소개가 되겠지만, 일면식도 없는 인물을 오로지 참모들의 의견만을 존중해 장차관에 발탁한 이가 바로 노 대통령이었다.

인사추천회의에 오를 안건은 인사수석실에서 2주 전에 각 수석에게 통보했다. 인사수석실은 인사요인이 발생한 기관의 성격과 후보자의 능력, 자질을 토대로 10여 명의 후보를 간추려 최종 3명으로 압축한다. 발굴된 후보에 대해 공직기강비서관실은 회의가 열리기 전까지 국정원, 경찰청, 검찰청, 감사원, 행정자치부, 금융감독원 등 관련기관의 협조를 받아 검증작업을 벌인다. 회의에선 통상 5~6개 직위에 대한 인사 검토가 이뤄진다.

인사수석실은 후보자를 추천한 사유를 중심으로 각 후보별 강·약점을 설명한다. 논문, 기고문 등 후보자의 철학을 알 수 있는 내용과 주변 인물들에게서 조사한 평판조회서가 중요하게 인용된다. 공직기강비서관실은 후보자의 도덕성과 특이사항 등의 검증 내용을 제시한다. 병역, 부동산투기, 음주 등 결격사유가 있는 후보자를 걸러내고 최종 후보는 단수 혹은 복수로 정리된다. 인사수석실은 심의결과를 대통령에게 보고하고, 대통령이 재가하면 최종 인사가 발표된다.

후보의 추천과 검증 과정에서 인사수석실과 공직기강비서관실은 자연스럽게 상호견제 관계에 놓인다. 후보자에 대한 사전 협의나 정보 공유가 차단돼 있기 때문이다. 모든 것은 인사추천회의 당일 공개된다. 대충 사전 조율이 됐겠거니 하고 처음 회의에 참석한 수석이 당황한 경우도 적지 않았다.

나는 20년 이상 국회, 정당, 청와대 등에서 일했다. 그리고 우연찮게 인사와 관련해 많은 인연을 맺게 됐다. 국회에서는 총무처를 소관 상임위원회로 하는 의원실에서 2년 동안 근무했다. 서울시의원으로 재직할 동안에는 인사과를 소관으로 하는 상임위원회 위원으로 활동했다. 노무현 대통령 후보 선대위에서는 조직보좌역으로 일했는데, 이 역시 넓게 보아 인사업무다.

2003년부터 참여정부 청와대 정무수석실 선임행정관으로 근무하게 됐는데, 정무수석이 인사추천회의 고정 멤버였기 때문에 각종 실무를 지원했다. 이듬해 인사수석실로 옮겨 행정관과 비서관으로 만 2년을 꼬박 채우고 퇴직했다. 2010년에는 민주당 중앙당 조직담당 사무부총장을 맡았는데, 이 역시 인사업무가 많았다.

나는 인사업무를 하는 데 있어서 늘 《논어》(論語)의 〈위정〉(爲政) 편을 떠올리곤 했다.

조나라 마지막 왕인 애왕(哀王)이 물었다. "어떻게 하면 백성이 복종하겠습니까?"

공자는 "거직조저왕(擧直措儲枉) 즉민복(則民服) 거왕조저직(擧枉措儲直) 즉민불복(則民不服)"이라 답했다. "정직한 사람을 등용하고 정직하지 못한 사람을 버리면 백성들이 따르고, 정직하지 못한 사람을 등용하고 정직한 사람을 버리면 백성들이 복종하지 않는다."

흔히들 인사를 만사(萬事)라고 한다. 하지만 공자가 밝힌 원칙은 만사를 위한 '필요조건'이지 '충분조건'은 아니다.

우리나라는 대학진학률 70%를 웃도는, 세계에서 교육수준이 가장 높은 나라 중 하나다. 대통령의 수첩에 적혀 있지 않은 사람 가운데도 우수한 인재는 얼마든지 많다. 참여정부는 청와대와 중앙인사위원회의 공동작업으로 7만 명 이상의 주요인물에 대한 국가인재DB작업을 해놓았다. 전임 정부로부터 넘겨받은 빈약한 존안자료만으로는 인사업무를 할 수 없어서 시작한 일이다. 이명박 정부가 그것을 사장시켜버렸으니 참으로 안타까운 일이다.

참여정부가 자랑할 만한 일은 무엇보다 밀실에서 행해지던 인사를 시스템으로 정착시킨 것이다. 이명박 정부 시절, 한때 인사비서관실로 축소됐지만 박근혜 정부에서 다시 인사수석실이 부활되어 형식적 시스템만큼은 참여정부의 경험을 이어가고 있다. 결국 사람이 하는 일이기 때문에 참여정부도 사람이 판단을 잘못해서 일을 그르친 경우도 없지는 않았다. 이 책은 주로 참여정부에서 잘한 인사 사례를 소개했지만 실패한 사례도 일부 고백했다.

자신의 잘못을 공개하고 평가받자고 용기를 내기란 쉽지 않은 일이다. 그래도 참여정부는 인사 청문대상 고위공직자 78명 중 3명이 낙마해 단 3%의 낙마율을 보였다. 이명박 정부는 111명 중 10명으로 9.0%이다. 박근혜 정부는 3년 2개월 정도의 임기가 경과하고 있음에도 불구하고 80명 중 9명이 낙마해서 이미 두 자릿수 낙마율을 보이고 있다.

박근혜 대통령은 부실한 사전검증과 불투명한 인선 과정으로 빚어진 문제를 인사청문회 탓으로 돌리는 듯하다. 당선인 시절부터 '수첩 인사' '오기 인사'라는 비판을 받아왔지만 이를 개선할 생각은 전혀 없어 보인다. 2005년 1월 이기준 교육부총리 낙마를 계기로 당시 박근혜 한나라당 대표는 "모든 국무위원에 대한 인사청문회가 필요하다."며 강력하게 인사청문회를 요구했고, 이에 따라 전체 국무위원으로 국회 인사청문회가 확대됐다. 그러나 2014년 6월 안대희·문창극 총리 후보자가 잇따라 낙마한 직후 박근혜 대통령은 청와대 회의를 통해 "신상털기식, 여론재판식 인사청문회에 대해 여야가 머리를 맞대고 제도 개선 방안을 모색해달라"고 밝히며 입장을 바꿨다.

대통령제 국가에서 대통령의 힘의 원천은 인사권이다. 그러나 대통령은 국민이 선출한 국민의 대표자이기 때문에 인사권을 독선적으로 행사해서는 안 된다. '수첩 인사' '깜짝 인사' '특정지역 편중인사'로는 국민의 동의를 구하기 어렵다. 인사권을 밀실에서 광장으로 꺼내놓아야 하는 이유이다.

우리 선조들은 일찍이 인사의 중요성을 깨닫고 이를 실천했다. 조선조에는 청백리제도를 통해 관직 수행 능력과 청렴·근검·도덕·경·효·인의 등의 덕목을 겸비한 이상적인 관료를 선발했다. 총 217명이 배출되었는데 명재상 황희, 영남학파의 종조 이황, 임진왜란 중 선조를 호종한 이항복 등이 대표적으로 알려진 청백리이다.

박근혜 정부 출범 직후, 인사 참사를 지켜보면서 나는 오래전 참여정부에서 인사업무에 참여한 경험을 정리하기 시작했다.

이 책은 인사정책에 관한 전문서가 아니다. 10년 전 청와대 근무기간의 경험을 중심으로 기억을 더듬고, 나머지는 관련 책자와 언론 자료들을 살폈다. 졸고 출판에 협조해준 '내일을여는책' 김완중 대표와 이헌건 편집장, 김세라 실장에게 감사드린다.

원고 작업 내내 참고 기다려준 아내 송은수와 두 딸 해나, 예봄에게도 고맙다는 말을 전한다.

2016년 5월 최 광웅

Contents

반기문 유엔사무총장
'운7 기3'의 연속

"균형적 실용외교는 현실적이면서 미래지향적인 외교안보전략입니다. 동북아에서 차지하는 우리의 전략적 위치와 중요성에 비추어볼 때, 그리고 역사의 경험으로 볼 때 우리가 균형을 잡지 못하면 한반도와 동북아시아의 평화질서는 이루어지기 어렵습니다. 우리가 어떤 비전을 가지고 어떻게 중심을 잡아 나가느냐 하는 것이 매우 중요한 일입니다. 이를 위해 우리는 한·미관계를 포괄적이고 역동적인 동맹관계로 발전시켜 왔습니다. 중국, 러시아 등 주변국과의 관계도 한층 강화해 왔습니다. 이런 노력에 힘입어 지난해에는 우리 대한민국이 유엔사무총장을 배출하는 쾌거를 거두었습니다. 북핵 문제를 풀어오는 과정에서는 6자회담 당사국 간의 의견을 조율하면서 적극적인 역할을 해왔습니다."

노무현 대통령이 2007년 8월 15일 제62주년 광복절 경축사에서 밝힌 대로 반기문 유엔사무총장은 참여정부가 추진한 균형적 실용외교의 자랑스러운 성과이다.

2005년 말, 외교통상부는 소폭 인사를 단행했다. 외교안보연구원장에 조중표 바른역사정립기획단 부단장, 기획관리실장에는 김수동 감사담당 대사를 임명했다. 처음으로 정식 직제가 된 대변인에는 추규호 주 일본공사를 발탁했다. 여기서 눈여겨볼 사람은 김수동 기획관리실장이다. 그는 직업외교관이지만 친한나라당·친보수 일색인 외교부 안에서 드물게 친여당·친개혁 입장을 견지한 인물이었다.

그는 참여정부 초대 정무수석을 역임한 유인태 당시 열린우리당 의원의 경기고·서울대 동기동창이자 처남 매부 사이다. 유인태 의원이 민청학련 사건으로 4년 반 동안 수감 중일 때 옥바라지를 하던 그의 여동생과 눈이 맞아 웨딩마치를 올렸다.

유인태 의원과의 이런 특수관계에도 불구하고 그는 2003년 참여정부 제1기 해외공관장 인사에서 현직 국장 특혜를 받지 않고, 발칸반도의 화약고인 세르비아·몬테네그로 대사로 발령받아 2년 반을 근무하고 복귀했다. 노블리스 오블리제를 실천한 참 공무원이었지만, 그는 2007년 3월 노무현 대통령으로부터 주캐나다대사 근무를 명받아 출국했다가 도중에 정권이 바뀌는 바람에 임기 3년을 다 채우지 못하고 2년 만에 귀국하고 말았다.

사실 김수동 대사는 참여정부의 가장 큰 업적 중 하나인 유엔사무총장 배출에 적지 않은 기여를 한 숨은 공로자이다.

극적으로 집권에 성공한 참여정부는 솔직히 인재를 충분하게 준비하지 못했다. 특히 외교안보 분야는 일을 시킬 만한 사람이 없어서 초창기에는 꽤나 고생을 겪어야 했다. 후에 유엔사무총장이라는 어마어마한 성과를 거두긴 했지만, 반기문 외교보좌관 추천도 꽤나 어설픈 과정을 통해서였다.

노무현 대통령은 인사를 실시함에 있어서 늘 '견제와 균형의 원리'라는 '시스템'을 중요시했다. 윤영관 서울대 교수의 외교통상부장관 발탁과 이종석 박사의 NSC(국가안전보장회의) 사무차장 임명 등 개혁적인 인물을 통해 자주적인 외교노선을 지향하는 한편 외교보좌관을 직업외교관으로 기용해 한·미동맹의 중요성을 인정하면서도 전문적인 자문을 받는 등 '개혁과 안정의 조화'를 이루고자 했다.

그런데 외교부는 '서울대 외교학과를 졸업한 외무고시 출신'이 대부분인지라 친야당·친보수가 넘쳐났다. 특히 2002년 대통령 선거기간 동안 경기고·서울대 출신의 이회창 후보가 한동안 앞서 나갔기 때문에 그쪽에 줄을 댄 사람들이 많았고, 그래서 사람을 찾기가 더더욱 어려웠다.

대통령직인수위 시절, 노무현 당선자는 정찬용 인사보좌관을 내정하고 그에게 간사 역할을 맡겨 비서실장 내정자 문희상, 정무수석 내정자 유인태, 민정수석 내정자 문재인 등과 함께 내각 및 청와대의 주요 직책에 대한 인선(안)을 준비시켰다. 외교팀 중에서 외교부장관은 우선 윤영관 교수로 정해졌다. 당시 노 당선자는 "외교보좌관은 외무관료 출신으로 하겠다."는 지침을 주었다. 또한 "언제든지 장관을 시킬 수 있는 안정감 있는 인물"을 찾으라고 지시했다.

그러나 일은 쉽게 진행이 되지 않았다. 그런데 마침 유인태 내정자의 매제가 외교부 본부 국장으로 근무하고 있었다. 그가 바로 김수동 아·중동 국장이었는데, 그 역시 유인태와 같은 서울대 학생운동권 출신으로 뒤늦게 외무고시를 통해 동급생들보다 5~6년 늦게 외무부에 들어갔다. 우여곡절을 겪은 끝에 바로 그 김 국장이 처남을 통해 반기문을 외교보좌관으로 추천한 셈이다. 외교부 관료 출신 가운데 몇 명이 추가로 더 추천되었지만 최종 낙점은 반기문에게 돌아갔다.

진인사대천명(盡人事待天命). 할 수 있는 최선을 다한 후에는 오직 하늘의 뜻을 기다린다는 뜻의 고사성어다. 김수동의 서울대 외교학과 4년 선배인 반기문은 성실성과 발군의 업무능력으로 '최고위 외교관' '세계의 CEO'로 불리는 유엔사무총장에까지 오른 인물이다. 그러나 그의 이력을 꼼꼼히 들여다보면 흥미롭게도 흘린 땀 못지않게 고비마다 절묘하게 행운이 뒤따랐다는 걸 알 수 있다. 그의 36년 공직 인생을 찬찬히 따라가보자.

우선 '음성 촌놈' 반기문의 탁월한 영어실력은 우연 속에서 찾아왔다. 반기문의 나이 열두 살 때인 1956년, 국내 최초의 비료공장이 충주에 들어섰는데 미국인들이 기술자문역으로 드나들었다. 이때 반기문은 기술자들의 부인들 덕에 '본토영어'를 제대로 익혔다. 그 실력으로 충주고 재학 중 '외국학생의 미국 방문 프로그램'(VISTA)에 선발되어 존 F. 케네디 대통령을 만났고, 이를 계기로 외교관의 꿈을 키웠다.

또한 첫 근무지에서 평생의 멘토인 노신영 전 총리를 만난 것도 결정적 행운이었다. 외무고시 3회를 차석으로 통과하고 직무연수를 수석으로 졸업한 터라 원하기만 하면 미국 근무를 할 수 있었지만 어려운 가정형편 탓에 그는 '돈을 모으기 위해' 물가가 싼 인도 근무를 지원했다. 당시 인도 뉴델리 총영사가 노신영이었다. 그는 이곳에서 노 총영사의 눈에 들었고 노 총영사가 외무장관, 안기부장, 국무총리로 잘 나가는 동안 그 역시 탄탄대로를 걸었다.

그는 유엔과장과 주미참사관, 미주국장, 주미공사, 외교정책실장, 차관보 등 외교관 정통 코스를 밟았다. 미국통이면서도 양자외교와 외교정책에도 능한 그는 김영삼 대통령 시절인 1996년에 이미 차관급인 청와대 의전수석에 발탁되었고, 같은 해 외교안보수석까지 맡았다. 2000년 1월 김대중 대통령 때도 외교부차관에 임명되어 어언 5년 가까이 차관(급) 직위를 맡으며 승승장구했다. 그러나 2001년 4월 한·러 정상회담에서 불거진 국가미사일 방어체제(NMD) 논란에 책임을 지고 차관직에서 물러났다. 후임에 최성홍 주 영국대사가 임명되자 맞교대를 희망했으나 그만 헛물을 켜고 말았다.

노무현 정부의 외교보좌관 발탁 당시, 그는 본부대기 5개월 만에 한승수 외교부장관이 유엔총회 의장으로 선출되면서 의장비서실장으로 1년을 일하고 집에 돌아와 쉬고 있던 참이었다. 의장비서실장 자리는 일반적으로 국장급이 맡았기 때문에 사실상 '수치스러운 자리'였지만, 그는 이 기간 동안에 유엔의 시스템을 배우고 각국 외교관들과 네트워크를 넓힐 수 있었다. 이는 훗날 유엔사무총장 경선에서 새옹지마(塞翁之馬)로 작용했다.

그 당시만 본다면, 한마디로 그는 외교관으로서 한물 간 사람이었다. 그러나 나도 훗날 외교부 인사추천을 담당하며 상대해봤지만, 그는 전형적인 신사 스타일에 다소 보수적이면서도 일 욕심 하나만큼은 끝내주는 사람이다. 가까이에서 오랫동안 지켜본 김수동 국장의 입장에서 보면 반기문은 이미 공직을 졸업하다시피 한 사람이니 큰 욕심은 부리지 않을 것이라는 판단도 섰으리라. 경기고 출신이 득실대는 외교부에서 보기 드문 충주고 출신이라는 점도 플러스 요인으로 작용했을 것이다. 노무현 당선자 역시 다른 경로를 통해서도 확인을 해보았을 터이고, 그래서 외교보좌관으로 기용을 하고, 같이 일하면서 쌓인 신뢰를 바탕으로 마침내 장관까지 발탁을 하지 않았겠는가? 노무현의 외교보좌관 자리가 계기가 되어 오늘날

'유엔사무총장 반기문'이라는 영광이 마련되었으니 그 단초는 역시 그를 추천한 참여정부의 '인사시스템'과 김수동 국장이 아닐 수 없다.

참여정부에서 처음으로 도입된 대통령 보좌관은 '대통령의 가정교사'로 불렸다. 처음엔 장관급인 국가안보보좌관과 차관급인 국방·외교·경제·정보과학기술 보좌관등 5명으로 출발했는데, 그 가운데 맨 먼저 장관으로 영전한 이가 바로 반기문 외교보좌관이니 참으로 연속된 행운이 아닐 수 없다. 청와대는 반기문 보좌관에 대해 "청와대 외교안보수석, 외교부차관 등 주요 보직을 거친 외교 전문가로 주미대사관 총영사를 3년이나 역임해 영사 및 교포 문제에도 정통해 외교 분야에서 대통령을 잘 보좌할 것으로 기대한다."라고 설명했다.

반기문의 외교부장관 승진도 우연 속에서 찾아왔다. NSC와 외교부는 2004년 1월 초 이라크 파병 문제로 정면충돌했다. 조현동 당시 북미3과장이 술자리에서 노 대통령에 대해 '반미적'이라고 말한 사실을 부하 직원이 청와대에 투서한 것이 발단이었다. 결국 민정수석실이 대대적으로 조사를 벌여 장관부터 과장까지 줄줄이 옷을 벗거나 징계를 당했다. 이런 와중에서 장관으로 영전한 이가 바로 반기문이다. 차관급 승진 8년 만의 감격적인 일이었다. 외무고시 동기이자 수석 합격자인 최성홍 전 장관이 2년 전에 이미 거쳐 간 자리였다.

정찬용 인사수석은 "반기문 장관 내정자는 조직을 추스르고 개혁하여 참여정부의 외교역량을 강화, 결집시킬 수 있는 능력을 구비했다."면서 특히 "외교보좌관으로서 10개월간 노무현 대통령의 외교 방침과 입장, 철학을 잘 이해하고 있다."고 발탁 배경을 밝혔다.

그런데 취임 5개월 만에 이라크에서 김선일 씨 피살사건이 터졌다. 주무장관을 해임하라는 목소리가 국회를 들썩였다. 한나라당이 앞장섰고, 심지어 여당 의원들까지 가세했다. 노 대통령은 "누가 그 자리에 있었어도 어쩔 수 없는 일이다."라며 인책론을 일축해버렸다. 노 대통령이 그때 반 장관을 경질했다면 그는 유엔 언저리에도 가보지 못했을 것이다. 다행히 감사원 조사결과도 외교부의 책임이 없는 것으로 결론이 나서 그가 장수 장관으로 근무하는 데 지장이 없게 됐다.

사실 반기문은 첫 번째 유엔사무총장 카드는 아니었다. 처음에는 홍석현 〈중앙일보〉 회장이 2004년 말 주미대사로 내정되면서 일찌감치 출마의지를 피력했다. 그러나 홍석현 대사가 2005년 7월 안기부 X파일 사건으로 낙마하게 되자 구원투수로 급부상한 이가 바로 반기문이었다. 청와대는 논의 끝에 8월 말경 반기문 장관으로 후보를 결정하고, 노무현 대통령이 직접 그를 불러 출마 준비에 들어갔다는 게 청와대 안에 퍼진 정설이었다.

2005년 7월 초부터 외교부 인사추천 업무를 담당하게 된 나는 반기문 장관을 공식적으로 처음 만났다. 2006년 상반기 해외공관장 정기인사추천 협의가 끝난 1월 말경까지 식사 자리를 포함해 수차례 만났지만, 그는 담당 비서관인 내게도 끝내 포커페이스를 유지했다. 다른 경로를 통해 대강은 알고 있었지만, 그는 바로 그런 사람이었다.

반기문은 2006년 2월 14일 유엔사무총장직 출마를 공식 선언했다. 그런데 호사다마라던가, 그에게 또 한 차례의 위기가 찾아왔다. 2006년 4월 동원호 피랍자 석방교섭이 늦어지면서 정부의 소극적인 협상태도와 함께 반

장관 책임론이 떠오른 것이다. 이때는 유엔사무총장직 출마 선언 직후라 더욱 곤란했다. 장관이 선거운동에 한눈을 파느라 업무는 뒷전이냐면서 경질 요구가 신문 지면과 방송 화면을 장식했다.

청와대 참모들은 노 대통령에게 "일단 장관 자리에서 물러나게 한 다음, 대통령 특보 명함을 주어 선거운동을 할 수 있도록 하는 것이 어떠냐?" 하는 의견을 피력했다. "세계 곳곳을 다니며 선거운동을 하려면 장관직에서 놓아주는 게 좋다."는 건의였지만, 사실은 '흔들기'의 성격도 짙었다. 노 대통령은 고심 끝에 결단을 내렸다. "그렇게 되면 사실상 경질이기 때문에 설득력이 떨어진다. 한국에서 유엔사무총장이 나온다는 것은 멋진 일 아닌가? 욕은 내가 먹겠다."

명예롭게 물러나는 것도 아니고 쫓겨난 상태에서 어떻게 유엔사무총장직을 수행하겠으며, 공격받을 빌미를 경쟁 후보 측에 줄 수 없다는 것이 노 대통령의 뜻이었다. 노 대통령은 반기문이 장관직을 그대로 유지하며 외교활동의 연장선상에서 각국 외교장관을 상대할 수 있도록 잘 정리해주었다. 참 따뜻하고 세심한 배려였다. 그러나 선거운동이 한창이던 7월 5일 북한이 대포동 2호 미사일을 발사하고 유엔안보리가 대북제재 결의를 발표하자 이번에는 한나라당이 나서서 반 장관을 포함한 외교안보팀 전면 교체를 요구했다. 여론에 떠밀린 문책 요구를 노 대통령이 묵살했음은 물론이다.

7월 24일 1차 예비투표에서 반 장관은 인도의 샤시 타루르를 누르고 1등을 차지했다. 그러자 야당까지 나서서 "한나라당이 가진 외교역량을 총동원해서 반기문 장관이 유엔사무총장이 될 수 있도록 많은 노력을 기울여야 된다."라며 입장을 바꾸고 나왔다.

노무현 대통령은 반기문 선거대책본부의 총괄본부장 격이었다. 출마 선언 이후 꼬박 8개월 동안 무려 15개 국을 순방하며 지극 정성을 쏟았다. 5년 재임 기간 중 총 55개국을 다닌 노 대통령이었으니 강철 체력을 앞세운 강행군이었다. 반 장관을 대동하고 역대 대통령들이 잘 가지 않던 아프리카 국가까지 순방 일정을 늘려 잡았다. 이집트, 알제리, 아랍에미리트, 코스타리카, 아제르바이잔 등에 한국 대통령의 방문이 최초로 이루어졌고, 정상회담이 열릴 때마다 반 장관을 바로 옆자리에 배석시켜 자연스럽게 유엔총장 출마 얘기가 화제에 오르도록 유도했다. 방한하는 외국 고위 인사들도 빼놓지 않고 청와대로 불렀다. 심지어 스리랑카의 위크라마나야카 총리가 방한했을 때는 "스리랑카에서도 후보를 낸다는데, 그래도 기회가 되면 도와달라" 하면서 너스레를 떨었다. 스리랑카의 경우, 유엔 군축담당 사무차장을 역임한 자얀티 다나팔라를 일찍부터 후보로 확정하고 득표활동에 들어간 상태였다. 결국 이와 같은 노 대통령의 숨은 역할은 반기문의 유엔총장 당선에 결정적으로 작용했다.

반기문 유엔사무총장이 확정된 날은 한국 시각으로 2006년 10월 14일 새벽이었다. 낭보를 접한 청와대 참모는 "이런 내막을 알려야 하는데……" 라고 노 대통령에게 건의했다. 노 대통령은 "쓸데없는 소리, 반기문 총장이 잘 됐으면 된 것이고, 반 총장에게 영광을 돌려라. 아, 기분 좋다."라고 대답했다. 흥이 나서 술까지 한 잔 걸쳤다. 역시 노무현다움이다.

노무현 대통령의 적극적인 후원 속에 유엔사무총장에 선출된 반기문은 2008년 5월 노 대통령의 장례식에 참석하지 않았다. 봉하에서는 정중하게 추모 영상메시지 또는 서면메시지를 부탁했으나 끝내 이를 받지 못했다. 같은 해 7월부터 2011년 8월까지 여러 차례 한국을 찾았지만 노 대통령의 묘소 참배는 하지 않았다. 급기야 2011년 8월 말, 참여정부에서 1년 반 동안 반기문과 함께 국무위원으로 노 대통령을 모신 당시 민주당 김진표 원내대표가 공개적으로 반 총장을 비판하고 나섰다. "노 전 대통령이 그를 유엔사무총장으로 만들기 위해 전 세계를 돌면서 직접 선거운동을 해줬고, 또 정말 총애했다."라면서 "그런 그가 장례식에 안 온 것은 물론, 장례식 2개월 뒤 제주를 다녀가면서도 김해에는 들르지 않더라" 하고 꼬집으며 "반 총장에게 인간적으로 실망했다."라고 직격했다.

이 일이 있은 지 3개월 후인 12월 1일 반 총장은 노무현 대통령 서거 3년 반 만에 봉하마을을 방문했다. 그는 참배에 앞서 방명록에 "대한민국의 민주주의, 정의롭고 더불어 잘사는 사회, 한반도의 평화를 위해 평생 헌신하신 노무현 대통령님께 깊은 존경의 뜻을 표합니다."라고 적었다. 너무나 늦은 방문과 참배였다.

2016년 12월 31일자로 임기가 끝나는 반기문 총장은 해외에 체류 중인 비정치인임에도 불구하고 차기 대망론 선두를 달린다. 공교롭게도 대선 1년 전에 귀국하는 그에겐 어쩌면 마지막 행운일지 모른다.

〈조선일보〉와 미디어리서치가 공동으로 실시한 2016년 신년특집 차기 대권후보 지지도 조사(표본오차 95% 신뢰수준에 ±3.0%, 표본수 1,039명)에서 반기문 사무총장은 27.4%의 지지를 얻어 압도적인 1위를 차지했다. 문재인 더불어민주당 전 대표(15.2%), 김무성 새누리당 전 대표(10.6%), 박원순 서울시장(10.3%), 안철수 국민의당 대표(9.9%) 등 2위권 그룹을 12~17%

포인트가량 여유 있게 앞섰다. 오죽하면 대선 재수생인 문재인 전 대표조차 관훈클럽 초청토론회 석상에서 반 총장을 영입할 욕심이 있다고 공개 발언을 했겠는가.

2017년 차기 대선의 주요 이슈는 한반도 통일과 경제 회복이 될 가능성이 높다. 경제를 되살리는 길은 오로지 남북 경제협력뿐임은 온 세상이 다 아는 바이다. 따라서 그 적임자는 유엔사무총장을 역임하며 국제무대에서 중재역할을 경험한 반기문이 더 가깝다고 할 수 있다. 그러므로 20대 총선에서 참패하면서 오세훈, 김문수 등 주요 후보군을 잃은 새누리당 친박계에서 특히 그를 주목하고 있다.

그러나 시계를 거꾸로 돌려 2006년 반기문 장관의 유엔사무총장 출마를 공식화했을 당시 한나라당이 어떤 반응을 보였는지 회고해보자. 멸시와 냉소 그 자체였다. "세계 외교질서도 모르고 날뛰는 철부지들이 벌이는 턱도 없는 짓"이라며 야유를 퍼붓기까지 했다. 분단국으로 외교력도 취약하고 당선 가능성이 낮았던 것은 사실이었으나 새누리당의 전신인 한나라당의 비아냥거림은 그 도가 지나쳤다. 그랬던 그들의 상당수가 이제는 반기문을 차기 대안으로 꼽고 있다. 정말로 아이러니한 노릇이다.

지난 20년 동안 실력만큼이나 운세 또한 기막히게 따랐던 반기문 총장. 퇴임 이후가 벌써부터 궁금해진다.

김원기 국회의장
영원한 정치적 사부

"다른 국회의원들은 믿을 수 없으니 대표님께서 확실하게 해주십시오. 그래야 신당이 제대로 되는 것 아닙니까?" 노무현 대통령은 조용하지만 단호했다.

노 대통령은 2003년 4월 2일 국정연설에서 "2004년 총선에서 특정 정당이 특정 지역에서 3분의 2 이상의 의석을 독차지할 수 없도록 선거법을 개정하면 총선에서 과반수 의석을 차지한 정당에 내각의 구성 권한을 이양하겠다."고 제안했다. 그러나 이처럼 파격적인 정치개혁안이 거대 야당인 한나라당은 물론 여당인 새천년민주당으로부터도 거부되자 그가 유일하게 믿고 상의할 수 있는 김원기 고문을 불러 드디어 '개혁신당'의 필요성을 촉구한 것이다. 어엿한 당 상임고문 또는 개혁특위 위원장이라는 공식 직함이 있음에도 불구하고 노 대통령은 김원기 의원을 여전히 '대표님'이라고 불렀다.

"당선되면 본격적인 정치개혁과 민주당 개혁에 착수하겠습니다. 국민과 당원의 뜻을 모아 신당을 창당하는 방안도 적극적으로 검토할 수 있을 것입니다. 이 과정에서 당의 문호를 전면 개방하겠습니다. 새 정치에 뜻을 함께하는 젊고 유능하며 도덕성과 전문성을 겸비한 새로운 인재들을 적극 영입해서 당의 면모를 일신하겠습니다. 특정 지역에 편중되지 않는 전국통합정당을 건설하겠습니다."

민주당 노무현 대통령 후보는 2002년 12월 17일 공식 기자회견에서 이렇게 이야기했다. 그리고 이틀 뒤 대한민국 17대 대통령으로 선출됐다. 12월 22일에는 정동영·신기남·천정배 등 초·재선의원 23명이 당 쇄신책의 하나로 '민주당의 발전적 해체'를 주장하고 나섰다. 이후 민주당은 쇄신의 방향을 두고 구주류와 신주류의 피 튀기는 싸움이 전개됐다. 구주류는 동교동계가 중심인 민주당 의원을 모두 끌어안고 외부에서 플러스알파를 수혈하자고 주장했다. 이들 대부분은 노 대통령이 후보 시절일 때 그를 흔들거나 끌어내리려고 했던 사람들이었다. 후단협(후보단일화협의회) 출신도 적지 않았다. 반면에 한화갑 대표를 퇴진시킨 신주류는 1인 보스정치를 뛰어넘는 정당개혁, 고비용 저효율을 극복하는 정치개혁, 지역주의를 타파하는 전국정당 등을 강력히 추진하기 위해 '독자신당'을 제안했다.

정대철 당대표, 김원기 개혁특위 위원장 등 신주류 중진들은 당초 '당 분열 불가론' 입장에 서 있었다. 소장 개혁파들인 천·신·정(천정배·신기남·정동영)은 더욱 강경했다. 이들은 모두 호남 출신이거나 김대중 총재로부터 공천장을 받아 야당 강세지역에서 당선된 사람들이었다. 당연히 '전통적인 민주당 지지층'을 무시할 수 없었다. 하지만 3월 14일 노무현 대통령이 대북송금특검법을 공포하면서 구주류는 격앙했고 4월 재·보궐선거에 신주류가 개혁당의 유시민 후보를 연합공천하면서 갈등은 최고조에 달했다. 신주류와 구주류는 이제 공식적으로 갈라서기 위한 수순만 남긴 상태였다.

이후 과정은 독자 여러분도 잘 아는 바와 같다. 5월 16일 신주류 측이 김원기 의원을 '정치개혁과 국민통합을 위한 신당추진모임' 의장으로 선출하면서 민주당은 격랑에 휩싸였다. 7월 7일 이부영·이우재·김부겸·김영춘·안영근 등 이른바 독수리 5형제라 불리는 한나라당 개혁파의원 5명이 탈당을 결행했다. 이들이 '지역주의 타파'와 '정치개혁'을 구호로 내걸고 신당 합류를 선언하며 독자신당은 급물살을 탔다. 그리고 9월 4일 민주당 당무회의장에서 발생한 우연한 폭행사건이 도화선이 되어 민주당 분당은 대세로 굳어졌다. 구주류 측 여성 당직자인 문팔괘 부위원장이 당무회의 석상에서 신주류 측 이미경 의원에게 "한나라당에서 오면서 당에는 100원짜리 한 장도 안 낸 사람!"이라고 외치며 목걸이와 머리채를 잡아당겼다. 이 장면은 그대로 TV화면과 신문에 생생하게 보도됐고, 이는 엉뚱하게도 분당의 명분(?)으로 작용했다. 결국 민주당 소속 의원 40명은 당을 탈당, 한나라당 탈당파 의원 5명과 개혁당 의원 2명과 함께 2003년 11월 11일 열린우리당을 창당했다. 초대 당의장으로는 김원기 의원이 선출됐다.

김원기 당의장은 1996년 11월 9일 통합민주당 비주류 인사들이 중심이 되어 발족한 국민통합추진회의(통추) 상임대표(공동대표 장을병 전 민주당 대표, 송기숙 전남대 교수, 신경림 시인, 유창우 영남대 총장)를 맡았다. 총회 의장에 이철 전 의원, 사무총장에는 제정구 의원이 임명됐다. 이밖에도 현역의원으로 이수인·김홍신·이미경 의원이 참여했고, 전직 의원은 노무현·유인태·원혜영·홍기훈·박석무·김원웅·황의성 등 개혁파 성향이 강한 인사들이 참여했다. 고문으로는 송월주 조계종 총무원장, 박형규 목사, 백낙청 서울대 교수, 박찬석 경북대 총장, 김진홍 두레공동체운동본부

대표가 위촉됐다.

이들은 창립선언문을 통해 "망국적 지역할거정치를 극복하고 지역·계층·세대 간 대립과 갈등을 치유, 21세기 민족통일시대와 정보화 사회를 이끌어 나갈 새로운 정치질서를 형성하는 데 앞장설 것"이라고 밝혔다. 15대 대선 1년여를 앞두고 각계를 망라한 3,000여 명의 창립발기인을 모은 통추는 지역주의 극복과 정치개혁을 통한 정권교체를 목표로 삼았다. 맹목적인 3김 청산만을 부르짖는 이기택 총재의 통합민주당 주류 측과는 입장이 달랐고, 그래서 분열의 책임이 있는 국민회의 DJ를 포함한 야권재통합운동을 과제로 내걸고 전국 강연에 나섰다.

노무현 대통령과 김원기 통추 대표의 첫 만남은 1988년 13대 국회에서다. 노 대통령은 통일민주당 초선의원이었고 김원기 대표는 평민당 원내총무였다. 13대 당시 평민당에는 권노갑 의원 외에는 국회에 진출한 동교동계 인사가 거의 없었다. DJ는 하는 수 없이 10~11대 의원을 거쳤으나 12대 총선에서 낙선해 공백기를 거친 김원기 의원을 원내총무로 발탁, 도박을 시도했다. 당시는 5공 청산과 광주문제 해결이 가장 큰 과제였다.

솔직히 동교동 가신들은 김원기의 지둘러(기다려의 전북 사투리) 스타일을 보고 그 능력에 의심을 품기도 했다. 헌정사상 처음 맞이한 여소야대 정국이긴 했지만 야당끼리도 은근한 경쟁의식이 있는 터에 노선 차이까지 극복하고 제1야당 주도로 야당 공조체제를 구축하기란 쉽지 않았다. 궁지에 몰린 소수파 여당인 민정당을 설득하는 것도 보통의 인내로는 안 됐다. 요즘 같으면 몸싸움과 장외투쟁이 숱하게 벌어졌을 만한 일들을 김원기 총무는 민정당 김윤환 총무와 느릿하지만 끈질긴 협상 끝에 TV생중계 청문회까지 관철해냈다. 결과적으로 5공 청문회 스타로 노무현 의원이 등장한 배경에는 김원기 총무의 숨은 공로가 매우 컸던 셈이다.

정치 초년생 노무현 의원은 1988년 11월 17일부터 사흘 동안 진행된 일해재단에 대한 2차청문회 당시 가장 '핫'한 인물이었다. 그는 증인들을 호되게 꾸짖지 않고 존중하면서도 차분한 논리로 신문했다. 장세동 전 안기부장, 정주영 현대그룹 회장 등을 상대로 정곡을 찌르는 질의를 함으로써 생방송을 지켜보던 국민에게 깊은 인상을 남겼다.

김원기는 1980년부터 8년 동안 '광주사태'로 매도돼온 광주항쟁을 '광주민주화운동'으로 승격시킨 주인공이다. 그는 김윤환 총무를 상대로 끈질긴 협상을 벌여 1988년 7월 13일 마침내 국회 안에 '5·18광주민주화운동진상조사특별위원회'를 설치하는 데 성공했다. 당시 두 야당은 핵심부분인 발포명령과 관련해 정호용 전 특전사령관을 현장 총지휘자로 지목했다. 그런데 정호용은 김윤환 총무의 경북중·고 동기동창생이자 현직 민정당 의원이었다. 정호용은 육군참모총장과 내무·국방 장관 등 5공 실세로 잘나갈 때 친구인 김윤환의 인사를 챙겨 문공부차관, 청와대 정무1수석 등으로 밀었다. 더욱이 과천시 장군마을의 한 빌라 아래윗집에서 한동안 같이 살기도 했다. 개인적인 의리를 내세우며 눈물 바람으로 호소하는 김윤환을 설득한 김원기는 끝내 1988년 11월 14일과 12월 7일 정호용을 광주특위 청문회 증인으로 세웠다.

김원기 총무는 1989년 3월 21일 노태우 대통령의 대선공약인 중간평가를 실시하지 않는 대신 광주민주화운동을 무력진압한 정호용 등을 공직에서 사퇴시키는 내용을 담은 비밀각서를 김윤환 총무와 작성했는데, 그는 2008년에야 이를 공개했다. "내 손으로 친구를 사퇴시킬 수는 없습니다. 이제 쉬게 해주십시오." 6공화국의 안착을 위해서였지만 친구를 저버린 김윤환은 1989년 8월 30일 이한동 총무로 교체됐다. 정호용은 1989년 12월 29일 의원직과 민정당 대구경북위원장 등 일체의 공직에서 물러났다.

노무현-김원기 두 사람의 공식적인 인연은 1991년 9월부터 시작된다. 이해 6월 실시된 광역의회 선거에서 참패한 DJ가 꼬마민주당에 6대 4로 파격적인 지분통합을 제안하면서 단일야당인 민주당 합당이 성사됐다. 이때부터 김원기 의원은 통합된 민주당의 사무총장, 노무현 의원은 대변인으로 호흡을 맞췄다. 그리고 두 사람은 이듬해의 14대 국회의원 선거를 앞두고 공천심사위원으로 함께 활동했다. 김원기는 김대중계, 노무현은 이기택계 공심위원이었으나 계파를 떠나 당선 가능성 위주로 공천심사를 하면서 서로에 대한 신뢰를 쌓아나갔다.

DJ가 14대 대선에서 패배하고 정계를 은퇴한 뒤 실시된 1993년 3월 전당대회에서 두 사람은 나란히 최고위원에 선출됐다. 김원기는 수석최고위원, 노무현은 5순위 최고위원이었다. 당시 노 최고위원은 계보나 개인의 정치적 이해관계에 얽매여 전체에 지장을 주는 일을 하지 않았고 자기 이익을 선뜻선뜻 잘 버렸다. 보통 구태정치에 익숙한 사람은 객관적으로 다른 계보 사람의 경쟁력이 나아 보여도 외면하고 자기 계보의 이익을 지키는데, 노 최고위원은 객관적으로 자기가 민 사람 또는 의견에서 하자가 발견되면 선선히 버리는 용기가 있었다. 또한 노무현 최고위원은 김원기 최고위원이 비록 DJ계를 대표하는 입장이었지만 합리적이고 옳은 의견을 제시할 경우 이의 없이 수용해주는 것을 보고 호감을 갖기 시작했다.

1995년 지방선거에서 야당이 압승을 하자 DJ는 국민회의 분당을 통해 정계복귀를 선언했다. 하지만 김원기 최고위원은 14대 총선 당시 'DJ'를 선택하면 부산에서 떨어질 줄 알면서도 야권 통합을 위해 민주당에 합류한 노무현, 김정길이 있는 민주당을 이유 없이 버릴 순 없었다. 호남에서도 중진의원 한 명 정도는 원칙을 지켜야 한다는 생각이었다. 게다가 DJ는 당을 깨고 나가면서 명색이 수석최고위원인 그에게 일언반구 사전 상의도 없었고, 무조건 따르라는 말뿐이었다. 자존심도 허락하지 않았다. 김대중 총재를 따라가지 않으면 국회의원 되기가 어려울 게 뻔했지만, 가족들도 모두 그의 소신에 찬성했다. 그의 부친도 소신대로 하라고 격려를 아끼지 않았다. 여론조사를 해보니 당선 가능성은 30%도 채 되지 않았다.

당시 부산시장에 출마해 초반 승기를 놓친 노무현 후보는 DJ의 지역등권론과 국민회의 분당을 "역사의 주인인 국민 대중을 졸(卒)로 보고 정치발전을 가로막는 지역대결 구도의 부활"이라고 격렬하게 비판했다. 김원기 최고위원 역시 이때만큼은 '지둘러'가 아닌 신속한 결단을 내렸다. "한 사람이 결정하면 모두가 따라나서는 졸(卒)의 정치를 청산해야 한다. 신당 창당은 대의에도, 국민적 도리에도 맞지 않다." 하면서 호남 맹주 DJ에 맞서 홀로서기를 시도했다.

예상대로 15대 총선에서는 이들을 포함, 민주당에 잔류한 개혁정치인들은 대부분 낙선했다. 그러나 1997년 11월 15대 대선 한 달 전 "정권교체의 가치가 더 중요하다."라며 국민회의에 복귀할 때까지 통추를 이끈 김원기 상임대표는 노 대통령에게 영원한 '대표님'이 됐다.

 일반적으로 알려진 사실은 2002년 민주당 국민경선 당시 노무현 후보를 지지한 현역의원은 천정배 의원 단 한 명뿐이다. 그러나 이는 공개 지지의 경우이고 경선 시작 전부터 김원기 의원은 물밑에서 노무현-김근태 단일화를 추진했다. 개혁진영 단일후보 결집을 통해 이인제 대세론을 꺾을 수 있다고 본 것이다. 그리고 상대적으로 경쟁력에서 우위에 있는 노무현이 더 낫다고 판단했고, 제주 경선장에 이재정 의원을 보내 김근태 후보에게 사퇴 권고까지 했다. 당권 도전을 준비하던 자신의 계획을 접고 개혁후보 승리에 올인하겠다는 의지도 알렸다.

 노무현 대통령 후보의 정치고문에 위촉된 김원기 의원은 대선 기간에도 두 번의 결정적인 역할을 해냈다. 후단협(후보단일화협의회)이 한창 기승을 부리고 현역 의원들이 잇달아 탈당해서 정몽준 후보 진영으로 넘어갔다. 더욱이 한화갑 당대표가 선대위원장을 맡지 못하겠다고 노골적으로 버티면서 선대위 구성이 늦어졌다. 더 이상 늦추면 죽도 밥도 안 될 형편이었다. 김원기는 다시 움직였다. 수석최고위원이자 서울 출신이라 간판으로 내세우기 좋은 정대철 의원을 설득, 상임선대위원장을 수락하도록 한 것이다. 정몽준 후보와의 후보단일화 협상 역시 김원기 정치고문이 이끄는 정무팀이 주도했다. 헌정사상 최초로 무려 190만 명의 국민이 직접 참여해 선출한 국민후보를 비록 지켜내지는 못했지만, 여론조사 문구와 내각참여 등에서 억지를 부리는 국민통합21을 상대로 특유의 협상력을 발휘했다.

 "내 오야붕은 김대중이 아니고 김원기다. 그가 똑똑해서가 아니라 내가 만난 정치인 중 가장 믿을 수 있는 분이라 김원기 계보를 하기로 했다." 노무현 대통령이 공개적으로 언급한 대로 김원기 고문은 반노와 비노 세력으로부터 노무현을 지켜낸 든든한 버팀목이자 후견인이었다.

2003년 2월 25일 종로구 세종로 1번지 청와대 관저에 입주한 노무현 대통령은 외부 인사로는 가장 먼저 김원기·윤정심 부부를 만찬에 초대했다. 이 자리에서 권양숙 여사는 "저희는 아직 짐도 풀지 못했습니다."라며 각별한 애정을 표시했다. 그만큼 노 대통령과 김원기 고문의 관계는 남달랐다.

2004년 2월 4일 노무현 대통령은 김원기 의원을 대통령 정치특보로 위촉했다. 김원기 의원은 노무현 후보 선대위 상임고문, 당선자 정치고문 등으로 줄곧 노 대통령의 정치자문 역할을 담당했고 열린우리당 창당 과정에서는 '노심'(盧心)을 대변했다. 민주당 개혁특위 위원장과 신당추진모임 의장, 그리고 열린우리당 초대 의장을 맡아 2004년 1월 정동영 당의장이 선출될 때까지 신당의 밑그림을 그렸다.

노 대통령은 "고문으로 할까, 특보로 할까 논란이 있었다. 위상에 있어 차이가 없는데 굳이 비서실 직제규정까지 바꿀 필요가 없어 특보로 하기로 했다."면서 "대신 제가 고문으로 예우해서 모시겠다."라며 극진한 예의를 다했다. 실제로 참여정부에서 장관급 정치특보는 김원기 특보와 초대 비서실장을 역임한 문희상 특보 두 명뿐이었다.

7대 대선을 앞둔 1970년 박정희 대통령은 각계 전문가들로 하여금 중·장기 정책 수립에 이론적인 뒷받침을 하고 정부 시책에 대한 분석·평가를 맡을 연구소 형식의 외곽기관 설립을 구상했다. 하지만 '연구원'이라는 직함이 각계의 중량급 인사 영입에 걸림돌이 되기 때문에 대안으로 마련된 것이 '대통령 특별보좌관제'였다. 미국 백악관의 특별보좌관(special assistant)에서 따온 이름이다. 백악관 특보들은 장관급부터 차관보급까지 다양하며 상근직으로 막강한 영향력을 행사하기도 한다.

박정희 정권 시절 '대통령 특보'는 단순 조언자에 머물지 않았다. 정책 수립의 브레인으로 장관이나 청와대 수석 못잖은 실질적인 역할을 수행했다. 함병춘·이용희(정치), 김용환·남덕우(경제), 최규하·김용식(외교) 등 박정희 대통령의 역대 특보들의 면면은 화려하다.

그러나 이후 정부에서 대통령 특보는 대통령 측근의 '명함용' 또는 기존 청와대 및 내각 출신의 퇴임 후 거처로 활용되면서 빛이 바랬다. 2015년 초에는 대통령 정무특보에 주호영·김재원·윤상현 새누리당 의원이 임명돼 입법부를 시녀화한다는 논란이 일기도 했다.

2004년 총선에서 열린우리당은 탄핵 역풍으로 과반수 의석을 획득했다. 17대 최다선인 김원기 의원은 의원총회에서 만장일치로 국회의장 후보로 선출됐다. 대통령 또는 제1당 총재가 임명하지 않은 최초의 국회의장이었다. 2004년 6월 7일 개원식에서 김원기 신임 국회의장은 "17대 국회는 반세기 동안 보여준 과오를 극복하고 민의의 전당이자 국정 논의의 중심무대로, 국민통합의 산실로 거듭 태어나 제2의 제헌국회로 만들자."라고 목소리를 높였다.

이후 김 의장은 이를 몸소 실천했다. 여당 몫의 부의장과 상임위원장은 철저히 의원총회에서 선출하도록 유도했다. 야당까지 덩달아 야당 몫 상임위원장을 당 대표가 임명하지 않고 의원총회에서 경선을 통해 결정했다. 국회 사무총장(장관급)과 의장 비서실장 등 임명직 인사도 대통령의 입김을 철저히 배제하고 국회 자율로 실시했다. 노무현 대통령 역시 '의회를 존중하고 의회가 정치의 중심이 돼야 한다.'는 소신에 따라 이를 존중했다.

김원기 의장이 이끄는 17대 국회는 더 이상 통법부(通法府)가 아니었다. 노 대통령은 개원 직후 첫 번째 맞이한 제헌절에 국회의장 공관을 방문해 5부 요인 부부들과 만찬을 함께했다. 대통령이 의장 공관을 찾은 것은 정부 수립 이후 처음 있는 일이었다. 그만큼 김 의장에 대한 신임도 두터웠고 노 대통령의 의회정치에 대한 기대도 컸다. 이 자리에서 김 의장은 국회연구모임 등에 대한 100억원의 예산 증액을 요청했고, 노 대통령이 이를 흔쾌하게 수용해 이듬해 예산에 반영했음은 물론이다. 1994년 노무현 전 대통령이 설립한 지방자치실무연구소가 국회연구모임에 등록할 당시 총 예산은 고작 2억 5,000만원 정도였으나 17대 들어 활발한 의원입법 활동으로 절대 부족함을 느끼고 있는 상태였다.

김원기 국회의장은 17대 국회의 구체적인 과제로 여야 상생의 선진국회, 중단 없는 개혁국회, 자주적인 국회, 민생 중심의 일하는 국회, 민족 화해와 평화의 국회를 제시했다. 이를 실천하기 위해 의장 직권상정을 요구하는 대통령과 여당 지도부를 끝까지 설득하기도 했다. 2006년 3월 2일 국회 본회의는 비정규직 관련 법안을 놓고 국회의장 직권상정까지 시도하며 처리를 강행하려는 열린우리당과 이에 반대하던 야3당 간 대치 상태였다. 당시 노 대통령은 이상수 노동부장관의 건의를 받아들여 직접 김 의장에게 전화를 걸어 비정규직 법안 얘기를 꺼냈다. 그러나 김 의장은 "여당은 급하겠지만 직권상정은 적절치 않다."고 말했다. 그러자 노 대통령은 "김 의장의 정치적 판단은 단 한 번도 틀린 적이 없으니 그대로 하십시오."라며 김 의장의 뜻을 수용했다.

이날 김원기 의장은 직권상정을 요구하는 열린우리당과 법사위 회의장의 문을 걸어 잠근 민주노동당을 향해 "앞으로 다시는 이처럼 의회주의를 정면으로 막는 부끄러운 사태가 일어나지 않도록 하라."고 당부하며 끝까지 여야 합의를 요구했다. 그러나 비정규직3법(기간제법, 파견법, 노동위원회법)은 후임 임채정 국회의장이 취임하며 9개월을 버티지 못하고 결국은 직권상정을 통해 처리되었으니 참으로 안타까울 뿐이다. 더욱이 2006년 당시 81만원이던 정규직과 비정규직 간 월급격차는 그 이후 점점 더 벌어져 2015년 현재 123만원까지 늘어났으니 너무나 아쉽다.

김원기 전 국회의장은 장외투쟁과 몸싸움이 난무했던 18~19대 여의도 국회가 본받아야 할 참된 의회주의자로, 지역주의를 거부하고 국민통합을 실천하고자 했던 노무현 전 대통령과 좋은 한 팀이었다.

영원한 '왕특보' 이강철
4전5기의 도전정신

••••

"1970년대부터 사회민주화와 국민통합을 위해 일관되게 활동, 시민사회의 신망이 두터우며, 특유의 친화력을 바탕으로 각종 사회 현안에 대한 조정능력이 탁월하다." 아울러 "참여정부의 국정철학과 정책방향에 대한 폭넓은 이해를 바탕으로 시민사회와의 원활한 소통과 협력을 기대한다."

2005년 1월 24일 김종민 청와대 대변인이 발표한 이강철 시민사회수석 발탁 배경이다.

마침내 이강철이 청와대에 입성했다. '왕특보'에서 차관급 '왕수석'으로 변신한 것이다. 그는 대졸 학력에도 58년 동안(1947년 생) 변변한 월급 한 번 받아보지 못했다. 초등학교 교사였던 첫째 부인은 재야투사 남편 때문에 사직 압력에 시달리다 1994년 암으로 사망했다. 수간호사 출신인 둘째 부인이 대구 시내에서 직접 횟집을 운영하며 한때 형편이 나아지기도 했지만 번번이 선거에 낙선하면서 아직도 셋집에서 살고 있다.

여의도 정치권과 언론의 예상은 들어맞았다. 나흘 전 민정수석으로 자리를 옮겨간 문재인 전 시민사회수석 후임에 노무현 대통령은 그의 오랜 동지인 이강철 열린우리당 비상대책위 집행위원을 임명했다. 깡마른 체구이면서도 폭탄주 20잔은 거뜬한 두주불사형 이강철은 이날만큼은 열린우리

44

당 관계자, 청와대와 대구·경북지역 선후배 등이 마련한 여러 술자리에 초 대되어 축하인사를 받느라 몸을 가누지 못하는 상태로 늦은 밤 귀가했다.

이튿날 노무현 대통령으로부터 임명장을 받고 정식 업무를 개시한 이강 철 수석은 단번에 여권의 실력자로 화려하게 부상했다. 일약 국정을 좌지 우지하는 '9인회의'의 멤버로도 정식 이름을 올렸다. 언론의 '왕특보'라는 비아냥거림을 벗어던지고 음지에서 양지로 공식 등장한 것이다.

당시나 지금이나 여권에서 가장 주목받는 인물들은 소위 '고위 당·정· 청협의회'로 불리는 그룹이다. 일명 '에이 나인'(A9·Ace of 9)으로 불리는 고 위 당·정·청 멤버들은 매주 주말 오후에 만나 현안을 기획·조율했다. 정 부에서는 이해찬 국무총리, 당에서는 임채정 당의장이 참석했다. 청와대에 서는 김우식 비서실장, 김병준 정책실장과 이강철 시민사회수석 그리고 문 재인 민정수석이 참여했다. 시민사회수석은 선임 수석이자 폐지된 정무수 석 역할을 사실상 대리했다.

이강철 수석이 멤버로 참여하면서 참여정부의 기조는 달라지기 시작했 다. 정치개혁 일변도에서 '경제 올인'을 통한 '실용'으로의 기조 변화가 바로 그것이다.

잘 알려진 바와 같이 이강철은 대구·경북지역 재야운동권을 상징하는 노무현 대통령의 핵심 시니어 참모다. 그의 민주화 행보는 대학 때부터 시 작됐다. 대구 계성고를 거쳐 서울 중대부고에서 졸업장을 받았을 정도로 그는 알려지지 않은 왈패였다. 그런 그의 인생이 180도 바뀐 것은 경북대에 진학하고 난 뒤부터이다.

그는 총학생회 총무부장으로 있을 때인 1973년 11월 유신헌법철폐 시위를 주도한 혐의로 구속됐다가 그해 12월 풀려났다. 장영달 전 의원과 함께 민청학련 최장기수 중 한 명이기도 하다. 1974년 민청학련 사건에 연루돼 15년형을 언도받고 7년 6개월간 복역했다. 대구 페놀유출사건 대책위원장을 맡는 등 대구·경북 지역에서 민주화운동 및 시민사회단체 활동을 주도했다.

노 대통령과 인연을 맺은 지는 30년이 훌쩍 넘었다. 1985년, 대구경북 민통련(민주통일민중운동연합) 사무국장을 맡고 있던 그는 부산에서 인권변호사로 자리 잡은 노 대통령과 처음 만나 교류했다. 1987년에 이강철은 민주헌법 쟁취국민운동본부 대구경북본부 상임공동대표로 6월항쟁을 주도했는데, 이때 노무현 변호사는 부산경남지역 대표였다. 1990년에는 3당 합당을 거부한 노무현 의원과 꼬마민주당을 함께했고, 이후 국민통합추진회의(통추) 활동을 함께하면서 자연스럽게 정치적 반려자가 됐다.

1992년 노무현 의원은 부산에서 낙선했다. 김대중 후보는 대선에서 세 번째 낙선하자 정계를 은퇴했다. 이듬해 3월 민주당은 2차 전당대회를 열고 대표에 이기택, 최고위원에 김원기 등 8명을 선출했다. 그런데 쟁쟁한 현역 최고위원들 틈에 유일한 비 현역으로 노무현 전 의원이 포함됐다. 12명의 출마자 가운데 9.2%의 득표율로 5위라는 좋은 성적을 마크했다. 수훈갑은 단연 대구시지부장 이강철이었다. 그는 14대 총선에서 낙선한 영남지역 지구당위원장 62명을 집중 공략했다. 당시는 지구당별 전국대의원 20명이 당락을 결정했다. 이강철의 전략은 기가 막히게 맞아떨어졌고 이때부터 노 대통령은 그를 '동지'라고 부르기 시작했다. 물론 최고위원이 한 명씩 지명하는 조강특위 위원 자리는 이강철에게 돌아갔다.

1995년 봄, 김대중 아태재단 이사장은 지역등권론을 들고 나오며 사실상 정계에 복귀했다. 곧이어 국민회의를 창당하고 분당을 해나가자 영남 민주화 세력들은 대부분 이에 반기를 들었다. 당시 부산시장 선거를 준비하고 있던 노무현 전 의원은 신문기고를 통해 "나는 DJ를 용납할 수 없다. 역사의 수레바퀴를 거꾸로 돌리려는 반역사적 행위다. 역사의 주인인 국민 대중을 졸로 보고 수단으로 여기는 등권론, 정치의 진전을 가로막고 있는 지긋지긋한 지역대결 구도를 다시 부활시키는 것이다."라며 DJ를 격렬하게 비판했다.

분당 이후 남은 이들은 이듬해 치러진 15대 총선에서 통합민주당 간판으로 영남지역에서 64명이나 출마해 권기술·권오을 등 두 명의 당선자를 배출했다. 이강철은 낙선한 지구당위원장들과 '일요회'라는 모임을 만들고 회장을 맡았다. '일요회'는 한 달에 한 번씩 노무현 전 최고위원을 초청했다. 그는 이때부터 이미 '노무현 대망론'을 꿈꾼 것이다. 하지만 공개적인 노무현 대통령 만들기에 나선 것은 1997년 김대중 대통령 당선 직후부터이다. 그는 누구도 귀를 기울이지 않았지만 "다음은 노무현 차례"라며 주변에 호소하고 다녔다.

이강철은 과거 노무현 대통령이 어려움을 겪을 때마다 곁에서 묵묵히 도왔다. 2000년 16대 총선 당시 노 대통령이 부산에서 세 번째 선거에 낙선하고 빚에 쪼들리자 부인이 운영하던 '섬 횟집'을 팔아 봉투째로 건네기도 했다. 노 대통령은 대선후보 경선에 출마하기 직전 대구에서 열린 후원회 행사 때 이강철을 "나의 오랜 동지이자 친구"로 소개했다.

일반적으로 알려진 사실은 이강철이 2002년 대선 당시 대구·경북지역 선거 총책으로 노무현 후보의 조직특보를 맡아 노 대통령 당선에 크게 기여했다는 것이다. 그러나 그뿐만이 아니다. 그는 후단협(후보단일화협의회)이 기승을 부리고 한화갑 당대표가 선대위원장을 맡지 못하겠다고 버틸 당시 정대철 최고위원을 설득, 선대위원장을 수락하도록 했다. 그리고 솔선수범하여 선대위원장 비서실장으로 헌신하는 귀감을 보여주었다. 대통령 후보의 측근 중 측근으로서 어느 누가 궂은일을 사서 할 수 있겠는가? 이강철은 바로 그런 사람이었다.

당초 이강철은 노무현 대통령으로부터 국가정보원장직을 제안받았다. 탄핵 사건이 헌법재판소에서 '기각'으로 마무리된 2004년 5월 어느 날, 국정 2기 구상을 가다듬어온 노 대통령은 이강철을 청와대로 불렀다. "소수당이었던 1기 때와는 달리 이제 개혁의 동력도 생겼으니 정부혁신을 힘 있게 추진하고 싶습니다. 그런데 국정원이 정치 관여 금지를 중심으로 한 미션을 제대로 추진하지 못하는 것 같습니다. 조용히 개혁을 완수해주십시오." 눈빛만 봐도 서로의 생각을 알 수 있는 이강철이라면 얼마든지 국정원장직을 맡길 수 있다는 노 대통령의 생각이었다. 그런데 '치아'가 문제였다. 네 번째 선거에서 낙선하면서 완전히 망가진 치아 때문에 임플란트를 여러

개 해야 했고, 시간도 6개월은 필요하다는 치과 진단을 받은 상태였다. 나중에 국정원 관계자를 통해 들으니 국정원 안에 우수한 치과 인력이 있어서 치료와 업무를 병행하면 될 일이었다.

어쨌거나 그렇게 해서 그의 취직(?)은 6개월이 늦추어졌다. 이후 언론에는 증권가 정보지를 인용해 간간이 그의 국정원 차장, 인사수석 등 요직 발탁설이 흘러나왔고, 월급을 아주 많이 받는 공기업 사장 자리도 거명됐지만 모두 낭설이었다.

이강철이 노무현 대통령으로부터 두 번째로 제안받은 보직 역시 시민사회수석이 아니었다. 2004년 1월 초 노 대통령은 부분 개각을 단행했다. 그러나 교육개혁을 추진하기 위해 임명한 이기준 교육부총리가 아들의 부정입학과 국적 포기, 그리고 부동산 투기 의혹 등에 휩싸인 채 야당과 언론의 집중 공세를 이기지 못하고 사흘 만에 낙마해버렸다. 박정규 민정수석은 부실 검증, 정찬용 인사수석은 거짓 해명을 한 책임을 지고 물러났다. 노 대통령은 취임 당시에 천명한 대로 호남 인사수석, 영남 민정수석 원칙을 이어나가기 위해 대구 출신의 이강철에게 민정수석을 제안했다.

민정수석은 국민 여론 및 민심 파악, 공직기강 확립, 고위공직자 인사 검증, 민원 접수 및 처리, 법률문제 등을 담당하는 매우 중요한 자리로, 업무 특성상 주로 법조인이 맡아왔다. 물론 과거 박정희 정부 시절 고려대 교수 출신 박승규, 노태우 정부 시절 군 출신 이상연·안교덕, 김대중 정부 시절 한신대 교수 출신 김성재 등 비법조인 민정수석이 전혀 없었던 건 아니었다. 어떻게 알게 됐는지 문재인 시민사회수석이 "민정수석 업무는 아무래도 법률 전문가인 제가 맡는 게 나을 것 같고, 선배님은 시민사회수석으로 가시는 게 좋지 않겠습니까?"라며 역할 교체를 요청했다. 어차피 참여정부 성공이 최고의 가치이고 노무현 대통령이 잘 되는 것이 가장 중요했다. 이강철이 쉽게 동의했음은 물론이다.

그러나 이강철 수석의 '어공'(어쩌다 공무원) 생활은 그리 오래 가지 못했다. 박창달 의원의 의원직 상실로 대구 동구(을)에서 재선거가 치러졌기 때문이다. 이 수석은 2004년 9월 22일 임명 8개월 만에 사퇴 의사를 밝혔으나 노 대통령은 이를 만류했다. "이 수석이 청와대에 있어서 든든한 면도 있고, 당선 전망도 어려운데 편하게 지내지 뭐 하러 출마하느냐?"는 노 대통령의 걱정을 뿌리친 4전5기였다. 대연정 제안마저 거부된 상태에서 당 지지도는 15% 대 50%로 한나라당이 세 배 이상 앞서 있었으니 당선은 불가능에 가까웠다.

이 수석은 아주 짧은 재임 기간이었지만 매우 의미 있는 성과를 남겼다. 시민사회수석은 사회 각계각층의 갈등을 조정하고, 시민사회의 여론을 들어 국정에 반영하는 것이 주된 업무였다. 당시는 새만금간척지 개발, 방사능폐기물처리장(방폐장) 등 해묵은 과제와 미군기지 평택 이전과 같은 굵직굵직한 현안이 많았다.

그는 김준곤 사회조정비서관, 김학기 사회조정행정관 등 대구 출신 측근들에게 방폐장 업무를 맡겼다. 마침 방폐장 부지 선정 업무를 총괄한 국무총리실 남영주 민정수석도 대구경북 민통련 시절부터 같이 활동해온 그의 오랜 측근이었다. 주무부처인 이희범 산업자원부장관도 적극 협조했다. 이

전 방식과는 달리 3,000억원의 주민 보상금을 내걸고 지방자치단체 간의 경쟁을 유도했다. 고준위와 중·저준위를 따로 나누고 중·저준위 방폐장만을 건설하겠다고 밝힘으로써 안전성을 전파했다. 포항, 군산, 영덕, 군산 등 4개 지방자치단체가 신청을 했고, 결국 찬성률이 가장 높았던 경주로 돌아갔다. 1986년 부지 선정을 시작한 이래 20년 만의 쾌거였다.

대구 동구(을) 재선거는 대통령 최측근과 야당 대표의 비서실장인 현직 비례대표(유승민)가 의원직을 사퇴하고 배수진을 친 상태에서 격돌했다. 선거 초반 매일신문-대구MBC 공동 여론조사에서는 30.9% 대 32.2% 초박빙으로 나타났다. 그러나 상대방은 박근혜 대표와 이회창 전 대선 후보 등 가용 전력을 총 출동시켰다. 이강철은 여당 후보답게 공공기관 이전 등 낙후된 대구 발전을 구호로 내걸고 차분한 로우 키 전략으로 승부했다. 선거일 이틀 전 한나라당 여의도연구소의 여론조사까지 45.5% 대 44.6%로 박빙 우세로 기대를 모았지만 마지막 날 불어 닥친 박풍(朴風) 앞에 이강철은 끝내 무릎을 꿇었다.

한편 선거운동 사상 처음으로 부인 황일숙까지 눈물로 나서서 언론의 화제를 모았다. 그는 "남편이 네 번씩이나 낙선하는 동안 옷 장사, 음식 장사 등을 하며 뒷바라지했다. 남편이 청와대 시민사회수석이 돼 평생 첫 월급을 받아온 날 너무 기뻐 눈물을 흘렸다. 짧은 행복을 놓치고 싶지 않아 처음엔 출마를 말렸다. 마지막으로 2년짜리 국회의원 한 번 시켜달라."고 읍소했다.

그러나 노 대통령이 평생의 정치신념이라고 의미를 부여했던 이강철의 4전5기는 실패했다. 그럼에도 불구하고 빛바랜 도전만은 아니었다. 그동안 그는 대구에서 13대 5.6%, 14대 19.1%, 15대 13.5%, 17대 35.1%의 득표율을 올렸지만 2005년에는 무려 44%를 기록했다. 19대 총선과 2014년 지방선거에서 김부겸 전 의원이 얻은 40.3%보다 높은 기록이다. 노무현 대통령조차 낙선한 세 번의 부산 선거에서 얻은 최고 득표율이 37.6%에 불과했다. 노 대통령은 10·26 재선거 직후 높은 득표율을 기록하며 선전한 이강철 부부를 청와대로 불러 "수고했다."고 격려했다.

2006년 3월 23일 이강철 전 시민사회수석은 무보수 명예직인 대통령 정무특별보좌관에 위촉됐다. 월급은 없지만 공식적인 활동을 할 수 있는 명함을 다시 얻은 것이다. 그러나 생계가 문제였다. 믿을 건 2002년 민주당 대선 후보 경선 전까지 부인이 대구에서 7년간 횟집을 운영했던 경험뿐이었다. 마침 대구 서부초등학교 동기생인 정명호 토속촌삼계탕 사장이 동업을 제안했다. 임대료와 세금은 정 사장이 내는 대신 수익금은 정 사장이 6할을 가져가기로 했다. 이강철 전 수석의 부인인 황일숙이 횟집 운영을 전적으로 책임졌다.

끈끈한 인연으로 뭉친 청와대 후배들이 많이 도와줬고, 공직자행동강령을 위반했다는 등 언론의 의혹 보도 덕분에 일반인들까지 몰려들었다. 청와대 부근에 개업한 중저가 '세꼬시' 전문점 '섬 횟집'은 이렇게 대 히트를 쳤고, 2006년 11월 역삼동으로 이전 개업하면서 더욱 번창했다. 이강철의 소개로 정명호 사장과 토속촌을 알게 된 노 대통령은 이후 가장 좋아하는 음식이 삼계탕으로 바뀌었다. 재임 중에도 한 달에 한 번 정도는 토속촌 삼계

탕을 배달시켜 먹을 정도로 즐겼다.

2009년 5월 23일, '동지' 노무현 전 대통령이 서거하던 날 이강철은 봉하마을에 가지 못했다. 2005년 대구 재선거 출마 당시 정치자금내역을 샅샅이 뒤진 대검찰청 중앙수사부가 두 달 전 그를 정치자금법 위반혐의로 구속했기 때문이다. 나흘 뒤 그는 영결식 참석을 위해 서울구치소에서 일시 석방됐다. 그는 "제가 구속될 때, 저를 마지막으로 정치보복은 중단돼야 한다고 말했습니다. 그러나 정치보복으로 인해 노무현 대통령께서 참극을 당했습니다."라며 눈물을 감추지 못했다.

이제는 어엿한 중견기업의 임원으로 변신한 이강철은 언론은 물론 여의도에서조차 여전히 '특보'라는 익숙한 직함으로 불리곤 한다. 민주당 대선 후보 경선 당시 그의 공식 직책은 노무현 후보 조직특보였다. 대선 때도 이 직함은 그대로 유지됐다. 인수위 시절에는 정무특보로 영전(?)됐다. 4전5기의 도전이 실패로 돌아간 뒤 대통령 정무특보에 위촉됐으니 네 번째 특보직이었다.

하지만 그는 반듯한 '장' 자리도 수차례 맡은 경험이 있다. 2003년 10월 열린우리당이 창당되면서 대구시지부장에 추대됐고, 2004년 1월 정동영 의원이 당의장으로 선출되면서 내놓은 외부인사영입단장이라는 그럴싸한 직책도 얻었다. 이후 중앙당 국민참여운동본부장을 맡았다. 시민사회수석 임명 직전 위촉된 열린우리당 비상대책위 집행위원은 오늘날의 최고위원 격이다.

비록 금배지는 못 달아봤지만 여전히 이강철은 물밑 협상이 주특기인 여의도 정치인이며 그래서 특보라는 명함이 더 익숙하다. 하지만 노무현 전 대통령 사후, 그는 대부분의 친노 정치인들과는 다른 길을 걸었다. 손학규를 밀어 당대표를 만들었고, 분당(을) 보궐선거 당선의 숨은 공신이기도 했다. 대선 후보 경선 때는 문재인 불가론을 외치며 김두관 경남지사를 지지했으며, 2012년 6·9 전당대회 때는 김한길 후보를 밀어 전국대의원 투표에서 1위를 만들기도 했다. 그는 노무현 정부의 실세였으되 그 이후에는 다시 제자리로 돌아가 철저히 비주류의 삶을 살았다.

'왕특보' 이강철의 오랜 지역주의 도전사도 드디어 결실을 보게 됐다. 그가 흘린 땀방울들이 결국은 헛되지 않아 2016년 20대 총선에서 김부겸을 28년 만의 대구지역 야당의원으로 당선되도록 한몫을 거든 것이다.

엽기 수석 유인태

뻘밭으로 되돌아가다

"어이, 광웅이 짐을 싸야겠네."

2003년 10월 15일 아침 8시 30분경. 집무실 문을 열고 들어서며 부속실 선임행정관에게 말을 건네는 유인태 정무수석의 볼은 빨갛게 상기돼 있었다. 잠시 전 일일상황점검회의에서 문희상 비서실장으로부터 노무현 대통령이 단단히 화가 났다는 얘기를 듣고 온 터였다.

이날 새벽부터 청와대는 발칵 뒤집혔다. 〈대한매일〉이 1면 머리기사로 '청와대 고위 관계자'의 말을 인용해 '野 반대 땐 투표처리 강행 안 할 것'이라고 보도를 했기 때문이다. 노 대통령은 문희상 실장에게 전화를 걸어 "오보가 나간 경위를 철저하게 조사해 관계자를 엄중 문책하라"고 지시했다. 언론 보도와 관련해 노 대통령이 직접 나서서 관련자 문책까지 언급한 것은 취임 이후 처음이었다. 그만큼 재신임에 거는 노 대통령의 마음가짐은 일각의 비아냥거림처럼 정치적 속임수가 아닌 국민을 향한 진심이었다.

때는 바야흐로 최도술 초대 총무비서관의 SK비자금 수수 의혹과 관련해 말도 많고 탈도 많아 청와대에 초 긴장상태가 이어지고 있었다. 노무현 대통령은 이틀 전 국회 시정연설을 통해 재신임 국민투표를 공식 제안했다. 하루 전에는 참모진 전원에게 함구령이 내려졌다. 그럼에도 불구하고 청와대 공식 입장과는 정면으로 배치되는 기사가 1면에 대문짝만 하게 실린 것이다. 그런데, 그 취재원이 바로 다름 아닌 유인태 수석이었다.

직분에 충실하려 했던 유 수석은 다행히 소명이 받아들여져 구두 주의를 받는 것으로 일단락됐다. 그런데 아무리 강심장이라고 해도 일개 참모가 감히 대통령의 '영'을 거역할 수 있을까? 유인태는 바로 그런 사람이었다.

그의 모교인 경기고의 교훈은 '자유인 문화인 평화인'이다. 대부분의 경기고 출신은 화려한 엘리트 코스를 밟으며 우리나라 상류 1%가 된다. 그러나 유인태는 인생의 대부분을 경기고 교훈대로 자유분방하게 살았다. 기존 정치인들에게 익숙했던 기자들에게 유인태 수석은 충격이었다. 한정식이나 중식당 같은 고급 음식점이 아니라 3,500원짜리 허름한 청국장 집에 출입기자들을 불러 모아 제육볶음 안주를 곁들인 '소폭'을 연신 말아댔다. 20년 가까이 차이 나는 기자들이 먼저 나가 떨어져도 흐트러짐 없는 건배사로 "건전한 긴장관계!"를 외쳐댔다. 말끝마다 맛깔스런 육두문자를 사용하는 그에게 붙여진 별명은 '엽기수석'이었다. 격식을 깨는 거침없는 언행은 '자유인'의 또 다른 표현이다.

"춘추관 기자들과 상견례 자리에서 절대로 기사를 쓰지 않겠다기에 순진하게(?) 평소처럼 얘기보따리를 다 풀어놓았지요. 대통령을 두고 '상고 나온 사람하고 같으냐?'라는 농담을 던졌는데, 나중에 다 기사로 나오더군요. 아니 그런 걸 쓰는 사람들이 어디 있습니까? 그 후 청남대 개방행사 가는 버스에 탄 출입기자들을 보고 '야! 여기 사람이 타는 차인데 짐승하고 ×새끼들은 왜 태웠냐!' 그랬죠."

그때부터 '엽기수석'이라는 별명이 붙었다. 보통 정치인들은 기자들을 두려워(?)하기 때문에 욕을 퍼붓는 건 감히 상상하기 어렵지만 유 수석에게는 성역이란 게 없었다. 물론 이런 적나라한 표현은 기자들에게만 그치지 않는다. "좆선일보, 똥아일보"라고 말해도 항의를 받거나 소송을 당한 적이 없다. 그만큼 악의가 없기 때문이었다.

유인태 수석은 1948년 충북 제천에서 비교적 여유 있는 집안의 장남으로 태어났다. 초등학교 2학년 때 서울로 이주, 혜화초등학교를 졸업했으며 이후 경기 중·고등학교에 진학했다. 가난 때문에 부산상고로 진학한 청년 노무현과는 다른 길을 걸은 것이다. 부친은 삼풍제지에 목재를 납품했으며, 도봉구(현 강북구) 미아9동에 2층 양옥을 짓고 자리를 잡았다.

이 집은 1960년대 후반부터 1980년대까지 민주화운동의 산실이었다. 동숭동 문리대에서 멀지 않은 이 집을 서울대 학생들은 수시로 들락거렸고 그 후 재야인사들이 사실상 숙소처럼 이용했다. 서울대 연극반을 거친 동생 유인택(현 동양예술극장 대표)의 친구들까지 몰려들어 그 많은 밥을 해대느라 어머니가 고생깨나 했다고 한다.

유 수석은 재수를 거쳐 1968년 서울대 사회학과에 입학했다. 당시 대학가는 3선 개헌 반대운동으로 술렁였다. 자연스럽게 학생운동에 몸담은 그는 1969년과 1971년 두 차례나 제적되는 등 1970~80년대 민주화운동을 이끌었다. 1974년에는 민청학련 사건으로 사형선고를 받고 4년 5개월간 복역하기도 했다.

　유인태 수석은 1987년 민주헌법쟁취국민운동본부에 참여한 노무현 변호사를 처음 만났고, 13대 대선 때는 양김 분열을 막기 위해 대통령후보단일화 국민협의회 상임위원을 맡아 동분서주했다. 이때부터 노무현 대통령과 꼬마민주당, 국민통합추진회의(통추) 등의 활동을 같이 하며 동지적 친분을 쌓아나갔다.

　1992년 초 14대 민주당 국회의원 공천심사가 한창이던 어느 날 밤. 노무현 의원과 원외의 유인태 당무위원 등 민주계 공천심사위원들은 이기택 공동대표가 머물고 있던 소공동 롯데호텔을 급습했다. 그리고 이해찬 의원의 복당과 공천이 받아들여지지 않을 경우 노무현 등 부산지역 현역 의원은 물론 서울에서 이미 공천된 이부영, 유인태 등 재야 출신까지 공천장을 반납하겠다고 협박(?)했다. 사실 이해찬 의원은 평민계로 김대중 공동대표에 의해 복당과 공천이 거부된 상태였다. 그는 1년 전 치러진 광역의회 선거에서 측근인 유시민 전 보좌관을 서울시의원으로 공천하려 했으나 중앙당이 다른 사람을 공천하자 이에 반발, 탈당을 해버렸던 터였다.
　공천심사위원장을 맡고 있던 김원기 사무총장 등 평민계 인사들은 감히 DJ에게 대들 수 없었기 때문에 노무현, 유인태 등 민주계 공천심사위원들이 대신 총대를 맨 것이다. 이날 밤 시위로 결국 이해찬 의원의 공천은 관철되었고, 관악(을)에서 내리 5선을 이어갈 수 있었다. 이처럼 원칙을 대하는 관점 등에서 노무현-유인태의 관계는 생각보다 끈끈했다.

　1995년 지방선거에서 지역등권론을 들고 지원유세를 펼친 DJ가 정계에 복귀하면서 국민회의를 창당했다. 하지만 유인태 의원은 이에 동참하지 않았다. 부산을 기반으로 하는 노무현 전 의원의 불참은 당연한 일이었지만 유 의원은 고민이 많았다. 심지어 친여 일색인 경기고 동기들조차 당선 가능성이 높은 국민회의행을 권유했다. 그러나 그가 최종 결심을 굳히도록 한 이는 김원기 최고위원이었다. 김 최고위원은 DJ 깃발이면 곧 당선인 호남에서 용감하게 반지역주의 선언을 해버린 상태였다. 당연한 일이지만 김원기, 유인태 등은 15대 총선에서 대부분 낙선했다. 게다가 민주당이 신한국당과 합당해 한나라당을 만들면서 통추라는 왜소한 조직으로 오그라들었지만 그들은 결코 위축되지 않았다. 노무현 대통령이 이후 김원기 전 국회의장을 정치적 사부로 깍듯하게 모신 이유도 바로 이 때문이다.

국민의 정부 출범 후 통추 출신 전직 의원 5명은 모두 한 자리씩 보상을 받았다. 심지어 당내 경선에서 패한 원혜영 부천시장은 DJ가 그 결과를 뒤집는 초강수를 두기까지 했다. 그러나 유인태는 예외였다. 1987년 당시 자신을 지지하지 않았던 유 전 의원은 DJ의 불신 때문에 끝내 기용되지 못한 것이다. 그 후 유인태는 2000년 16대 총선에서 자신의 옛 지역구가 아닌 노원(갑) 공천 제안을 받았지만 일언지하에 거절해버렸다. 노원(갑)은 그와 오랫동안 동지적 관계를 유지해온 고영하 지구당위원장이 14~15대 연속해서 출마, 낙선한 지역구였다. 비록 고 위원장이 세 번째 공천을 받기 힘들어졌지만, 차마 인간적으로 못할 일이라고 본 것이었다. 그래서 그는 13대부터 이어온 총선 출마를 한 번 건너뛰었다. 바로 이 대목은 엽기적일 뿐만 아니라 인간적인 유인태의 모습을 보여주는 것이라 할 수 있다.

유인태 수석은 비록 1년간의 짧은 재임 기간이었지만 길이 남을 정치개혁의 새 역사를 썼다. 선거문화를 바꾸는 데 초석을 닦은 것이다.

그는 정무수석실에 소속된 치안비서관을 통해 경찰을 대대적으로 활용했다. 14대 국회에서 내무위원회로 활동한 경험도 경찰을 활용하는 데 도움이 됐다. 물론 이전 정부에서도 금품 선거는 금지되어 있었다. 그러나 최고 권력자들에게 깨끗한 선거를 치르겠다는 의지가 없었기 때문에 늘 혼탁한 선거가 치러졌던 것이 현실이었다. 그 역시 총선 당시 DJ로부터 거액을 지원받은 것이 공공연한 비밀이 아니었던가?

유 수석은 경찰 고과에 강력범뿐만 아니라 선거사범 단속 시에도 특진을 시키도록 제도를 고쳤다. 승진에 목을 매는 하위직들에게 더 많은 기회를 제공하도록 착안한 것이다. 그랬더니 신기하게도 경찰들이 열심히 선거사범을 단속했다. 물론 여당이 제일 많이 걸려들긴 했지만 17대 총선은 정말로 깨끗하게 치러졌다. 불법선거자금 신고자 50배 포상금 제도 역시 그가 주장해서 도입됐다. 유 수석의 예상은 적중했고, 청렴 선거의 수훈갑은 단연 경찰이었다.

유인태 수석은 2004년 2월 13일 "백수가 엽기 되어서 나간다. 굳이 뻘밭(정치판)으로 나가라고 하니 내키지 않은 발걸음으로 간다."며 문희상 비서실장과 함께 열린우리당의 징발에 응했다. 노무현 대통령의 탄핵 역풍이 불기 전이었고, 열린우리당으로는 큰 위기를 느끼던 때였다. 처음에는 정동영 당의장 등 열린우리당 지도부가 여론조사 결과까지 보여주며 고향인 충북 제천 출마를 권했다. 물론 관료 출신 등 힘 있는 인물을 반기는 지역 특성상 당선 자체는 큰 무리가 없는 것처럼 보였다. 그러나 아홉 살 때 떠난 고향을 찾아가보니 여당에 대한 기대가 너무나 컸다. 철도청 이전과 같은 지역개발 공약을 비롯해 대략 1,000여 명은 취직시켜줘야 할 형편이었다. 결국 그는 원래의 선거구인 도봉(을)로 주저앉았고, 8년 만에 원내로 복귀했다.

유인태 의원은 체질적 재사(才士)형으로, 나서기를 싫어한다. 2005년 열린우리당 정치개혁특위 위원장, 2006년 완전국민경선제TFT 위원장 등 주로 정치개혁관련 일을 맡아왔다. 19대 국회 마지막 회기에는 중진임에도 이례적으로 지역구도 타파와 정당명부식 비례대표제 확대의 꿈을 실현하기 위해 정치개혁특위 위원을 자청했다. 분권형 대통령제 등 87년 체제를 뛰어넘는 정치구조 개혁을 위한 일에도 앞장서왔다. 그는 스스로 대통령이나 당대표에 도전할 꿈을 꾼 적이 없다. 이른바 킹메이커였던 셈이다.

그런 그가 두 번의 당내 경선에 출마한 경험이 있다. 첫 번째 경험은 2005년 3월 말 열린우리당 서울시당 중앙위원 경선에서 1위를 차지, 서울시당 위원장에 선출된 것이다. 후배들에 떠밀려 경선에 참여했는데, 선거를 목전에 두고 '태평하게' 동료 의원들과 일주일간 히말라야 트레킹을 다녀왔다. "몸과 마음을 단련하고, 특히 60세가 되기 전에 히말라야에 꼭 한 번 도전해보고 싶었다."는 것이 등반 이유였다. 그와 같은 '엽기적인 인물'이 아니면 도저히 할 수 없는 행동이었다.

당시 그의 경쟁자는 막강한 주류의 지원을 등에 업은 김한길 의원이었다. 서울시내 전역에서 모인 당 내외 후배들은 기호 22번, 꼴찌 번호를 뽑은 그를 위해 자원봉사자로 전력투구했다. 당시 모인 멤버들은 지금도 1년이면 몇 차례씩 모여 복달임을 하는 등 우의를 이어가고 있다. 모임의 이름은 당시 22번 기호를 따서 메조회(화투에서 2는 메조라고 부름)라고 부른다.

두 번째는 19대 총선에서 당선된 직후 원내대표 선거에 출전한 것이다. 이른바 이박(이해찬박지원) 담합을 상대로 평생 특정한 계보활동을 하지 않았던 그가 결선에까지 올라 60대 67표까지 간 것은 그 자체로도 빅 뉴스였다.

유인태는 제36대 정무수석으로, 참여정부의 처음이자 마지막 정무수석이다. 유 수석이 퇴직한 후 노무현 대통령은 책임장관제를 도입해 여의도 정치권과의 접촉을 각 장관에게 맡기겠다는 차원에서 정무수석제를 폐지했다. 특별교부세처럼 정치권에 제공할 '당근'도 없는 상황이어서 정무수석이 꼭 필요한가에 대한 회의감도 있었다. 여의도 정치권에는 정무수석을 통한 막후 타협을 하지 않겠다는 노 대통령의 선언으로 받아들여지기도 했다.

흔히 성공적인 정무수석의 첫째 조건으로 대통령의 절대적인 신임을 꼽는다. 시시콜콜 대통령에게 보고하고 일을 추진할 경우 '골든타임'을 놓칠수 있기 때문이다. 또한 대통령과 허심탄회하게 대화할 수 있는 사람이 정무수석이 돼야 여당의원이든 야당의원이든 그와 만나고 싶어 하게 된다. 둘째, 여의도 정치경험은 정무수석 성공의 필수불가결한 조건이다. 일이 터지면 자리에 앉을 시간도 없이 바쁜데 일일이 찾아가서 협조를 요청하는 식으로는 아무것도 할 수가 없다. 따라서 전화 한 통화로도 해결할 수 있으려면 여의도 경험이 절대적이다. 특히 국회의 권한이 갈수록 비대해지는 만큼 여야 정치권의 협조는 필수 불가결이다. 이처럼 정무수석의 최대 역할은 청와대와 정치권의 가교 역할이다. 유인태 수석 이후 노무현 대통령이 정무수석을 폐지해버린 까닭도 적임자를 찾지 못했기 때문이 아닌가 싶기도 하다.

유인태 수석은 2004년 초에 한나라당과 선거구제 개편을 둘러싼 물밑 협상을 벌였다. 당시 홍사덕 한나라당 원내총무와 도·농 복합(1~3인)선거구제를 도입하고 원내 과반 정당에 내각 구성권을 이양하는 '연정 방안'에 잠정 합의, 성사 단계까지 갔다. 그러나 영남 도시지역 의원들의 반발로 막판에 좌절됐다. 홍사덕 총무는 한때 민주당에서 한솥밥을 먹던 사이였다.

2002년 대선 때도 유인태 정무특보는 노무현 대통령 후보의 특명을 받고 한나라당 이회창 후보의 측근인 윤여준 의원을 수시로 접촉했다. 2001년 헌법재판소가 1인 1표를 기반으로 하는 전국구 배분 방식에 대해 위헌 판정을 내린 상태에서 노무현 후보가 필생의 과업인 지역주의 극복 선거구제 도입 과제를 그에게 맡겼기 때문이다. 그때도 그는 당시 마포팀 실무자들과 함께 16대 총선 결과를 토대로 권역별 비례대표제 시뮬레이션을 해봤고 한나라당에 결코 불리하지 않음을 확인했다. 이 또한 도·농 복합선거구제와 함께 제안해 상당히 진척되었음은 물론이다.

막후 협상 전문가인 유인태 의원의 진가는 2008년에도 발휘됐다. 인수위 시절 이명박 대통령 당선인은 정부조직개편을 17대 거대야당인 통합민주당과 상의했는데, 당시 손학규 대표에게 직접 전화를 걸어 '협상 대표를 지명해 달라'고 요청했다. 이 당선인 측에서는 이재오 의원, 민주당 쪽에서는 손 대표와 가까운 유 의원이 대표가 됐다. 원내대표 간 협상 테이블과 별도로 두 사람은 거의 한 달 동안 매일 밤 9시 스위스그랜드호텔 지하 바에서 만나 줄다리기를 했다. '작은 정부'를 지향했던 이명박 대통령은 장관 수를 줄이는 데 집착했지만, 유 의원은 끈질긴 설득 끝에 통일부와 여성부를 살려냈다. 정치가 실종돼버린 요즈음의 여의도에서는 드문 광경이 아닐 수 없다.

유인태 정무수석은 청와대에 있는 동안 끊임없는 화제를 낳았다. 대통령이 말할 때 졸거나 대통령과 같이 맞담배를 피우는 것은 예사고, 비보도를 전제로 얘기한 것이 보도될 경우 해당 기자에게 욕설을 퍼붓거나 일상적으로 비속어를 사용하기도 했다. 하지만 그러한 모습은 그의 자유인다운 면모를 더욱 부각시키기도 했다. 특히 그는 홍보수석이 아니면서도 조·중·동에 대한 접촉면을 늘림으로써 보수언론과 강경하게 대치하던 노무현 대통령을 보완하는 역할을 자임했다. '할 말은 한다. 할 일은 한다.' '그의 엽기는 진실의 또 다른 이름입니다.' 등 17대 선거 당시 그가 내걸었던 이색 캐치프레이즈만큼 그는 대통령 앞에서도 할 말을 할 줄 아는 바른 참모였다.

유인태는 19대 국회의원 임기 도중 또 하나의 '엽기 행각'을 벌였다. 60대 중반의 나이임에도 여의도 정치권에 만연된 계파정치 청산을 위한 개혁정치인으로 거듭난 것이다. 그는 2013년 민주통합당 5월 전당대회를 앞두고 대선 패배의 원인으로 지목돼온 계파 청산에 목소리를 높였다. 이를 위해 관행적으로 묵인해온 지역위원장의 오더(대의원 투표 종용 행태)를 금지하는 모임을 결성했다. '오금모임'에는 김부겸, 김성곤, 박병석, 오제세, 이상민, 이미경 등 13명의 전·현직 의원들이 발기인으로 참여해 총 인원은 59명으로 불어났다. 박지원-문재인 두 후보가 당대표를 두고 치열하게 맞붙은 2015년 2월 전당대회 때도 유인태는 '오금모임' 시즌2를 결성해 활동 열흘 만에 64명의 동참을 이끌어냈다.

19대 국회 임기를 마감한 유인태 전 의원은 20대 총선을 앞둔 2016년 2월 24일 더불어민주당으로부터 현역 공천 배제를 통보받았다. 그는 "평소 삶에서 물러날 때를 아는 것이 소중한 가치라고 생각해왔다. 저의 물러남이 당에 도움이 되길 바랄 뿐"이라며 컷 오프 대상의원 중 가장 먼저 수용 의사를 밝혔다. 비정상이 정상으로 비치는 우리 사회에서 오히려 엽기적인 그를 존중해야 할 이유가 한 가지 더 추가된 셈이다. 엽기 의원 유인태는 이 일로 인해 전국적 스타가 되었고, 한 라디오 방송 고정출연 등 새롭게 인생 2모작을 가꾸고 있다.

그렇지만 참여정부 최고의 엽기적 인물은 바로 노무현 대통령 그 자신이었다. 노 전 대통령은 한총련 사태와 각종 파업 사태로 얼룩졌던 2003년 5월 21일 "대통령직 못 해먹겠다."는 발언을 쏟아냈다. 가히 엽기 수석에 엽기 대통령이었다.

강금실 법무장관
女風당당, 금녀의 벽을 허물다

참여정부 들어서면서 공무원 사회도 변화의 급물살을 타기 시작했다. 남성 위주의 독점적 위계질서가 구조화된 공직사회에서 민주성과 다양성이 중시되는 수평적이고 개방적인 사회로 거듭난 것이다. 그 변화의 바람은 참여정부의 '균형인사정책'(Affirmative Action)에서 시작됐다. 여성과 장애인, 이공계·기술직 공무원들에 대한 배려를 통해 '인사가 만사'가 되기 위한 조건을 서서히 갖추어 가게 된 것이다.

청와대와 중앙인사위원회에 각각 균형인사비서관실과 균형인사과를 설치하고 여성 인사수석을 발탁한 참여정부는 역대 정부 중에서 '여성'을 '균형' 있게 대우한 '최초'의 정부였다고 해도 과언이 아니다.

노무현 대통령은 재임 중 대한민국 여성1호 한명숙 국무총리를 발탁한다. 그는 2000년 16대 총선에서 김대중 총재에게 공천장을 받아 비례대표 국회의원으로 여의도에 입성했으며, 2001년 1월에는 초대 여성부장관으로 발탁된 DJ의 사람이었다. DJ는 한국여성민우회 회장과 한국여성단체연합 공동대표를 역임하며 오랫동안 여성운동에 몸바쳐온 그의 이력을 높이 샀다. 한명숙 장관은 정권이 바뀐 뒤에도 정세현 통일부장관과 함께 자리를 지켰다. 2003년 2월에 출범한 참여정부 1기 내각에 환경부장관으로 기용된 것이다.

한 장관은 역시 기대에 부응했다. 2003년 정부 업무평가에서 환경부는 최우수 부처로 선정된다. 그런 좋은 기억을 간직한 노 대통령은 2004년 17대 총선에서 지역구로 재선한 한명숙 의원을 2006년 4월 이해찬 국무총리의 뒤를 이어 참여정부 3대 총리로 불러들였다. 여성으로서는 헌정 사상 최초의 일이다.

2003년 8월 임명된 전효숙 헌법재판소 재판관(장관급) 역시 여성1호 헌법재판관이다. 물론 헌법상 대통령이 형식적인 임명권은 갖지만 지명권을 대법원장이 갖고 있었기 때문에 엄밀한 의미에서 전효숙 재판관을 대통령 인사라고 부르기는 어렵다.

2004년 8월 임명된 김영란 대법관(장관급) 또한 여성1호 대법관이다. 역시 헌법상 대통령이 임명권을 갖고 있지만 대법원장의 제청과 국회의 동의라는 절차가 전제가 되어야 하므로 대통령 고유의 인사라고 부르기에는 적합하지는 않다.

여성을 배려하는 균형인사는 여성부를 신설한 국민의 정부에서부터 시작됐다. 정부 산하 각종 위원회의 위원 직위 가운데 여성 30% 할당을 제도화한 것인데, 국정에 대한 자문 경험을 바탕으로 공직 진출에 대비하도록 한 것이었다. 참여정부는 이를 38%까지 끌어올렸으니 가히 여성위원회 공화국이라 할 만했다.

여성들이 공직 진출을 보다 쉽게 할 수 있도록 이전 정부에서 실시한 여성 채용목표제를 한 단계 강화해 양성평등채용목표제로 제도화했고, 2003년부터 5·7·9급 공채시험에 적용했다. 이어서 각종 공기업의 감사나 사외이사

등에도 여성이 적극 등용될 수 있도록 기획예산처가 주관하는 공공기관운
영위원회를 구성할 때 여성위원 비율을 30% 이상으로 한다는 권고조항을
삽입했다. 이는 한 줄짜리 지침에 불과했지만 경제부처가 밀집해 있는 과
천 관가를 강타하며 공직 패러다임의 근본적인 변화를 가져오게 된다. 더
구나 1기 내각에는 정부 수립 이후 55년 동안 금녀(禁女)의 영역으로 간주
돼 온 법무부장관에 강금실 변호사를 임명한 것을 비롯해 김화중(보건복
지부장관), 지은희(여성부장관), 한명숙(환경부장관) 등 한꺼번에 4명의 여
성 장관을 발탁했으니 그야말로 파격이었다.

    따라서 노무현 대통령의 본격적인 균형인사는 강금실 법무부장관이 여
성1호로 기록되어야 할 것이다.

보랏빛 머플러의 아름다운 유혹

    "검찰의 이기주의에 휘둘리지 않는 확실한 지휘관이 돼야 한다. 능력뿐
아니라 상징성도 필요하다. 나는 절대로 검찰을 정치적으로 이용할 생각
이 없다. 법무부는 더 이상 검찰을 위한 법무부가 아니라 문민화가 돼야
하며, 검찰도 제도적인 독립뿐 아니라 문화적으로도 검사동일체 원칙이 없
어져야 한다."

    2003년 2월 7일 대통령직인수위 정무분과 인사추천회의 당시 노무현 당
선자가 남긴 말이다. 이미 이때부터 파격인사의 복선이 깔린 게 아니었을까?

    2003년 2월 27일. 이틀 전 취임한 노무현 대통령은 직접 내각 인선 배경
을 설명하는 자리에서 김각영 현 검찰총장보다 무려 11기 아래 후배이자
판사 출신의 여성을 법무부장관에 기용한다고 발표했다. 노 대통령은 법

무부장관 발탁 원칙을 차분하게 설명했다.

"법무부에 관해서는 비정상을 정상으로 바로 잡으려고 한다. 법무부를 검찰로부터 독립시켜야 한다. 지금까지는 검찰이 법무부를 장악하고 있었다. 검찰과 법무부의 역할이 다른 만큼 자신이 해야 할 일을 하면 된다. 이제 더 이상 법무부가 검찰의 입장을 대변해서는 안 된다. 이는 검찰의 독립을 보장한다는 의미도 가지고 있다. 40대 변호사를 법무부의 장관으로 발탁하는 것은 파격이라는 지적이 많다. 특히 부처 장악력에 문제가 제기되고 있다. 나는 우리나라 법조계의 서열주의에 구속되지 않으려 한다. 법무부장관이 몇 기든 검찰은 소신을 지키길 바란다. 법무부장관이 검찰의 권위나 독립성을 결코 훼손시키지 않을 것으로 본다. 과거는 권력의 검찰이었다. 국민의, 국민을 위한, 국민에 의한 검찰로 다시 태어나기 바란다."

그렇다. 사법고시 기수가 조직의 골간인 검찰조직을 흔들면서까지 '강금실 카드'에 담고자 했던 노 대통령의 핵심 메시지는 바로 서열 파괴를 통해서라도 검찰의 이익을 대변하는 법무부의 비정상적 상태를 반드시 바로 잡아 시대적 사명인 검찰개혁을 이루고자 했던 것이라 할 수 있다.

강금실은 여성1호 형사단독판사(1990년), 여성1호 로펌 대표변호사(2000년), 벤처전문 로펌1호 설립(2000년), 여성1호 민변 부회장(2001년), 다보스 세계경제포럼에서 아시아 차세대 지도자(Asian Young Leaders) 한국대표 18인 중 유일한 법조인(2002년) 등 '여성1호'를 달고 살았다.

인터넷에는 강 장관이 제주 출생인 것으로 나오지만 그것은 등록기준지(구 본적)이다. 중등학교 교감을 지낸 아버지의 살림살이가 궁핍해지면서 경북 경주로 이주해서 2남 4녀 중 막내인 금실이를 낳았다. 어렸을 때 상경한 그는 경기여고 문과를 수석으로 졸업하고, 큰 고민 없이 1975년 서울법대에 들어갔으며 1981년 23회 사법시험에 합격했다. 황덕남 참여정부 초대 법무비서관(23회), 국민의당으로 4선에 성공한 조배숙 의원(22회), 여성 1호 대법관이자 국민권익위원장을 지낸 김영란 변호사(20회)가 모두 경기여고 63회·서울법대 동기생들이다

1981년 7월 10일 〈매일경제〉와의 인터뷰. 강금실 합격생은 자신의 적성이 법관이 맞는지 오랜 고민 끝에 가족들의 권유로 4학년부터 고시공부를 시작했다고 한다. 교내 탈춤반 활동을 하면서 사회현실에 눈뜨기 시작했고, 사회과학 서적도 꾸준히 읽었다. 서예에 조예가 깊은 부친의 영향으로 붓을 잡기도 했다. 이는 훗날 '인권변호사 강금실'을 만들어낸 토양이 되기도 했다.

1983년 판사에 임용된 그는 1996년 판사직을 그만둘 때까지 많은 일화를 남겼다. 전두환 정권 시절 서울 남부지원에 근무하면서 시위를 하다 즉심에 회부된 대학생들을 줄줄이 석방했다. 1991년 서울 북부지원 형사단독판사 시절에는 화염병 투척 혐의로 구속영장이 청구된 한국외대생을 도주 및 증거인멸의 우려가 없다는 이유로 영장을 기각했다.

김용철 대법원장의 도중하차를 불러온 1988년의 2차 사법파동 당시 명단을 올린 강금실 판사는 1993년 3차 사법파동 때도 '평판사회의' 설립을 주도하며 김덕주 대법원장에게 소장 판사들의 '사법개혁 건의서'를 올렸다.

강금실 판사는 1988년 사회과학출판사 '이론과 실천' 대표인 남편 김태경

이 마르크스의 '자본론'을 번역, 출판하다 국가보안법 위반으로 구속되자 현직 신분으로 그 부당성을 지적하는 장문의 의견서를 검찰에 제출하기도 했다. 재학 시절부터 서울법대 선후배 관계로 사귀었던 정통 운동권 출신의 김태경과 강금실 판사는 1984년 결혼에 골인했다. 현직 판사인 신부와 긴급조치 위반으로 구속된 경력이 있는 운동권 출신 신랑의 결합은 당시 법조계의 큰 화제가 됐다. 그러나 남편의 사업 실패로 2000년에 협의 이혼을 했고, 장관이 된 뒤에도 이때 떠안은 빚 때문에 마이너스 9억원 이상의 재산으로 고위공직자 중 꼴찌를 기록했다.

1996년 서울고등법원을 그만둔 강금실 변호사는 개업과 동시에 민변(민주화를 위한 변호사 모임)에 가입했다. 그리고 고문기술자 이근안에 대한 고발을 주도하는 등 열성적인 활동 덕분에 입회 5년 만에 여성1호 부회장으로 선출됐다.

강금실 변호사는 일 욕심도 매우 많은 사람이었다. 한꺼번에 쓴 감투가 어떤 때는 7~8개씩이나 됐다. 1999년 언론중재위원, 1999년 예술의전당 후원회 감사, 2000년 법무법인 지평 대표변호사, 2000년 국무총리 행정심판위원, 2000년 한국인권재단 창설이사, 2001년 대통령자문 정책기획위원, 2001년 중앙환경분쟁조정위원, 2001년 전자거래분쟁조정위원, 2001년 신문공정경쟁위원, 2001년 민변 부회장, 2002년 부패방지위원 등 셀 수조차 없다.

사업수완도 남달랐다. 2000년 국내 최초로 벤처기업 컨설팅 전문 법무법인 지평을 설립, 불과 1년여 만에 변호사 60여 명을 거느린 중견 로펌으로 키워내는 경영능력을 발휘했다. 주로 M&A, IT, 지적재산권 등을 맡은 지평은 국내 10위권에 랭크돼 굴지의 로펌으로 성장했고, 강 대표도 월 1,500만원의 소득을 신고했다.

1년 5개월 동안 재직한 강금실 법무부장관은 적지 않은 개혁성과를 내놓았다. 중요한 것만 간추려보면 다음과 같다.

법무부 개혁 작업의 시발점이 된 정책위원회와 정책기획단을 구성해 운영했다. 검찰 인사위원회 운영 개선, 검사 단일호봉제, 재정신청 확대, 보호감호제도 개선 등 민감한 개혁 안건들이 다루어지고 상당수가 법무부 정책으로 채택됐다. 이 조직은 훗날 천정배 장관이 검찰개혁에 박차를 가하는 데 큰 도움을 주기도 했다.

검찰 인사개혁을 실시했다. 취임 초 김각영 검찰총장 사퇴를 촉발한 파격적인 검사장 인사는 사실상 청와대가 주도했지만, 부장검사 이하는 강 장관이 고유의 인사권을 행사한 것이었는데, 그 결과는 파격을 넘어 가히 혁명적이었다. '지방에서 한직만 전전해온 숨은 진주'를 발굴해 서울지검 특수1부장과 형사1부장에 발탁했고, 주로 서울로만 돌던 귀족 검사들을 지방으로 내쫓았다.

인사개혁과 관련해 강 장관이 남긴 발언은 충격 그 자체였다. 2003년 3월 초 법무부의 '인사지침' 파문과 관련, 서울지검 평검사들까지 나서서 "밀실에서 진행하고 있는 검찰인사를 즉각 중단하라"고 촉구했다. 노 대통령은 자신의 인사권에 대한 정면 도전으로 인식, 부득이하게 직접 개입하게 되었고, 덕분에 그 유명한 '검사와의 대화'가 이뤄지게 됐다.

2003년 3월 9일 노 대통령은 전국 평검사 50명을 직접 면담, 검찰 인사 문제와 독립성 및 중립성 보장을 위한 제도개혁 방안 등에 관해 공개토론을 실시했다. 이 과정에서 강금실 장관은 놀라운 사실을 공개했다.

"검찰인사를 관리하는 검찰국장을 불러 검사장급 인사자료를 요구했더니 인사기록자료와 참고자료 등 2개 파일을 가져왔다. 그런데 거기엔 학력, 고향, 경력만 있고 사건 처리 과정이나 공정수사 등의 업적은 전혀 없었다. 그동안 장관이 혼자 인사를 했던 것이다. 업무수행능력과 도덕성 자료는 전혀 없었다."

노무현 대통령이 그에게 검찰개혁을 맡겨도 좋을 만한 이유는 이것 한 가지만으로도 충분했다. 인사협의 때문에 이날 저녁 과천 중앙공무원교육원에서 열린 참여정부 장차관 국정토론회 만찬장에 뒤늦게 참석한 강금실 장관에게 노 대통령은 '철의 여인'이라고 부르며 힘을 실어주었다.

"발탁 인사를 통해서 실질적으로 중립을 지켜나갈 수 있는 검찰 분위기를 만들어주는 것이 이번 대통령 인사의 방향이고 원칙적 방향입니다."
노 대통령이 2003년 3월 강금실 장관에게 내린 인사지침 중 일부이다.

강 장관은 대대적인 양심수 사면을 실시하고 '준법 서약제'를 폐지했다. 광복절을 기다리지 않고 취임 두 달 만에 시국사범 1,400여 명을 석방 또는 사면했다.

장관 취임사에서 밝힌 개혁의 방향대로 일선 검사들이 소신껏 수사에만 전념할 수 있도록 '검사동일체원칙'을 폐지했고, 소외된 소수자들의 인권문제를 개선하기 위해 '외국인 지문 날인제도'도 없애버렸다.

그 결과 2003년 네이트닷컴의 인터넷 검색 정치 부문에서 '올해의 인물'로 선정되었고, 경실련의 장관 업무수행능력 평가에서도 우등상에 해당하는 7등을 차지했다.

이와 같이 참여정부 안에서 '인기 톱'을 달리던 강 장관은 2004년 4월 총선을 앞두고 열린우리당으로부터 여러 차례 강력한 출마 요청을 받았다. 강금실(서울)-문재인(부산)-정찬용(광주)의 '3(쓰리) 톱'을 내세워 바람을 일으키려는 전략이었으나 강금실은 '장관직'을 걸고 이를 단호히 거절했다. 다른 이유까지 겹쳐 결국 그는 선거가 끝난 직후인 2004년 7월 개각에서 경질됐다.

강 장관은 2004년 3월 12일 노무현 대통령의 탄핵안이 야당 주도로 국회에서 의결되자 3일 뒤 언론을 통해 "국민 다수가 탄핵에 반대하고 있는 만큼 법률적으로 가능하다면 총선 뒤 새로 구성될 국회가 탄핵소추안을 취하하는 것이 바람직하다."고 말했다. 강 장관의 이 같은 소신 발언은 '고위 공무원이 총선에 영향을 줄 수 있는 발언을 했다'는 논란을 일으켰고, 야당은 감사원에 직무감찰을 요구하는 한편 선관위 고발까지 했다.

한편 위기에 몰린 열린우리당이 2006년 6월 지방선거에 구원 요청을 해오자 강금실 변호사는 마침내 이 요청에 응했다. 여성1호 서울시장 후보로 투입되어 마지막 승부수인 72시간 논스톱 마라톤 유세까지 펼치면서

'강 다르크'라는 별명까지 새롭게 얻었다. 그동안 기성 정당이 쓰지 않던 보랏빛을 상징색으로 내세우고 안간힘을 다했으나 30%에 미달하는 득표율로 오세훈 시장에게 대패했다. 여당에 대한 국민의 극에 달한 반감과 박근혜 야당 대표의 암살미수 테러라는 악재가 겹친 탓이었다.

2008년 18대 총선을 앞두고 통합민주당 최고위원으로 정치권에 되돌아온 강금실 변호사는 지명도를 앞세워 전국적인 지원유세 요청을 받고 비례대표 1번을 사실상 확정 받았다. 하지만 그는 이마저도 반납하고 선거대책위원장을 맡아 백의종군을 선언했다.

'여성 판사' 출신인 강금실 법무부장관은 나름대로 검찰개혁을 추진했지만 대표적인 검찰권력 견제장치인 '공직자비리수사처' 신설 실패 등 근본적인 '수술'은 하지 못했다. 검찰 출신들은 여타 조직에 비해 자신의 조직을 보호하려는 경향이 강해서 국회에서도 검찰 출신 의원들 때문에 '사법개혁안'이 좌절된 사례가 부지기수다. 19대에 이어 20대 총선에서도 검찰 출신 국회의원은 무려 15명이 진출했으니 이들의 저항을 뚫기란 쉽지 않을 것이다. 그래서 검찰개혁은 아직도 중요한 과제로 남아있다. 제2, 제3의 강금실이 반드시 필요한 이유다.

법무법인 '원'의 고문 변호사로 등록돼 있는 맹렬 여성 강금실은 이제 본업보다는 지구 살리기 운동가로 깜짝 변신해 있다. 법조계 복귀 이후 가톨릭대학교 생명대학원에 등록해 종교와 과학, 생명 등을 다양하게 공부했고 2012년에는 《생명의 정치》라는 에세이집도 출간했다. 생태정의와 4대강 사업, 물 부족 문제 해결을 위한 대안 마련 등 다양한 지구환경 전도사로 나섰다. 2015년 11월에는 21차 파리 유엔기후변화협약 당사국총회 개막을 앞두고, 국내의 주요 인사들과 함께 기후위기 극복을 염원하는 1,000인 선언에 이름을 올린 바 있다. 20대 총선 막바지인 2016년 4월 1일 강금실은 탈핵·탈석유 에너지 전환, 기후보호 등이 주요 정책인 녹색당을 지지하는 글을 SNS에 올렸다. 그는 "녹색당이 정당투표 3%를 돌파해 국회 입성을 한다면 새로운 정치실험으로 의회와 정당정치에 작게라도 파란을 기대하고 있다."고 적었다. 그렇지만 창당 직후인 19대 총선 당시 10만 표 가량의 상당한 득표력을 보였던 녹색당은 18만여 표까지 약진했지만 끝내 3% 벽을 넘지 못했다.

스위스의 민간 싱크탱크인 세계경제포럼(WEF)이 발표한 '2015년 글로벌 성 격차(Global Gender Gap) 보고서'에 따르면 한국은 조사대상 145개국 중 115위를 기록해 전년도 수준(142개국 중 117위)을 유지했다. 중국이 91위, 일본은 104위에서 세 단계 상승한 101위로 모두 한국보다 높았다. 또한 2006년 처음 발표할 때 한국은 92위, 2008년 108위, 2010년 104위, 2011년 107위 등으로 계속 낮아지고 있다. 정치참여 분야에서의 성 평등 순위도 2014년보다 15단계 하락한 108위로, 아랍국가 수준이다. 강금실 법무부장관이 재직했던 참여정부 당시(2006년)는 63위였다. 여성대통령이 집권하고 있지만 국회의원과 장관 등 권력의 영역에 여성을 할당하려는 노력이 참여정부 이후 중단됐으며 경제시장에서의 성별 격차가 큰 것이 원인이다. 성평등 지수가 낮아지면 그만큼 국가경쟁력도 낮아진다는 연구결과는 셀 수 없이 많다. 따라서 노무현 전 대통령이 시행한 적극적 조치로서의 균형인사정책은 국가경쟁력을 제고하는 선견지명이었다고 할 수 있다.

김두관 경남지사
이어리 이장 행정자치부장관 되다

"법무부장관과 행정자치부장관 인사는 지나친 파격이란 지적도 있는데, 이번 인사가 파격적으로 보이는 부분도 있다. 그러나 저는 이번 인사가 파격적인 것이 아니라 이를 바라보는 시각이 타성에 젖어 있다고 생각한다. 언제나 그 분야 관록이 쌓여있는 50대나 60대가 장관이 되어야 한다면 우리 사회의 도도한 변화의 흐름을 담아낼 수 없다. 변화가 필요한 곳에는 변화를 추동할 수 있는 인재를 발탁해야 한다.

김두관 군수는 오리지널 지방자치단체장 출신으로 지방자치행정의 전문가다. 그의 업적은 많은 사람들에 의해 검증된 자원이다. 그는 젊다. 고건 총리가 30대 차관에 발탁된 이래 훌륭한 업적을 쌓아온 것처럼 변화는 젊은 사람의 몫이다. 지방자치를 지향하고 공무원 사회에 새로운 변화의 바람이 일어나길 바란다. 이는 변화를 지향한다는 상징적인 의미를 고려한 것이다.

행정자치부가 해야 될 일 가운데 가장 중요한 것은 지방 분권이다. 행정부 개혁은 위원회를 통해 할 것이다. 행자부는 정부 개혁의 밑거름이 될 것이다. 중앙정부는 지자체에 권한을 돌려주고 행정자치를 주도적으로 개혁해 나갈 것이다. 그래서 지방분권의 경험과 비전을 가지고 있는 김두관 장관을 임명한 것이다."

2003년 2월 27일 오후 노무현 대통령은 청와대 춘추관을 찾아 장관 인선 배경과 원칙 등을 상세히 설명하고 취재진의 질문에 답변했다. 이날의 하이라이트는 최초의 여성 법무부장관 강금실, 최초의 이장 출신 행정자치부장관 김두관, 그리고 최초의 대중예술계 출신 문화부장관 이창동 등 3명의 40대 장관들이었다. 이 가운데 김두관 장관이 44세로 가장 나이가 어렸다. 참여연대가 "사회분야 인사가 대체로 개혁적이고 젊은 인사로 채워진 것은 의심의 여지가 없다."라고 논평하는 등 대부분의 시민단체는 참여정부의 첫 내각 중 특히 사회분야 인사에 대해 개혁과 변화를 추진하려는 노무현 대통령의 의지가 담긴 조각이었다고 호평했다. 그만큼 김두관 등 40대 장관 트리오에 대한 노무현 대통령의 기대는 컸다.

이렇게 노 대통령이 장관 인선 과정을 국민들에게 직접 밝히는 또 하나의 '파격'을 선보였지만 언론은 이를 그대로 전하지 않았다. "里長이 '지자체 수장' 올랐다." 2003년 2월 28일자 〈한국일보〉가 흥분된 어조로 전한 사회면 머리기사 제목이다. 노 대통령이 군수 출신 지방자치 행정 전문가라고 소개했지만, 김두관은 실제로 이어리의 선출직 이장 출신이다. 시골 마을 이장을 하던 인물이 전국 250개 지방자치단체를 총괄하는 행정자치부의 수장에 오른 것이다.

1988년부터 1년 동안 경남 남해군 고현면 이어리 선출직 이장을 역임한 김두관 전 장관의 자서전을 보면, 최초의 공직을 '마을 이장'이라고 자랑스럽게 기록하고 있다. 법정 선거는 아니었지만 경쟁자가 한 명 있었기 때문에 '직선제' 이장이었던 것이다.

김두관은 1958년 경남 남해군 고현면 이어리의 가난한 농사꾼 집안의 6남매 중 다섯째로 태어났다. 초등학교 4학년 때 부친의 작고로 가세는 급속히 기울었다. 남해종고 졸업생 240명 가운데 4년제 대학 합격생이 김두관을 포함해 단 3명뿐이었으나 그는 가정형편 때문에 국민대 어문계열 등록을 포기했다. 고향에서 마늘농사를 짓다가 동년배보다 2년 늦게 대학에 진학해서 도중에 군 복무를 마쳤다. 복학을 미룬 채 고려대 운동권 학생이던 동생과 시국토론을 벌이며 늦깎이로 사회현실에 눈을 떴다. 그때부터 민통련(민족통일민중운동연합) 간사를 맡아 민주화운동을 시작했다.

1986년 직선제개헌추진본부 충북지부 결성대회 주도 혐의로 3개월간 옥고를 치른 그는 고향으로 내려갔다. "농민운동을 하겠다."는 게 이유였다. 남해농민회를 조직해 사무국장을 맡았고, 문화공간이자 북 카페 격인 '책 사랑 나눔터'를 열었다. 이어리 이장을 하는 동안에는 '어촌계 혁명'을 일구었다. 150가구가 소유한 마을 공동어장을 20가구만 분배받는 불합리를 해소하기 위해 30세의 젊은 이장이 나서서 나이 많은 어촌계원들을 끈질기게 설득해냈다. 덕분에 오랜 갈등을 해결할 수 있었다.

김두관은 1988년 13대 총선 당시 남해·하동군 농민회의 결정으로 '민중의 당' 후보로 출마해서 4명 중 3위로 참패했다. 이듬해에는 지역주민 주주 공모를 통해 〈남해신문〉을 창간하고 대표이사를 맡았다. 〈남해신문〉은 7년 동안 지역행정 감시자 역할과 함께 지역주민들의 목소리를 담는 정론지로 자리매김했다.

1995년 1기 지방선거에서 남해군수로 당선된 김두관은 겨우 37세로 기초 단체장 중 최연소였다. 여당 후보의 압승이 예상되던 상황에서 그는 55.6%의 득표율로 첫 번째 기적을 이루어냈다. 취임 후에는 언론개혁부터 단행했다. 연간 2,000만원씩 뿌려지던 기자 촌지를 폐지하고, 계도지 명목으로 지방일간지에 지급돼온 구독료 6,000만원도 전면 중단시켰다. 거기에 더해 기자실까지 전면 개방하자 전국이 또 한 번 발칵 뒤집혔다. 그러나 개혁행정을 하겠다는 군민과의 약속을 지키기 위해 끝까지 타협하지 않고 꿋꿋이 밀어붙였다.

군수 업무추진비 내역을 인터넷에 공개해 큰 반향을 불러일으켰고, 겨울철 축구전지훈련장을 유치해 세외 수입을 올리는 등 수완을 발휘했다. 1996년 남해에서 벚꽃축제를 벌일 때는 "군수가 시범을 보여야 관광객들이 따라 할 수 있지 않겠느냐"며 남해대교 번지점프대에서 맨 먼저 뛰어내리기도 했다.

1998년 2기 지방선거 때도 김두관은 과반이 넘는 득표율로 무난히 재선에 성공하며 7년 동안 군수로 재직했다. 그가 군수로 일하는 동안 민원 공개법정 개설, 마을 공동묘지 공원화 시범사업, 남해 잔디, 월드컵 프로젝트 등이 성공사례로 주목받았다. 특히 2002년 월드컵을 앞두고 모든 이들이 월드컵유치위원회만 바라보고 있을 때 남해군은 직접 세계를 돌며 훈련 캠프 유치 활동을 벌여 덴마크 팀과 유리한 조건으로 계약을 성사시켰다.

전국적 주목을 받은 김두관의 풀뿌리 실험은 성공적이었다. 하지만 7년 동안 열정과 아이디어를 다 소진한 터에 군수 3선 도전은 무의미했다. 경상남도 시장·군수협의회 총무, 경상남도자치연대 추진위원장, 자치연대 공동대표 등으로 일하는 동안 더 큰 도전을 하고 싶었던 그는 2002년 지방선거에서 무소속으로 경남지사 출마 결심을 굳힌 상태였다. 그런데 때맞춰 새천년민주당 노무현 대통령 후보가 부산·울산·경남지역 3개 선거구 중에서 적어도 하나는 당선시키겠다고 선언을 했다. 사실 당선은커녕 후보를 구하기조차 힘든 지경이었다.

노무현 후보는 결국 김 군수에게 SOS를 쳤다. 민주당 입당에 난색을 표한 김두관을 몇 시간 동안 간곡하게 설득했다. "김 군수는 누구하고 정치를 하려고 그럽니까? 역사의 길에 동행합시다." 김두관은 선거 30일 전날 민주당에 입당을 하며 "노무현 후보와 함께 지역주의와 금권정치를 혁파하겠습니다. 가난하고 약한 자의 편에 서겠습니다."라고 선언했다.

그러나 상대는 '호남당'이라는 꼬리표를 붙여 집요하게 그를 공격했고, 지지율은 썰물처럼 빠지기 시작했다. 결과는 16.9%대 74.5%로 처참한 패배였다. 심지어 월드컵 열기를 타고 인기가 급상승한 정몽준 후보보다 지지율이 떨어진 여당 대통령 후보의 경남선거대책본부장을 맡을 사람이 없을 지경이었다. 결국 그것도 약관 43세의 김두관의 몫으로 떨어졌다.

대통령직인수위 시절, 노무현 당선자는 김두관을 불러 청와대 참모직을 제안했다. 그러나 그는 이를 단호하게 거절했다. "청와대에서 대통령을 보필하려면 기획력과 아이디어가 있어야 하는데 저는 그런 능력이 부족합니다. 저는 현장을 뛰어다니는 야전 체질입니다. 솔직히 말씀드리면 내각에서 일하고 싶습니다." 김두관은 실제로 지방분권과 행정혁신에 대해서만큼은 자신이 있었다.

하지만 공직 경력이라고는 시골 군수 두 번이 전부인 김두관의 발탁에 대해 여권 내부에서도 반대의 목소리가 적지 않았다. 대표적인 인물이 고건 총리였다. 헌법상 장관 제청 권한을 가진 고건 총리는 완강하게 김두관을 반대했다. 한 나라의 행정자치부장관을 시골 군수 출신에게 맡길 수는 없다는 논리였다. 행정자치부는 내무부의 후신으로 과거 중앙부처에서 가장 힘이 센 곳이었다. 그래서 늘 국회 다선 중진의원이나 차관 또는 경찰총수 출신의 고위관료 등 쟁쟁한 거물급들이 가던 자리를 듣지도 보지도 못하던 지방 촌놈에게 맡긴다니 놀라 자빠질 일이었다.

남해군수는 과거 임명직 시절 4급 서기관이 맡던 자리였다. 게다가 나이도 새파란 44세였다.

정찬용 인사보좌관 내정자는 "이제 시대가 변해서 기존의 권한을 줄이는 게 미션이다. 행자부는 옛날의 내무부가 아니다. 행자부를 해체하는 장관으로서 김두관이 적격이다."라고 하면서 간신히 이해를 구했다. 내각 명단이 발표되자 이번에는 한나라당이 '현실을 무시한 실험내각'이라고 혹평했다. 특히 김두관에 대해 '연공서열 파괴에 따른 조직관리의 문제점'을 지적했다.

지역균형발전은 참여정부의 핵심 키워드다. 김두관은 7개월이라는 비교적 짧은 기간 동안 장관직을 수행했지만 지방분권과 균형발전의 기초를 닦는 많은 일을 해냈다. 우선 지방분권특별법과 주민투표법 등의 법제화를 추진했다. 오늘날 종종 이뤄지는 주민투표의 근거는 이때 마련된 것이다. 행정자치부의 지방자치단체 통제 수단인 양여금 제도를 폐지하고 국가균형발전특별회계(균특회계)를 신설했다.

그런데 이에 대한 행정자치부의 내부 반발이 거세게 일어났다. 그동안 주무부처 장관이 되면 부처 이익을 옹호하는 것이 일반적인 관례였지만 김두관은 거꾸로 대의를 위해 작은 이익을 포기하라고 관료들을 설득했다. 그리고 행정자치부가 쥐고 있던 권한의 30%를 지방자치단체에 이양하고 지방예산편성지침 삭제를 추진했다. 또한 충남 계룡시를 자치시로, 충북 증평군을 자치군으로 승격시켰다.

이 모든 것들은 행정 현장에서는 천지개벽에 가까운 변화였다. 중앙정부에 몰려있던 돈과 권한을 정부 수립 이후 최대 규모로 지방자치단체로 돌려보낸 것이다. 지방이 먼저 요청하지 않았음에도 불구하고 노무현 대통령의 국정철학과 김두관의 신념이 이를 만들어낸 것이다.

김두관은 장관 취임 뒤 6개월도 채 되지 않아 중대 위기를 맞았다. 8월 11일 한총련 대학생들이 미군 사격훈련장 난입 및 장갑차 점거 시위에 나서자 한나라당이 주무장관인 김두관 해임건의안 제출 카드를 들고 나왔던 것이다. 국회의 과반수를 차지한 거대야당의 횡포로 9월 3일 해임건의안이 가결되었지만 야당 내부에서조차 사유가 적절하지 않다는 목소리가 나올 정도였다. 박근혜 의원은 "지금은 손쉬운 회초리를 들 때가 아니다." 라고 지도부의 해임건의안 제출 방침을 비판하고 나섰다. 남경필 의원 역시 "노무현 정부의 국정혼란 양상은 장관 한 사람이 아니라 국정 전반의 쇄신이 필요한 상황"이라고 주장했다. 집회, 시위 등 치안상황 관리에 관한 사무는 행정자치부의 독립 외청인 경찰청이 담당하고 있었으므로 행정자치부장관에게 책임을 물은 것은 명백한 정치공세였다.

한나라당이 발의한 해임건의안은 김두관의 정책적 오류를 문제 삼은 것이 아니라 박희태 전 대표의 말실수에서 드러난 것처럼 '기껏 이장·군수 출신이 장관을 한다.'는 극도의 거부감과 불쾌감에서 비롯된 것이었다. 표면적인 이유는 한총련 대학생들의 미군 훈련장 진입 시위였지만 이는 사실 행정자치부장관이 해임까지 될 만한 성질의 것이 아니었다.

한나라당과 보수언론 등 우리 사회의 오랜 보수기득권층은 노무현이라는 비주류의 집권에 대해 강한 거부감을 보여 왔는데, 그 상징의 하나가 바로 김두관 장관이었던 것이다. 이장, 지방대 졸업, 37세 직선 군수, 군청 기자실 폐쇄, '민중의 당' 및 '새천년민주당' 당적으로 총선 및 도지사 선거 도전 등 '가당찮은' 이력으로 장관이 된 것이 고깝게 보인 터에 불법 시위 사건이 발생하자 이를 빌미로 대대적인 정치공세에 나선 것이다. 결국 김두관 장관 해임건의안은 수적 우위를 내세운 한나라당의 정치적 승리로 끝났고, 임명권자에게 더 이상 정치적 부담을 줄 수 없다고 생각한 김 장관은 9월 17일 직을 물러났다.

해임건의안이 통과된 직후 노 대통령은 예고 없이 춘추관을 찾았다. "내가 김 장관을 처음 발탁할 때는 참여정부가 추구하는 학벌 없는 사회, 그리고 보통사람들에게 희망을 주는 상징적인 의미를 살려보려고 했다. 김 장관은 이장도 했고, 대단히 모범적인 군수를 두 번이나 했다. 전국적으로 아주 모범적인 사례로 잘 알려지기도 했고, 실제로 남해군민들한테 굉장히 지지도가 높다."라면서 해임건의에 대한 아쉬움을 토로했다. 이어 "보통사람의 꿈을 일구어냈고, 앞으로도 더 성공시켜 나가야 되는 '코리안 드림'의 상징이 김 장관"이라며 "내가 키워줄 수 있으면 최대한 키워주고 싶다."

고 강조했다.

　야당의 정치공세로 7개월 만에 물러난 그는 2004년 17대 총선에 또 한 번 도전했으나 실패했다. 그를 키워주고 싶다던 노무현 대통령은 2005년 5월 그를 정무특보로 임명했다. 청와대는 발탁 배경 설명에서 "김 특보는 당정에 걸쳐 경험이 풍부할 뿐 아니라 성격이 소탈하고 지역구도 해소와 국민통합 및 정치개혁에 대한 강한 소신을 가지고 있어 대통령을 잘 보좌할 것으로 기대한다."고 밝혔다.

　김두관은 2006년 2월 18일, 열린우리당 3차 전당대회에서 34.9%의 지지로 상임중앙위원(현재의 최고위원격)에 선출됐다. 정동영, 김근태 의원에 이은 3위였으며, 유일한 국회의원 무경험자였다. 1년 전, 150표 차이로 실패했던 바로 그 선거에서 이뤄낸 쾌거였다.

　그리고 2006년 5월 경남지사 도전, 2008년 총선 패배를 딛고 일어선 김두관은 드디어 2010년 지방선거에서 또 하나의 기적을 일구어냈다. 2010년 6월 경상남도 지방선거의 승리 비결은 연대연합이었다. 6·2 선거를 앞두고 경남지역 시민사회는 '희망자치만들기 경남연대'를 발족시켰다. 독자노선을 고수하는 진보신당을 제외한 민주당, 민주노동당, 국민참여당 등 야3당이 참여하는 제 정당·시민사회 연석회의도 출범시켰다. 선거일을 한 달여 앞둔 4월 21일에 지방선거 승리를 위한 후보단일화 합의문이 발표되었는데, 핵심은 '민주도정협의회'라는 지방단위의 첫 번째 연정이었다. 텃밭 경남에서 누구도 의심하지 않았던 여당 후보의 낙선은 현실이 되었고, 김두관은 53.5%의 득표율로 당당하게 승리를 낚아냈다. 이후 도민들에게 약속한 대로 초대 정무부지사에 민주노동당 출신 강병기를 임명하고, 경상남도 민주도정협의회 설치·운영 규정을 도지사 훈령으로 제정·공포했다.

2012년 김두관은 경남지사직을 사퇴하고 민주통합당 대선후보 경선에 뛰어들었다. 머슴골(민주당 기초단체장 모임) 회원들이 적극 그를 도왔다. 경기 부천시장 출신인 원혜영 의원이 공동선거대책위원장을 맡았고, 구청장 출신인 김재균·송석찬 전 의원도 공동선거대책본부장에 이름을 올렸다. 이밖에도 전북 정읍시장 출신의 유성엽 의원, 전남 함평군수 출신인 이석형 산림조합중앙회장 등이 많은 도움을 주었다.

그는 '99% 서민의 나라, 평등한 대한민국을 만들겠다.'는 꿈을 안고 출발했으나 개표 결과는 문재인, 손학규 후보에 이어서 3위에 그치고 말았다. 득표율도 겨우 11.6%에 머물렀다. 전국적인 지명도, 조직력, 후보 개인의 정책준비 등 여러 면에서 부족했던 탓이었다.

김두관은 바닷가 소년, 가난한 농민의 아들, 늦깎이 사회운동가, 자수성가, 지역주의에 정면으로 항거, 공직선거에 출마해 당선된 경험보다 떨어진 적이 더 많다는 점, 기득권 주류의 심기를 건드려 탄핵을 받은 비주류 정치인('고졸 대통령'과 '이장 출신 장관')이라는 점 등 노무현 대통령과 닮은 점이 많았다. 오히려 김두관은 노 대통령보다 더 많은 공직선거에 출마했다. 10번 선거에 나가 4번 당선됐다. 패배할 줄 알면서도 소신과 원칙을 위해 온몸을 내던졌다. 그를 리틀 노무현이라고 부르는 이유다.

그러나 차이도 뚜렷하다. 노 대통령은 처음부터 정치인의 길을 걸었고 김두관은 행정가의 길을 걷다 정치에 입문했다. 지방자치에 대한 관심과 애정은 높았지만 활동 공간은 달랐다. 노 대통령이 연구(지방자치실무연구소) 분야에서 특히 뛰어났다면 김두관은 실천(지방자치개혁연대) 분야에서 발로 뛰었다. 2012년 대선 후보 경선 당시 김두관 캠프에 합류한 이들이 바로 현장에서 만난 지방자치단체장과 지방의원 출신들이다.

김두관은 두려운 마음으로 20대 국회에 입성했다. 그는 2014년 7·30 재선거 당시 오랜 정치적 기반인 경남 남해를 떠나 경기도 김포에 자리를 잡았다. 400Km가 넘는 지역구 이동이라는 비난을 감수하며 수도권 출마를 결행했지만 지역 토박이의 벽에 부딪혀 10%가 넘는 차이로 낙선했다. 그래도 굴하지 않고 꿋꿋하게 1년 8개월 동안 골목 곳곳을 누비며 2016년 총선을 준비했고, 끝내 김포시장 출신 여당 후보를 상대로 18.6% 차이 낙승을 거두었다. 비록 3~4선 후배들이 즐비하지만 김포(갑) 초선 국회의원 김두관은 민선 남해군수, 행정자치부장관, 민선 경남지사 등 다양한 행정가 경험을 비로소 정치에 접목할 수 있게 됐다.

김두관은 178cm의 키에 85kg의 건장한 체격으로 학생시절 씨름대회를 휩쓰는 등 '장사' 소리까지 들었던 인물이다. 그러나 겉보기와는 달리 매우 겸손하고 속정도 깊다. 노무현 전 대통령의 말처럼 '코리안 드림'을 향한 그의 진군이 결코 멈춰서는 안 되는 까닭이다. 불환빈 환불균(不患貧 患不均). 백성들은 가난한 것에 분노하는 게 아니라 공평하지 않은 것에 화를 낸다는 뜻이다. 김두관의 평생 좌우명인 평등국가가 실현될 날을 기대해본다.

홍석현 주미대사
실험으로 그친 실용주의 인사

2004년 12월 16일 김우식 청와대 비서실장은 출입기자단과의 만찬에서 "신임 주미대사로 미국 사회와 지식인들의 대 한국 이미지를 고양시킬 수 있는 깜짝 놀랄 만한 '빅 카드'를 검토 중"이라고 밝혔다. 늦은 시간임에도 앞 다투어 외교부를 취재한 언론사들은 '정부 고위관계자 발'로 그가 홍석현 〈중앙일보〉 회장이라고 일제히 보도했다.

홍석현의 주미대사 임명은 15대 대선 당시 '친 이회창' 행보와 보수 성향으로 인해 여권 내부에서도 반발이 적지 않았다. 정청래 의원 등 재야 및 소장파 사이에서는 "관료와 언론은 긴장관계를 유지해야 한다."며 즉각 불편한 반응이 나왔다. 참여연대와 전국언론노조 등은 그의 탈세 및 전과 등을 문제 삼아 부적절하다는 지적을 연일 쏟아냈다. 오히려 야당인 한나라당 임태희 대변인이 "실용주의적 인사로 국민이 기대해왔던 바이며 환영하고 평가한다."라는 긍정적인 반응을 보였다. 이 때문에 홍 대사의 참여정부 요직 '발탁'은 심하게 표현하자면 '적과의 동침'에 비유할 만한 시도였다.

이렇듯 우군의 반대를 무릅쓰고 홍석현 회장을 선택한 진짜 이유는 과연 무엇이었을까? 노무현 대통령은 2005년 말 '실용주의'를 내세우며 두 가지 기조 변화를 선택했다. 첫째는 참여정부에 비판적 입장을 견지해온 보

수층 인사를 적극적으로 등용한 것이고, 둘째는 주된 관심사를 '정치 지상
주의'에서 '경제 올인'으로 전환한 것이었다.

홍석현 카드는 첫 번째 변화의 상징적인 조치였다. 정치나 행정 경험이
거의 없고, 외교관 생활도 전혀 하지 않은 사람이 장관급 예우를 받는 세
계 4강의 대사, 그 가운데에서도 최고의 자리인 주미대사로 발탁된다는 것
은 상상도 못할 일이었다.

"대미 외교에 공식적 부분은 아무 문제가 없습니다. 바람직한 방향으로
개선되면서 관계도 잘 굴러가고 있습니다. 미국에는 다양한 여론들이 있
습니다. 미국 내 소위 지식인 사회라든지 연구소, 언론계에 퍼져 있는 한국
에 대한 인식 또는 북핵 문제에 대한 인식은 상당히 구시대적이고 낡았다
고 생각합니다. 그것은 미국이 접할 수 있는 정보가 과거의 것이 많고, 채
널이 과거에 만들어진 것이 많기 때문이죠. 과거에 구축된 채널은 분단시
대의 유산을 많이 안고 있고, 대미 저자세가 깔려 있습니다. 미국 내 여론
의 인식을 바꿔나가는 것이 중요한 작업인데 옛날 그대로의 채널은 적절하
지 않고, 우리 사회에서 흔히 진보적 시각이라고 불리는 쪽도 새롭게 대화
채널을 만든다는 것이 쉽지 않을 뿐더러 대화가 잘 되기 어려운 상황입니
다. 그런 점들을 고심하면서 시도해본 것입니다."

열흘 후 노무현 대통령이 〈경향신문〉과의 송년특별회견에서 밝힌 홍석
현 주미대사 기용 배경이다.

노 대통령이 언급한 것처럼 홍석현 회장을 발탁한 까닭은 나름대로 근
거가 있었다. 이규형 당시 외교부 대변인의 공식 브리핑대로 홍 회장은 민

간인 신분임에도 미국 조야와 상당한 친분이 있었다.

"홍 회장은 〈워싱턴포스트〉 〈뉴욕타임스〉 〈월스트리트저널〉 등 미국 내 주요 언론기관과 학계의 주요 핵심인사들과 두터운 인맥을 갖고 있어 언론주도층을 대상으로 한국에 대한 이해를 제고하는 데 탁월한 인물이며, 콘돌리자 라이스 미 국무장관 내정자를 비롯한 미 행정부와 의회에 인맥을 쌓아왔다."

홍 회장은 미국 유학 중 라이스 장관 지명자 등과 두터운 교분을 쌓았으며, 2002년 국내 언론사 CEO로는 처음으로 세계신문협회(WAN) 회장에 선출된 이후 미국 지식인들이나 미국 언론인들과 좋은 관계를 유지해왔다. 그런데 문제는 지지층의 반발을 살 정도로 원칙을 어겨가면서까지 깜짝 단행한 인사가 과연 옳았느냐 하는 점이다.

미국 스탠퍼드대학에서 산업공학석사와 경제학 박사학위를 취득한 홍석현은 부친의 가업을 잇기 전까지 세계은행(IBRD) 이코노미스트 및 한국개발연구원(KDI) 연구위원 등 공공부문에서 일했지만 공직 경력은 '비서 업무'가 전부였다. 1983년 4월 강경식 재무부장관의 비서관으로 채용돼 그해 10월 청와대로 자리를 옮겨간 강경식 대통령 비서실장의 보좌관(행정관)으로 1985년 1월까지 근무했다. 이후 1986년 삼성코닝 상무로 입사해 경영수업을 받았고, 1994년부터 〈중앙일보〉 대표이사 겸 발행인을 맡아 언론인으로 변신했으며 2003년에 회장으로 취임했다.

순탄한 인생 항해를 거듭하던 홍석현의 첫 번째 시련은 1999년 9월에 찾아왔다. 국민의정부 국세청은 보광그룹에 대한 강도 높은 세무조사를 실시, 685억원의 탈세 사실을 적발해 262억원을 추징하고 대주주인 홍석현 〈중앙일보〉 사장을 검찰에 고발했다. 홍 사장은 한 달 후 구속되어 이듬해 5월 대법원에서 징역 3년, 집행유예 4년, 벌금 30억원이 확정됐다. 혐의는 증여세와 양도세 25억원 탈세 및 공사비 과다 책정으로 리베이트 6억원을 챙겼다는 것이다. 그러나 경제회복을 위한 경제계 인사들의 조기 복귀를 명분으로 3개월 후 8·15 특사로 사면복권이 됐다.

사실 이 정도 전과면 명백한 공직 부적격 사유에 해당한다. 게다가 위장전입과 부동산 투기도 적지 않은 아킬레스건이었다. 홍 대사는 부임 직후 이헌재 경제부총리와 최영도 국가인권위원장이 위장전입과 부동산투기 의혹으로 자진사퇴한 다음 한 차례 위기를 겪었다. 경실련 등 시민단체들이 과거 홍 대사의 위장전입과 부동산투기 의혹을 제기한 것이다.

1979년 부친이 경기도 이천의 임야 4만 2,000여 평을 위장전입으로 매입하고 10년 뒤 13세이던 홍 대사에게 증여한 것이 첫 번째다. 둘째는 1984년에 홍 대사의 모친이 역시 위장전입으로 이천의 농지 3,000여 평을 추가로 매입했다는 것이다. 마지막으로 2001년 고 정주영 회장의 경기도 남양주시 조안면 별장 매입을 위해 모친을 위장 전입시켰다는 의혹이었다.

그러나 홍석현 대사는 공직자 재산공개 과정에서 "위장전입은 인정한다. 국민께 죄송하다."라고 하면서도 "부동산 투기로 번 돈은 재산의 1%도 되지 않는다."라며 시민단체의 공직 사퇴 요구를 묵살했다. 이 당시 그가 신고한 재산은 약 730억원으로 행정부 공무원 중 최고액을 기록했다. 이렇듯 홍 대사는 위장전입과 부동산 투기 문제가 제법 시끄러웠고, 다른 주요 공직자들이 비슷한 사유로 낙마하는 가운데에서도 머나먼 미국 현지 근무 중이라는 이유로(?) 운 좋게도 대충 무마되는 듯했다. 그런데 여기까지였다. 삼성과 끈끈한 관계를 유지해온 것이 불리하게 작용하면서, 결국은 '삼성 X-파일 사건'으로 물러나게 되었던 것이다.

홍석현의 부친은 〈중앙일보〉 회장을 지낸 고 홍진기이다. 그는 4·19혁명 당시 내무장관으로 시위대에 발포 명령을 내린 인물로, 혁명 직후 공직을 물러나 민주당 정부에서 사형선고를 받았다가 무기징역으로 감형되었으며 5·16 쿠데타 후에 가석방됐다. 이때 손을 써서 그를 빼내준 사람이 바로 삼성그룹의 고 이병철 회장이다. 홍진기 전 회장은 1965년 창간된 〈중앙일보〉(사장 이병철) 부사장을 맡은 이후 1986년 작고할 때까지 〈중앙일보〉와 〈동양방송〉을 경영했다.

홍진기 전 회장의 맏딸은 삼성미술관 리움의 홍라희 관장으로, 이건희 회장의 부인이자 홍석현의 누나다. 3남 홍석준은 삼성SDI 부사장을 거쳐 현재는 보광창업투자 회장을 맡고 있으며 차녀 홍라영은 삼성미술관 리움 총괄부관장을 맡고 있다. 〈중앙일보〉는 1999년 삼성그룹과의 계열분리를 발표했지만, 이처럼 떼려야 뗄 수 없는 관계를 유지하고 있다.

2005년 7월 22일 〈MBC〉는 안기부 도청 테이프(X-파일) 녹취록 내용을 보도했다. 삼성 X-파일 사건은 옛 국가안전기획부(현 국가정보원)가 1997년 대선을 앞두고 당시 이학수 삼성그룹 비서실 사장과 홍석현 〈중앙일보〉 사장의 대화 내용을 불법 도청한 것인데, 두 사람이 이회창 한나라당 대선 후보를 지원하기 위해 나눴던 대화 내용이 포함됐다. 특히 추석을 앞두고 전·현직 검찰 간부들에게 떡값 500만~2,000만원씩을 주기로 했다는 구체적인 내용까지 보도되면서 사건은 일파만파로 커져나갔다. 참여연대가 삼성 등의 불법자금 제공 관련자 20여 명을 검찰에 고발했고, 홍 대사는 공직 사퇴 요구를 받게 됐다. 결국 사건 발생 나흘, 워싱턴 부임 5개월 만에 홍석현 대사는 사퇴 의사를 밝히지 않을 수 없게 됐다.

홍 대사의 임명은 또한 참여정부가 삼성과 사실상 끈끈한 관계를 유지했다는 증거이기도 하다. 그가 사주로 있던 〈중앙일보〉는 참여정부와 노 대통령에게 대립의 날을 세웠던 보수언론의 대열에서 이탈해 중립 또는 '적대적이지 않은' 쪽으로 돌아섰다는 평가를 받기도 했다. 이른바 보수언론을 지칭하는 표현이 '조·중·동'에서 '조·동'으로 바뀌는 부수 효과도 얻었다. 그러나 홍 대사의 갑작스런 사퇴로 보수층과 손잡기를 통한 실용주의 인사는 겨우 실험만 하다가 끝이 나버린 셈이 됐다.

이상에서 살펴본 것처럼 위장전입과 부동산 투기, 거액의 탈세로 인한 실형선고 등 크게 2건의 제척사유가 있는 홍석현의 주미대사 인사검증은 어떻게 통과되었을까?

2005년 7월 12일 나는 인사제도비서관으로 승진해 외교부 인사추천을 담당하기 시작했다. 그런데 첫 번째 업무가 마침 주미대사 추천이었다. 후임자 물색을 준비하던 나는 내내 의문을 갖지 않을 수 없었다.

후임은 정통 외교관 출신인 이태식 외교부 1차관으로 낙착됐다. 인사추천 과정에서 외교부 내 개혁적 외교관들과 청와대 외교안보 라인의 실무책임을 맡고 있던 이종석 NSC(국가안전보장회의) 차장이 하버드대 출신의 서울대 영문과 백낙청 교수 등 괜찮은 외부 인물들을 천거했지만, 홍석현에 데인 청와대 인사추천회의 위원들은 두 번 다시 모험을 선택하지 않았다.

한편 홍석현과는 반대의 케이스도 있었으니, 초대 '한반도평화교섭본부장' 추천이었다. 2006년 상반기 외교부 정기인사는 꽤나 번잡스러운 작업이었다. 당시 6자회담 수석대표를 담당하던 송민순 차관보가 장관급인 청와대 안보실장으로 발탁되어 후임을 정해야 했다. 그런데 참여정부는 2006년 초 대북정책 강화를 위해 그동안 차관보가 맡아오던 6자회담 수석대표를 차관급으로 격상시켜 한반도평화교섭본부장을 신설했다. 반기문 외교부장관은 바로 이 자리에 김숙 북미국장을 추천했다. 송민순 차관보가 청와대 장관급으로 두 단계 승진하고, 김숙 국장 역시 차관급으로 두 단계 승진하는 외교부 창설 이래 연이은 파격 인사가 이루어지는 순간이었다.

인천 출생인 김숙(외무고시 12회) 국장은 주미대사관 1등서기관, 북미과장 등을 거친 북미 전문가로 인사기획담당관까지 거친 유능한 외무 관료였다. 그는 2005년 한미방위비분담협상을 잘 이끌어 최초로 분담액 삭감을 이끌어내는 등 협상의 귀재로 평가받았고, 연말에 실시된 실·국장 다면평가에서 외교부 본부 국장 중 1위를 차지할 만큼 위아래로 적지 않은 인기까지 얻고 있었다. 게다가 이종석 NSC 사무차장까지 직접 내 방을 찾아와 "김숙 국장이 적임자"라며 협조를 요청했다. 즉, 외교부의 반기문 장관과 청와대 이종석 차장이 "호흡을 맞추어 일하겠다." 하는 모양새였다.

그런데 민정수석실 인사검증 과정에서 엉뚱한 문제가 생겼다. 문재인 수석이 음주운전 전과 때문에 안 된다고 제동을 건 것이다. 당시 문 수석은 잣대로 줄을 그어놓고 도려내는 방식의 면도칼 검증을 실시하고 있어서 한 번 안 된다고 하면 안 되는 식이었다. 그러니 열 사람 말이 통할 리가 만무했다. 하다하다 안 되니까 원래는 인사검증 담당이 아닌 나에게까지 이종석 차장이 직접 쫓아왔고, 반기문 장관도 얼마나 다급했으면 청와대 국무회의가 끝나자마자 내 방을 찾았다.

김숙 국장은 십 수 년 전의 음주운전 경력과 2005년 7월 또 한 차례의 음주운전 적발이 문제가 되어 2005년 말 청와대 NSC 정책조정실장 승진을 위한 인사검증에서 한 차례 물을 먹었다. 통상 음주운전 전력의 경우, 1회는 심각한 상태가 아니면 불이익을 주지 않는 것이 원칙이었다. 또 음주 2회는 현직이라면 승진에서 한 번에 한해 페널티를 주고, 숙려기간도 대개 6개월 정도가 기준이었다. 이런 관점으로 보자면 김숙 국장은 2005년 단순한 음주운전 1회 전과만으로 한 차례 불이익을 받았기 때문에 6개월만 지나면 사실상 '사면'이 되는 것이었다. 그런데 한 달 만에 외교부와 NSC가 '정무적인 판단'으로 다시 한반도평화교섭본부장 승진을 추진한 것을 문재인 수석이 원칙론을 들어 브레이크를 건 것이다.

때문에 김숙 국장의 승진 탈락은 음주운전 전력 외에 다른 요소도 감안돼서 결정된 것으로 다수 언론에 보도됐다. 음주운전 문제는 겉으로 드러난 이유이고, '몇 가지 정책적(?) 판단'이 고려됐다는 민정수석실발 기사였다. 이 문제는 급기야 정치권의 관심을 불러일으켜 당시 야당 소속 전여옥 의원이 국회 상임위원회에 출석한 반기문 장관을 상대로 김우식 과학기술부장관(사망자 발생 교통사고), 이상수 노동부장관(정치자금법 위반 복역) 등과의 형평성을 들어가며 매섭게 추궁하기도 했다.

2년여 동안 한직을 맴돌던 김숙 국장은 이명박 정부가 들어서자마자 곧바로 실무능력을 인정받아 2대 한반도평화교섭본부장으로 발탁되었고, 국가정보원 제1차장과 주유엔대사를 거쳐 2013년 9월 공직을 물러났다.

그런데 역대 6자회담 수석대표들의 이력을 찬찬히 살펴보면 흥미로운 점들이 발견된다. 초대 수석대표였던 이수혁 차관보는 주미 정무참사관(남·북·미·일 4자회담 실무단원 겸직)과 북핵 실무팀장을 지낸 북미·북핵 전문가였다. 2·4대는 북미과장과 북미국장을 거친 송민순·김숙, 5대는 주미참사관과 주미공사, 북미국장을 지낸 위성락 등 미국통들이었다. 6대는 북미과장과 주미참사관, 북핵외교기획단장(6자회담 차석대표) 등을 지낸 임성남, 7대 조태용도 북미과장과 북핵외교기획단장 등을 거쳐 북미국장을 지낸 북미·북핵 전문가였다. 8대 황준국 역시 북핵외교기획단장, 주미공사, 한미방위비분담 협상전담대사 등을 거친 북미·북핵 전문가였다. 2016년 2월부터 수석대표를 맡고 있는 김홍균도 북미2과장, 한미안보협력관, 차관보, NSC 사무차장 등을 역임한 북미·북핵 전문가다. 이들은 하나같이 북미 혹은 북핵 전문가들이다. 그러니 유독 3대 천영우의 발탁은 정말로 특정지역 출신을 우대하려고 했다는 정책적(?) 의구심을 떨쳐버릴 수가 없다. 8명 중 7명이 서울대 출신이고 유일하게 천영우만 부산대 출신이란 점을 감안하면 참여정부 지방대 우대 인사 사례로는 제격이었을 테지만 그의 이력으로는 적임이 아니었다.

북핵 6자회담 재개를 이틀 앞둔 2006년 12월 16일 〈부산일보〉는 다음과 같이 보도했다.

"주목되는 것은 지난해 수석-차석대표였던 '송민순-조태용' 라인이 '천영우-이용준' 라인으로 모두 바뀌었다는 점이다. 특히 천영우 본부장은 동아고와 부산대를 나온 부산 출신으로, 그동안 유엔참사관과 유엔차석대

표 등 다자외교 무대에서 실력을 인정받아오다 지난 2월, 6자회담 수석대
표로 임명됐다. 외유내강형인 그가 이번 회담에서 보여줄 협상력이 어떨
지 주목된다.”

이쯤 되면 PK지역 출신 인물의 전격 발탁에 대한 PK지역 언론의 공개 지
지 아닌가? 천영우는 〈부산일보〉가 언급한 것처럼 국제기구정책관, 주유엔
차석대사 등을 거친 다자외교 전문가다. 경수로사업지원기획단 국제부장
으로 잠시 외도한 것이 전부다. 나머지는 주로 미국 무대에서 양자외교를
해온 인물이다. 그런데 6자회담은 사실상 미국이 주도권을 갖고 있으며 북
한 핵을 주요 의제로 다루는 양자외교의 영역이다.

천영우는 이명박 정부 들어서서도 주영대사와 외교부 2차관, 그리고 청
와대 외교안보수석으로 승승장구했다. 그는 2011년 1월 27일 ‘민주평통 창
설 30주년 전국 부의장·협의회장 합동회의’ 정부 보고에서 “김정일과 그 지
도층에 쌀·비료를 가져다주고 사는 평화는 뇌물을 중단하는 순간에 깨진
다.”며 대북 쌀·비료 지원을 ‘뇌물’로 규정했다. 또한 “확고한 안보가 뒷받침
돼야 평화가 지속가능하다.”며 “필요할 때 무력을 사용할 줄 알아야 안보가
되는 것”이라고 덧붙였다. 민주당은 “참여정부 때 10·3 합의를 이끌어내며
북한 비핵화 가능성을 확신했던 천영우 수석이 이제는 정권이 바뀌었다고
실용주의자에서 대북 강경주의자로 옷을 바꿔 입은 것은 참으로 이해할
수 없는 일”이라며 그의 변절을 질타했다.

그는 공직에서 물러난 이후인 2013년 4월에도 부산대 특강에서 “이명박
정부가 남북 관계에서 북한과의 정상회담 유혹을 이겨낸 것이 가장 잘한
일”이라고 말해 6·15공동선언과 10·4선언을 부정하는 대표적인 대북 강경
론자의 모습을 드러냈다. 동아일보 객원논설위원으로 활동 중인 천영우는

2016년 1월 북한의 4차 핵실험 직후 또 다시 "대북정책의 발상을 근본적으로 전환해 북한체제를 종식시키는 길밖에 없다. 북한의 돈줄을 막기 위해 현금 유입 통로인 개성공단 폐쇄가 불가피하다."라는 대북 강경 칼럼을 실었다. 사실 그는 변한 게 아니라 원래가 '매파'였다.

참여정부는 일관된 인사검증의 원칙을 유지하지 못했다. 탈세 등 혐의로 집행유예형을 선고받은 홍석현 대사 카드는 대미 외교 채널을 다각화한다는 '실용주의' 차원에서 용인됐다. 그러나 5개월 만에 조·중·동 기득권을 분리·해체시키지도 못한 채 실패로 결론이 났다. 반면에 음주운전 2회 경력 때문에 유능한 외교관 김숙 국장은 적소적재에 활용하지 않았다. 특히 2006년 상반기 외교안보팀 인사는 특정지역에 치우친 사례로 기록되기에 충분하다. 송민순 청와대 안보실장(경남 진주), 서주석 청와대 안보정책수석(경남 진주), 천영우 한반도평화교섭본부장(경남 밀양) 등 요직을 몽땅 PK출신이 독차지했던 것이다.

김숙 대사는 2013년 2월 유엔안보리 의장을 맡을 당시 언론과의 인터뷰를 통해 "압박이든 햇볕이든 지난 20년간의 노력이 결국 오늘에 와서 의도한 성과를 내지 못했다. 그동안의 정책으로는 큰 효과를 보지 못한 것은 사실"이라고 밝혔다. 천영우 전 수석과 비교하면 매우 현실론자다운 인식이다. 김숙 전 유엔대사는 2014년 11월 외교부 산하 법인인 세종재단 이사장직을 스스로 고사하며 외교부 내 대표적인 신사의 면모까지 보여주었다. 결국 2006년 1월 천영우와 김숙 카드를 놓고 벌인 정무적 판단은 반기문-이종석-최광웅으로 이어지는 인사추천 라인이 옳았음이 입증됐다.

권은희 수사과장

자랑스러운 여경 열전

"균형인사는 사회적 공감대도 있고 대국민 약속이기도 하다. 균형인사는 전통적으로 강한 자를 누르고 약한 자를 돕는다는 억강부약(抑强扶弱)의 의미도 있지만, 사회의 다양성을 확보한다는 의미가 크다. 우리 사회의 중요한 직위에 여성, 이공계, 지방 출신 등 다양한 배경의 인사들이 소외되지 않고 자리를 잡아야 사회 전체의 다양성이 확보될 것이다. 이렇게 될 때 사회의 창의성, 효율성, 통합성이 높아질 것이다. 정부 각 부처가 균형인사를 지속적으로 실천하는 과정이 쉬운 일이 아니고 문제점도 있을 것이나 성공할 수 있도록 제도를 정교하게 다듬어 실효성 있게 추진해 나가자."

2004년 12월 14일, 청와대 세종실에서 열린 중앙인사위원회 '균형인사 실천보고회' 당시 노무현 대통령이 밝힌 참여정부 균형인사정책의 의의와 각 부처 장관들에게 당부한 말이다.

두 달 뒤 경찰청은 '여경 승진목표제'와 '여경 채용목표제'를 시행한다고 발표했다. '여경 승진목표제'는 총경·경정의 경우 승진 대상(승진에 필요한 최소 기간을 채운 사람)이 된 여경의 30%, 경감은 10%를 별도로 승진시키겠다는 것이다. 2005년 초 총경 승진인사에서 대상자 중 실제 승진된 인원의 비율은 남녀 구분 없이 평균 7%에 불과했으므로 30% 할당은 매우 파격적인 우대정책이다. '여경 채용목표제'는 매년 약 600명씩의 여경을 새로 뽑아 2005년 1월 현재 전체의 4.3%(3,964명)인 여경 수를 10년 뒤인 2014년까지 10% 수준(1만 명)으로 늘리겠다는 야심찬 계획이었다.

참여정부 균형인사정책의 효과였을까? 여경의 날 69주년을 맞이해 경찰청이 공개한 자료에 의하면 드디어 2015년 4월 현재 여경 1만 명 (10,348명) 시대가 도래한다. 이는 전체 경찰관 11만 212명의 9.4%에 해당하는 비율이다.

2014년 1월 경찰 정기인사는 68년 여경 역사상 최대의 진급 풍년이었다. 경찰 총수 다음 서열인 치안정감이 배출되었고, 역대 네 번째 경무관이 탄생했으며 총경도 한꺼번에 3명씩이나 배출하는 등 그야말로 여경들의 화려한 승진 잔치가 벌어졌다. 1년이 흐른 2015년 1월에는 또 다시 사상 최대인 여성 총경 승진자 4명을 배출했다. 2016년에도 여성 총경 3명과 여성 경무관 1명이 탄생했다.

여성인재 발굴에 힘을 쏟은 참여정부는 균형인사를 실천하기 위해 대통령직 인수위원회에서 양성평등 채용목표제를 다듬었고, 2003년부터 곧바로 시행에 들어갔다. 2003년 12월 청와대 인사수석실에 균형인사비서관실을 신설했고, 이듬해 6월에는 중앙인사위원회에 균형인사과를 설치해 각 부처의 균형인사 집행실적을 점검했다. 여경들의 다양한 활약상이 소개되기 시작했고 경위 이상 중간관리직에 많은 여경들이 발탁됐다. 이를 바탕으로 많은 여성 총경, 유능한 여성 경무관이 탄생했다.

다음은 '1호' 여경 기록 보유자들이다.

1호 여경 고봉경. 1946년 5월 미 군정청 경무부(부장 조병옥)에 여자경찰국을 신설해 고봉경 감찰관(현재 직급 경정)을 국장으로 임명했고, 여경 간부 15명 및 여경 1기생 64명 등 총 80명으로 여경을 출범시켰다. 이듬해 500명의 여경을 충원하는 등 다른 분야보다 여성의 진출이 비교적 빨랐다. 서울·부산·대구·인천 등 4대 도시에 여경만으로 이루어진 여자경찰서를 설치하고 성매매와 청소년 업무를 주로 처리했다. 한국전쟁이 발발하자 "후방 치안은 여경이!"라는 구호 아래 전투경찰 지원, 전상자 간호활동, 여자포로 호송 등에서 혁혁한 공을 세웠다. 20여 명이 순직하고 고봉경 국장 등 상당수의 여경이 납북되는 수난을 겪었다.

1호 경찰서장 김강자. 여경 가운데 가장 낯익은 이름이다. 1970년 순경 공채로 경찰에 첫발을 내디뎠다. 이후 1호 여성 경정(1991년), 1호 경찰서 과장(1995년) 등 여성1호 기록을 써 내려갔으며 마침내 1998년에는 총경 승진과 함께 여경1호 경찰서장이 됐다. 충북 옥천서장과 서울 종암서장으로 부임해 '티켓다방'에 대한 대대적인 단속과 미성년자 성매매와의 전쟁을 선포하며 화제를 뿌렸다. 태권도 3단과 수준급 사격 솜씨를 뽐내며 88올림픽 당시 여자선수들과 여성VIP 경호를 총괄했다. 17대 총선 당시 민주당에 영입돼 비례대표 7번으로 등록했으나 낙선했고, 현재는 한남대 경찰행정학과 객원교수로 재직 중이다.

1호 경무관, 1호 지방경찰청장 김인옥. 동아대 1학년에 재학 중이던 1972년

대학 캠퍼스에 붙은 여경 공채 1기 광고를 보고 우연히 응시해 순경으로 입문했다. 27년 만인 1999년 총경으로 진급, 고향인 경남 의령서장으로 부임했다. 경기 양평서장 등 세 곳의 경찰서장을 거쳤지만 선배 김강자의 그늘에 가려 늘 경정·총경 '2호'에 만족해야 했다. 그러나 서울 방배서장 재임 중 강력사건 100일 작전 전국 5위, 서울 강남권 1위를 기록하는 등 우수한 실적과 여성을 우대하는 참여정부 인사정책 기조를 바탕으로 2004년 여성1호 경무관으로 먼저 진급했으며, 2005년에는 여성1호 지방경찰청장인 제주경찰청장이 됐다. 그러나 총경 시절 운전면허증 부정 발급 혐의가 뒤늦게 드러나 제주지방경찰청장 부임 6개월 만에 직위해제를 당했으며 2008년 1월 징역형이 확정돼 불명예 퇴직했다.

1호 치안감, 1호 치안정감 이금형. 청주 대성여상을 졸업하고 1977년 순경 공채 28기로 경찰에 투신했다. 고교 졸업 20년 만에 주경야독으로 방송대를 마쳤고, 2008년 동국대에서 경찰행정학 박사학위를 취득했다. 2002년 1월 3호 총경으로 승진, 이듬해 충북 진천서장으로 부임했다. 서울 마포서장을 거쳐 2009년 여성2호 경무관으로 진급했고, 2011년에는 여성1호 치안감으로 승진, 광주경찰청장으로 영전했다. 가정폭력·학교폭력, 실종아동, 성매매 등 여성·아동·청소년 관련 치안업무 1인자로 평가받아 2013년 여성1호 치안정감으로 진급, 경찰대학장에 임명됐다. 2014년 부산지방청장을 끝으로 퇴직한 뒤 서원대학교에서 후학을 양성하고 있다.

지방 1호 총경, 지방 1호 경무관 설용숙. 1977년 순경 공채 28기 출신이다.

충북 보은이 고향이지만 1986년 경북경찰청에 전입해 대구경북 지역에서만 28년을 근무하며 늦깎이로 대구대 행정학과와 경북대 행정학 석사를 마쳤다. 2005년 지방 출신 등용을 표방한 참여정부에서 지방1호 여성 총경이 되었고, 이듬해 경북 성주서에 부임해 대구경북 1호 여성 경찰서장 기록을 세웠다. 이후 2008년에는 여성1호 홍보담당관(대구경찰청)을 역임했고, 2012년 말 지방 여성1호로 경무관에 올랐다. 동시에 경무관으로 직급이 상향 조정된 경기 분당서장으로 임명되어 경무관 경찰서장 1호로도 불리게 됐다. 2016년 5월 현재 경북지방청 제1부장으로 일하고 있다.

부부 경무관 1호, 부부 총경 1호 김해경. 1980년 순경 공채 31기로 경찰에 입문했다. 2008년 총경으로 승진, 4년 연하의 남편 현재섭(경찰대 1기) 경북 경산서장과 함께 경찰 창설 63년 만에 부부 총경 1호가 됐다. 총경은 남편이 3년 빨리 진급했지만 경무관은 역전됐다. 2014년 1월 김해경 경무관이 먼저 '별'을 달았고 남편은 11개월 후에 승진하며 부부 경무관 1호를 기록했다. 김해경-현재섭 부부는 1992년 경찰청 정보국에서 근무할 당시 경위와 경감으로 만났다. 수서경찰서 생활안전과장, 서울 강동경찰서장 등을 역임했다. 서울경찰청 여경기동대 초대 대장을 맡을 정도로 현장에도 밝은 편이다. 서울 송파경찰서장(경무관)을 거쳐 2015년 12월부터 서울지방경찰청의 인사·예산을 관장하는 핵심직위인 경무부장을 맡고 있다. 남편은 부산경찰청 제3부장이다.

경사 특채 출신 1호 총경, 1호 경무관 이은정. 동국대 경찰행정학과를 졸업하고 1988년 경사 특채로 경찰복을 입었다. 시험을 통해 1992년 1월 경위,

1998년 6월 경감 등 초고속 승진을 했고, 2010년 총경 승진 역시 2002년 경정 승진자 가운데 유일했다. 경기경찰청 형사기동대장 및 분당·용인·성남수정서 수사과장 등을 지내며 꼼꼼한 상황판단과 뛰어난 업무추진 역량을 갖춘 '수사통'으로 명성을 얻었다. 2005년 참여정부가 수사 분야 전문성을 제고하기 위해 도입한 수사경과 제도에 따라 여경 수사경과를 인정받은 여경 경정 3인방 중 한 명이었다. 강원 영월서장, 경찰교육원 교무과장, 서울 마포서장, 본청 보안1과장을 거쳐 2015년 말 정기인사에서 다섯 번째 여성 경무관으로 승진했다.

경찰대 출신 1호 총경 윤성혜. 경찰대 10기(90학번)를 3등으로 졸업하고 1994년 경위로 임관한 이후 여성1호를 달고 살았다. 서울 성북서 경비계장(여성1호), 노원서 경비교통과장(여성1호)을 거쳐 1999년 경감 승진 뒤 여경기동대 창설 중대장 근무를 자원했다. 2004년 경정으로 승진한 이듬해부터는 형사와 사이버범죄 수사를 자원했다. 본청 인권보호센터 인권보호계장, 사이버테러대응센터 기획수사계장 등을 거쳐 2010년 만 39세에 총경으로 진급, 초고속 승진했다. 온라인 명예시민경찰인 '누리캅스 제도'와 일선 경찰서에 실종사건 전담팀을 처음 도입했다. 경기 가평서장과 서울 도봉서장을 거쳐 2016년 1월 본청 사이버안전과장으로 전보됐다. 갈수록 수요가 증대하는 사이버 전문가 중에서 단연 그가 돋보이기 때문이었다.

경찰대 여성1호 수석 출신 총경 김숙진. 경북 문경여고 재학시절부터 전교 1등을 놓치지 않았고, 학생회장도 지냈다. 여학생 입학이 처음 허용된 경찰대 9기(89학번) 수석 졸업생으로 대통령상을 받으며 화제가 됐고, 1993년에는 여성1호 형사반장으로 부임하며 주목을 받았다. 주로 학교폭력, 성폭력, 아동학대 등 여성청소년 관련 업무에서 두각을 나타냈다. 2008년 1월 본청 여성청소년과 근무 중 경정으로 승진해 서울경찰청이 새롭게 개편한 여경 기동대장을 맡았다. 2014년 1월 본청 여성청소년계장 근무 중 총경으로 승진했다. 강원경찰청 여성청소년과장을 거쳐 2016년 5월 현재 홍천서장으로 일하고 있다. 경찰대 동기인 남편(정영오)은 2년 늦은 2016년 1월 총경으로 진급했다.

경장 특채 총경 1호 강복순. 숙명여대 불문학과를 졸업하고 1984년 외사경장 특채로 경찰에 입문했다. 서울올림픽준비위원회 경비계획 경찰관 핸드북 번역 의뢰를 주고받은 것을 계기로 그녀의 일솜씨에 관심을 보인 경찰 측에서 올림픽을 대비한 특채 응시를 제안한 것이었다. 올림픽이 끝난 이후로는 서울경찰청과 서울 남부·관악·마포서에 주로 근무하며 외사·수사·생활안전 분야를 담당했다. 참여정부 시절인 2005년 2월 경정으로 승진했으며 2010년부터 여성1호 교통과장(서초서)으로 임명됐다. 이후 7년 동안 동작·강남서 교통과장 등의 임무를 성공적으로 수행했다. 2015년 1월 총경 승진과 함께 대전경찰청 경비교통과장으로 전보됐고, 2016년 1월부터 교육 파견 중이다. 서귀포시가 고향으로 제주 출신 1호 여성총경이기도 하다.

순경 출신 부부 총경 1호 구본숙. 충남 당진여고 졸업 후 1977년 순경 공채 28기로 경찰에 첫발을 내디뎠다. 경남경찰청 민원실 순경으로 근무하던 중 전투경찰 복무 중이던 남편(김성섭 본청 인권보호담당관)을 만나 '몰래 데이트'를 이어가다가 남편이 1979년 경찰에 투신하면서 '사내 커플'이 됐다. 2년 뒤 결혼에 골인한 두 사람은 경위까지 함께 공부하며 동시 합격의 기쁨을 누렸다. 학업도 계속 이어가서 구본숙 총경은 방송대 행정학과, 김성섭 담당관은 성균관대 행정대학원을 마쳤다. 서울경찰청 여경기동대장, 마포서 112종합상황실장 등을 거쳐 2015년 1월 총경으로 승진했다. 충북 단양서장을 거쳐 충북경찰청 정보화장비담당관을 맡았다.

1호 경정 특채 권은희. 2005년 사법고시 출신 경정특채로 경찰복을 입었다. 8.9대 1이라는 비교적 높은 관문을 통과했는데, 응시한 4명의 여성 가운데 유일한 홍일점 합격자였다. 참여정부가 '양성채용목표제'를 확대·실시하면서 고시특채에 있어서도 여성을 우대하도록 했기 때문에 여성 경정 선발까지 가능하게 된 것이다.

권 경정은 전남대 법대를 졸업하고 2011년 제43회 사법고시에 합격, 충북 청주에서 변호사로 개업했으나 1년여 만에 공직을 노크했다. 경찰의 길을 택한 데에는 '현장에 답이 있다.'는 신념이 작용했다. 기록이 아닌 현장에서 사건의 실체를 좇는 '경찰'이라는 직업의 가치를 느꼈고, 중간관리자인 일선 경찰서 수사과장을 지망했다. 2005년 경기 용인서 수사과장을 시작으로 서울 서초·서대문·마포서 수사과장을 거쳤다. 이은정 총경을 잇는 여성 수사통이자 기대주였다. 2012년 초 서울 수서서 수사과장으로 부임해 대선 기간 동안 '국정원 댓글사건'의 초동 수사를 담당했다. 김용판 서울경찰청장 등 상부와의 이견으로 2013년 2월 송파서 수사과장으로 교체됐다.

권 과장은 2013년 8월 19일 '국가정보원 댓글 의혹사건 진상규명을 위한 국회 국정조사' 청문회에 증인으로 출석해 "압수수색 영장을 신청하지 말라는 김용판 전 서울경찰청장의 전화를 받았다."고 증언한 데 이어 "경찰의 무리한 중간수사 발표는 대선에 영향을 미치기 위한 것이었다."라는 (소신 가득한) 답변까지 토해내며 주목을 받았다.

그의 사무실에는 시민들이 보낸 진실의 상징인 장미꽃이 쇄도했고, 실명 인증을 거쳐야 글을 쓸 수 있는 송파서 홈페이지 자유게시판에도 무려 2,400여 개의 격려 메시지가 쏟아졌다. 그러나 그는 2014년 2월 또다시 관악서 여성청소년과장으로 전보됐다.

박상용 경기경찰청 2차장 7년, 백승호 전남지방경찰청장 8년, 최현락 본청 기획조정관 9년. 이는 사법고시 출신 경정 특채자 가운데 2015년 현재 치안감에 오른 사람들이 총경까지 진급하는 데 걸린 기간이다. 보통 경정 승진 뒤 7~10년이면 총경 승진 심사 대상이 된다는 이야기다. 하지만 권은희 과장은 경정 9년차였음에도 총경 승진 후보조차 되지 못하고 옷을 벗고 말았다. 당시 시민사회와 민주당은 유례없는 승진 잔치에도 불구하고 권 과장이 총경 승진에서 탈락한 것은 "진실을 은폐하기 위한 정권의 치졸한 보복성 인사"라고 주장했다.

2014년 1월 총경 진급자 명단에는 3명의 여경이 새로 이름을 올렸다. 김경자 총경은 순경 공채 출신으로 2006년에 경정에 올랐다. 권은희 과장보다 경정 1년 후배인 셈이다. 이광숙 총경은 순경 공채 출신으로 2008년 1월 경정을 달았으니 초고속 승진이었다. 김숙진 총경은 경찰대 9기 출신으로 이광숙 총경과 같은 해에 경정을 달았고, 총경 승진도 나란히 했다. 3명 모두

권 과장의 경정 후배들인 셈이니, 참으로 불공평한 인사가 아닐 수 없다.

　2014년 6월 5일 2심 재판부는 김용판 전 서울경찰청장의 경찰공무원법 및 공직선거법 위반 등 혐의에 대해 무죄를 선고했다. 이를 견디지 못한 권은희 과장은 2014년 6월 말 사직했다. 7·30 재·보궐 선거를 앞두고 당시 김한길·안철수 대표의 새정치연합에 영입되어 광주 광산(을)에 출마, 국회의원에 당선됐다. 국회 국방위원, 운영위원, 예산결산특별위원으로 활동했으며 당에서는 원내대표 비서실장과 원내부대표를 맡았다. 한편 권은희 의원은 국회청문회 출석 2년이 되던 2015년 8월 19일 검찰에 의해 모해위증죄(법정에서 남에게 불이익을 끼칠 목적으로 허위진술을 하는 것)로 불구속 기소가 됐다. 김용판 전 서울경찰청장은 진박(진실한 친박) 후보를 자임하며 대구 달서(을) 20대 총선 출마를 준비하였으나 당내 경선에서 패배했다.

　여경은 현재 공채 순경과 졸업 즉시 경위로 임용되는 경찰대 출신이 주축이다. 형사·경비 등 여경의 업무영역이 확대되면서 여경 공채가 시작됐다. 1972년 순경 공채 23기 당시 선발된 여경 200명이 여경 공채 1기이며, 김인옥 전 경무관 등 여경 간부 인맥의 주축이 됐다. 그 후 한동안 여경을 선발하지 않다가 다시 1977년에 공채를 재개했는데 설용숙 경무관이 이때 순경으로 경찰에 입문했다.

　1989년부터는 경찰대에 여학생 입학이 가능해졌고, 1999년에는 여경기동대가 창설됐다. 2000년에는 경찰특공대에도 여경을 배치, 간부후보생에 여성을 채용하기 시작했다. 2000년대에 들어서서 경찰의 '별'로 불리는 경무관까지 배출하면서 여경은 그 위상이 크게 바뀌게 됐다. 여성들 사이에서 '직장으로서' 경찰의 인기도 갈수록 높아지고 있다. 2016년 경찰대 입시에서 여성 경쟁률은 245대 1로 사상 최고치를 기록했다. 2015년 2차 순경 공채 여성 경쟁률도 남성보다 훨씬 높은 76대 1이었다.

2015년 12월 현재 경찰 고급 간부의 숫자를 보면 경무관 64명, 치안감 26명, 치안정감 6명, 치안총감 1명 등 경무관 이상이 97명에 달한다. 이 가운데 여성 경무관은 단 3명뿐이다. 총경 이상으로 확대해도 566명 중 13명으로 2.3%에 불과하다. 그러나 경정 90명, 경감 377명, 경위 1,448명 등 초급 간부들을 모두 합치면 여경의 간부비율은 18.6%로 조금씩 개선이 되고 있다.

조현오 전 경찰청장은 2011년 1월 12일 서울 미근동 경찰청사에서 열린 '경찰 지휘부 회의'에서 "상관의 불법·부당한 업무 지시를 막기 위해 '내부 고발자 특진제도'를 도입한다."고 밝혔다. 그러나 권은희 과장에게는 이를 적용하지 않았다. 1심 재판을 진행하고 있는 권은희 의원은 "기록 속에 묻힌 진실을 꺼내봐야 한다."면서 "아직 알려드릴 내용이 많다. 그것을 알려드리기 위해 최선을 다하겠다."고 밝히고 있다. 진실을 향한 그녀의 도전은 반드시 결실을 맺어야 한다.

권은희 의원은 20대 총선을 앞둔 2016년 1월 초 새로운 정치적 선택을 했다. 더불어민주당을 탈당하고 안철수 대표가 주도하는 국민의당에 몸을 담은 것이다. "지역주민들의 마음속에 국민의당이 자리 잡고 있기 때문이다."라고 신당 참여 이유를 밝혔지만, 법적인 진실과는 별개로 정치적 재신임을 받아야 했다. 상대는 김대중 정부 관세청장과 노무현 정부 청와대 혁신관리수석 및 국세청장·행자부장관·건설교통부장관 경력에 재선 의원까지 지낸 정치거물 이용섭 후보였다. 그리하여 광산(을)은 자연스럽게 전국 최대격전지로 부상하였고 선거 당일까지 초접전지역이 됐다. 그렇지만 4월 13일 밤 모두의 예상을 보기 좋게 깨버리고 당선된 권은희 의원의 득표율은 과반을 넘어섰다. 비록 1년 8개월이라는 짧은 의정활동 기간이었지만 그는 기라성 같은 정치인들도 수십 년 동안 풀지 못했던 무등산 정상 군부대 이전 문제 해결과 활발한 대주민 소통 등으로 이미 유권자의 낙점을 받은 상태였다. 광주지역에서 여성의원이 재선에 성공한 것은 권은희 의원이 처음이다. 그는 불의에 항거한 내부고발 공무원이었지만 야당을 대표하는 여성 정치인으로 거듭 태어났다.

청와대 김완기 인사수석
학력파괴의 신화를 쓰다

고졸과 9급은 한국의 공직사회에서 여전히 '마이너리티'를 상징하는 굴레다. 지금까지 그들은 좋은 학벌의 고시 출신 동료들이 주요 보직을 차지하거나 승진하는 것을 먼발치에서 바라만 볼 수밖에 없었다. 아무리 능력을 인정받아도 국·과장을 넘어서기가 어려웠다. 그러나 참여정부가 들어서면서 많은 것이 달라졌다. 부산상고 출신으로 '고졸 푸대접'과 '학벌주의'의 폐해를 누구보다 잘 알고 있는 노무현 대통령이 이들을 적극적으로 우대하기 시작한 것이다.

9급 공채 공무원이 최소 진급 소요연수를 채우고 초고속 승진을 한다 해도 직업공무원의 꽃이라는 1급까지 올라가기 위해서는 최소한 25년이 걸린다. 하지만 중앙인사위원회에 따르면 실제로는 50년이 넘게 걸리는 것으로 조사됐으니 '고졸 신화'라는 표현이 어쩌면 당연한 것일지도 모르겠다.

비슷한 연배의 행정고시 출신 차관의 경우에는 일반적으로 국내 대학을 나와 미국에서 석·박사학위를 취득하는 전형적인 엘리트코스를 밟는다. 5급 사무관으로 시작해서 보통 25년 안팎에 1급으로 승진한다. 그러나 '고졸 신화'를 만든 주인공들 가운데는 중·고교 시절 명석한 두뇌로 두각을 나타냈으나 가정형편 때문에 대학 진학을 포기한 이들이 많다. 생계를 위해 고등학교 졸업 후 곧바로 가장 말단인 9급부터 시작해 1급 또는 차관급에 오르기까지는 대략 35년 정도가 걸린다. 학벌로 인해 10년 정도의 간극이 발생하는 것이다.

2007년 8월 31일 〈한겨레신문〉에 실린 기사를 살펴보자.

한국사회의 학벌주의는 어느 정도 심화돼 있을까. 대표적인 파워 집단으로 꼽히는 고위공직자들과 CEO들의 학력분포를 꼼꼼히 살펴보면 학벌의 '벽'이 길고도 높게 형성돼 있음을 손쉽게 확인할 수 있다.

본지가 한국공공자치연구원의 조사 자료를 토대로 공공기관의 사장급, 정부부처의 장급, 지방자치단체장, 상장사협의회 소속 CEO 등 총 1,417명의 학력을 종합적으로 조사한 결과, 대졸 이상 학력자는 95.7%에 달하는 것으로 나타났다. 국내의 내로라하는 파워 인물 10명 중 9.57명이 대졸 이상 학력자라는 것이다. 반면 고졸 이하는 단 61명에 그친 것으로 조사됐다. 정확하게 '4.3%'의 미미한 점유율이다. 이는 한국사회의 학벌 편중도가 얼마나 심각한지 잘 보여주는 결과다.

경제전문지 〈포브스〉의 조사결과에 따르면 미국 400대 기업에서 중·고졸 또는 대학중퇴자는 전체의 15% 선이다. 대만경제를 지탱하고 있는 중소기업 CEO들 중 30%도 대학졸업장이 없다. 우리보다 적게는 4배 많게는 7배 이상 월등한 수치다. (중략)

그럼 재계는 어떨까. 공교롭게도 재계 또한 '학력이 극복하기 힘든 신분'으로 자리 잡아가는 양상'을 보이고 있다. 상장사협의회 소속 CEO 1,005명 중 대졸 이상은 983명(97.8%)에 달하는 반면 고졸 이하 학력자는 22명에 그쳤다. 2%를 갓 넘는 수준이다. 상장사 임원들도 '대동소이'하다.

675개 상장법인의 임원 1만 1,602명 가운데 석·박사는 32.3%(3,753명), 대졸은 64.3%(7,465명)로 집계됐다. 최종 학력이 고졸 이하인 임원은 '미미한' 수치인 3.3%(384명)에 머무른 것으로 나타났다.

한국 사회의 뿌리 깊은 '학력 지상주의'의 풍토, '실력'보다 대학 '간판'을 중시하는 학벌 사회가 개선되어야 함을 보여주는 극단적인 사례이다. 바로 이 해에는 신정아 전 동국대 교수의 학력 위조사건까지 발생하며 학위 검증 바람이 거세게 불어 닥쳤다.

그렇지만 우리 사회 곳곳에는 인내와 끈기만으로 견고한 학벌의 장벽을 허물어뜨리고 성공을 이룬 주인공들도 적지 않다. 학력을 극복한 신화는 사람들의 인식 변화를 이끌어낼 수 있다. 그들은 간판을 뛰어넘는 실력으로 사회의 편차를 줄이는 우리 시대의 나침반이다.

2004년 12월 노무현 대통령은 프랑스 공식방문 중 동포들과의 간담회에서 "지금 한국에서 누가 주류냐? 옛날에는 언제나 위에 있고 힘을 가진 사람들이었다. 그러나 지금은 실력으로 경쟁하는 사람들이 한국 사회의 새로운 주류로 등장하고 있다."고 강조했다. 실제로 참여정부 5년은 주류세력 교체의 시기, 간판이 아니라 능력이 대접받도록 노력했던 시기였다. '마이너리티'의 중용은 매너리즘에 빠진 공무원 사회에 신선한 자극제로 작용했다. 과거 정부에서는 고시 기수, 나이 등에 밀려 공직을 끝냈을 '마이너리티'들이 직업공무원이라면 누구나 선망하는 '1급'뿐만 아니라 장·차관을 바라볼 수 있는 길까지 열린 것이다.

청와대 인사수석 김완기는 최종 학력이 '광주고 졸업'이었다. 학력 차별

이 엄존하는 한국 사회에서 달랑 고등학교 졸업장 하나만으로 참여정부의
인사일지를 새로 쓰게 된 자랑스러운 성공담을 들여다보자.

2005년 1월 20일 이기준 교육부총리에 대한 부실 인사검증에 책임을 지
고 물러난 정찬용 인사수석의 후임에 김완기 소청심사위원장이 임명됐다.
청와대는 "김완기 인사수석은 지방과 중앙부처의 주요 보직을 거쳐 식견이
높으며 일처리가 신중하고 인간관계도 원만, 인사수석의 직무를 잘 수행할
것으로 기대하고 있다."라고 밝혔다.

김완기 수석은 이에 앞서 호남 인사수석, 영남 민정수석 구도가 유지되
면서 주요 후보군으로 거론되던 이학영 한국 YMCA 사무총장(19~20대 더
불어민주당 국회의원), 윤장현 광주 YMCA 이사장(민선 6기 광주광역시
장) 등과 함께 노 대통령에게 추천됐다.

김완기 소청심사위원장은 광주·전남 공무원들에겐 '신화'로 통하는 인
물. 고졸 학력에도 불구하고 전남도청 서기보(9급)에서 차관급까지 올라온
입지전적인 경력 때문이었다. 또한 광주·전남지역 시민사회에서는 출향 인
사 중 맏형으로 통하며 좋은 평가를 받고 있었다. 따라서 시민사회와 공무
원사회를 아우를 수 있는 장점까지 활용하게 됐다. 공직사회는 그의 인사
수석 발탁을 매우 신선한 충격으로 받아들였다.

1월 19일 관저 아침식사 자리에 노무현 대통령은 정찬용 인사수석과 함
께 김완기 소청심사위원장을 불렀다. 마지막 면접인 셈이었다. "한 가지 걱
정이 있습니다. 인사수석은 대통령에게 '아니오'라고 할 수 있는 배짱이 있

어야 하는데, 김완기 위원장은 평생 공무원으로 살아와서 그렇게 할 수 있을지 모르겠네요."

당시 청와대에는 비서실과 정책실로 칸막이 구분이 돼 있어서 비서실은 시민사회수석, 민정수석, 홍보수석, 인사수석 등 정무참모들이 배치되어 있었고 정책실은 경제정책수석, 사회정책수석 등 정책참모들이 업무를 보고 있었다. 인사수석은 정무참모로서 정무적인 판단에 능해야 하고, 판단이 설 경우 대통령에게 직언을 서슴지 않아야 했기 때문에 이런 우려를 나타낸 것이었다.

"저는 고졸로서 그간 대학 학력을 보충할 기회가 몇 번 있었습니다. 그러나 학벌이 아닌 실력으로 평가받겠다는 소신과 오기로 임했습니다. 저는 아닌 것은 아니라고 말씀드리는 것이 진정한 보필이라고 생각합니다."

김완기 위원장의 당당하고 거침없는 답변이었다. 김완기의 인생궤적은 노무현 대통령과 여러 모로 비슷한 점이 많다는 얘기를 듣는다. 그를 면접하는 자리에서 노 대통령은 김완기의 과거 역정에 대해 자세하게 물으며 최종 결심을 굳힌 것 같다.

김완기는 그저 일만 잘하는 공무원이 아니었다. 유신 직전에는 박석무 다산연구소 이사장(13~14대 국회의원) 등 재야인사들과 가깝게 지냈고, 공무원 신분이었지만 전남대 학생운동권에서 부정기적으로 배포했던 〈녹두〉 〈함성〉과 같은 지하유인물의 필경과 등사를 몰래 해주었다. 서슬 퍼런 유신시절, 민청학련 사건으로 수배돼 도피 중이던 고 조영래 변호사를 집에 숨겨줄 만큼 강단도 있었다.

정찬용 전 수석 발탁의 전형에 따라 인사수석의 기본 요건인 '호남지역 출신'에 '광주·전남 시민사회의 동의'를 받을 수 있는 인물, 게다가 인생 역정까지 여러 면에서 자신을 쏙 빼닮은 김완기를 노무현 대통령은 선뜻 낙점했다. '고시 출신과 학벌 위주의 공직 인사 관행을 깨고 실력 위주로 등용하겠다.'는 노 대통령의 인사 스타일이 그대로 반영된 것이었다. 호남 지역사회의 재야인사들을 제치고 관료 출신인 그를 발탁했을 만큼 김완기의 불편부당한 업무 처리에 대한 기대가 높았던 것이다.

1월 20일, 김완기 수석은 청와대에서 임명장을 받았다. 이 자리에서 노무현 대통령은 "인사수석에 대한 언론의 평가가 아주 좋아서 다행입니다. 그동안 공직사회에서 다듬어온 기준이 있으니 사심 없이 하시면 잘하실 겁니다."라고 당부했다.

김완기는 전남 곡성 출신으로 명문 광주 동중을 졸업하고 광주고에 수석 입학할 때까지 1등을 한 번도 놓친 적이 없는, 지역에서는 상당히 알아주던 수재였다. 하지만 중학교 시절 부친이 일찍 세상을 떠나면서 소년 가장이 되어 단칸 셋방에서 병약한 모친과 2남 4녀의 동생들을 부양할 수밖에 없었다. 고등학교 졸업식 날에는 납부금을 내지 못해 학교에도 가지 못했고, 따라서 졸업장도 받지 못했을 만큼 곤궁한 처지였다.

무등산에 올라 혼자 마음을 달래곤 했던 그는 한때 흙벽돌 장사를 하며 대학 진학의 꿈을 키우기도 했다. 1966년 22세의 나이에 지방행정서기보(9급)직에 수석으로 합격한 그는 전남 광산군 서창면사무소 말단 직원으로 공직에 첫발을 내디디게 됐다.

공무원 김완기. 그는 꼼꼼한 일처리와 뛰어난 문장으로 유명했다. 그의 모교인 광주고는 1951년 개교 이래 60여 명의 문인을 배출했을 만큼 전국적인 '문인학교'였다. 이성부(9회)·조병기(9회)·민용태(10회)·장효문(10회) 등의 시인과 문순태(9회)·양원옥(21회)·백성우(27회) 등의 소설가를 비롯해 평론에 김중배(2회)·김우창(3회)·이승룡(6회), 수필에 박연구(3회)·마삼렬(5회)·이이화(7회)·박석무(11회) 등이 문단에 큰 족적을 남겼다. 모교 교장을 역임한 수필가 오덕렬(13회)이 그의 동기다. 이런 학교 환경에서 김완기의 글 솜씨는 더욱 단련됐다.

1971년 전남도청 문화공보실에서 근무할 때부터 김완기는 도지사 연설문 담당이었다. 1995년 민선 1기 단체장이었던 송언종 전 광주광역시장은 시장 담화문과 축사, 국정감사 답변 자료 등을 반드시 당시 김완기 기획관리실장의 '사전결재'를 받도록 했을 정도로 그를 신임했다. 청와대 인사수석 시절, 기자실 인사브리핑 자료를 손수 챙기는 모습을 옆에서 지켜보았던 나는 '보좌관이나 담당 행정관들 꽤나 고생시키겠다.'라는 생각을 참 많이도 했다.

'일벌레'라는 별명을 얻을 만큼 특유의 성실함과 탁월한 업무추진능력을 인정받은 김완기는 고졸 출신이었지만 8년 만에 중앙부처인 내무부로 발령을 받았다. 이후 전남 구례·나주 군수를 거쳐 1994년 9급·고졸 출신으로는 감히 접근조차 힘들다는, 전국 시장·군수의 인사를 총괄하는 '내무부의 꽃' 행정과장 자리에 올랐다. '쉬지 않으면 이뤄지리'라는 좌우명을 가진 그는 장·차관 자리의 길목인 행정자치부 공보관을 거쳐 직업 관료로는 최고의 자리인 1급 관리관으로 승승장구했다.

이 과정에서 출입기자들은 크나큰 지원군이 돼 주었다. 그는 9급 때부터 공보업무를 했고 전남도청을 거쳐 행정자치부에서도 공보관을 했을 정도로 공보와 깊은 연을 맺어왔다.

"김완기 수석은 제가 행정자치부 출입기자를 할 때 만났습니다. 기자들로부터 존경받는 공무원이었습니다." 〈한국일보〉 기자 출신인 송두영 전 민주통합당 경기덕양(을) 지역위원장의 전언이다.

김완기는 2001년 말 광주시 행정부시장(1급)을 명예퇴직한 후 행정자치부 산하 공공기관인 한국지방자치단체국제화재단 상임이사로 나가면서 한동안 잊힌 인물이 되는가 싶었다. 그러나 참여정부 출범 직후 광주·전남의 신망 받는 인사 발탁 케이스로 화려한 조명을 받으며 차관급인 소청심사위원장으로 컴백을 했다. 소청심사위원장 시절에는 원만한 대인관계가 그의 트레이드마크였다. 또, 어느 한쪽에 치우침 없이 조정 역할을 잘 해낸 균형 감각은 인사수석 발탁 때 높은 평점을 받은 요인이었다. 그의 한 지인은 '늘 웃으면서 들으라'는 뜻으로 소청(笑聽)이라는 아호를 지어주기도 했다.

김완기는 주변 사람들로부터 공직자로 출세하려면 야간대학이라도 다니라는 권유를 퍽이나 받았다. 하지만 "내 능력으로 하면 되지, 형식적인 간판이 중요한 것은 아니다." "학력 때문에 불편한 적은 있었지만 특수대학원 수료 등으로 적당히 장식할 생각은 없다."라며 단호하게 거절했다. 그는 '실력' 하나만으로 진정한 '고졸 신화'를 몸소 체험해보인 실천가였다.

청렴하기로 소문난 김완기에게도 금품(?) 관련 비위가 딱 한 건이 있다. 광주고 2년 선배이자 지금도 절친하게 지내는 박석무 전 의원이 1992년 14대 총선에 출마했을 때 일이다. 당시 내무부 기획예산담당관으로 근무 중이던 김완기는 박석무의 빠한 형편을 모른 체할 수가 없어서 친한 지인들에게 100만 원씩 거둔 400만 원을 자신의 통장으로 입금 받아 박 전 의원에게 전달했다가 이듬해 감사원 감사에서 그만 적발되고 말았다. 다행히 부정한 돈이 아님은 입증됐다. 이해구 내무부장관조차도 "가까운 선배 좀 도와준 것을 가지고 징계는 무슨 얼어 죽을 징계냐" 하면서 "그냥 넘어가라" 하고 지시했다.

그러자 감사원은 사실이 그렇다면 정치자금법 위반이자 공무원의 정치적 중립의무 위반 아니냐고 몰아붙였다. 야당 의원이었기에 더욱 문제가 된 것이었다. 결국 타협안(?)으로 직무와는 관련이 없는 돈, 즉 민간인으로부터 과(課) 운영경비로 받은 것으로 처리했다. 덕분에 청렴 의무 위반이 아니라 품위 손상 혐의로 비교적 낮은 징계인 '견책'을 받았다.

김완기 수석, 그는 정말 소탈하고 격의 없는 성격으로 부하 공무원들 사이에 신망이 두터웠다. 나도 그를 1년여 동안 모셨지만 20년이라는 연령차를 느끼지 못할 정도로 젊은 사람들과 쉽게 어울리고 유머까지 뛰어난 멋쟁이였다. 그는 30년 아래의 여직원들과도 러브 샷을 즐기는 참으로 따뜻한 상사였다.

그러나 인사수석 임명 전 "공무원이라는 온상에서 반평생을 살아온 만큼 인사라는 거친 일을 잘할 수 있을지 모르겠다."는 노무현 대통령의 우려는 크게 어긋나지 않았다. 내무 관료로서의 오랜 이력이 오히려 '끊기 힘든 발목'으로 작용해 전임 정찬용 전 수석과 같은 소신 인사는 다소 미흡했다.

인사제도비서관으로 승진한 2005년 가을 어느 날, 나는 김완기 수석과 의견 충돌을 일으키고 맞섰다. 부속실장이 건네준 이력서를 들고 와서 제법 큰 기관의 임원 자리에 인사추천을 하라는 지시를 거부한 것이었다. 1부속실장이라면 대통령에게 들어온 민원이고 2부속실장이라면 영부인에게 들어온 인사 관련 민원이다. "나는 인사 청탁하다 걸리면 패가망신한다."는 노 대통령의 과거 어록까지 상기시키며 이를 거부하자고 했다. 그 인물에 대해서도 대략 아는 대로 설명해주었다. 평생을 관료로 일해 온 김 수석이 토끼 눈을 뜨고 깜짝 놀랐음은 물론이다.

나는 인사수석실 초창기부터 여당과 대선 선거대책위 등으로부터 받아서 관리하는 이력서가 아직도 수백 장이 남아 있음을 함께 보고했다. 결국 신원조회를 통해 그를 검증해보기로 했고, 국가정보원과 경찰청 정보국을 통해 알아본 결과 우선적인 인사추천 대상자가 아님이 입증됐다.

'덤으로 사는 인생'이라며 3년여를 차관급 정무직으로 일한 김완기는 2006년 5월 박남춘 현 더불어민주당 의원에게 인사수석직을 인계하고 물러났다. 같은 해 8월부터는 관례에 따라 공무원연금관리공단 이사장으로 취임해 2008년 5월까지 근무했다. 2013년 8월에는 광주광역시와 전라남도가 상경 대학생들을 위해 공동 설립해 운영하는 재단법인 남도학숙 원장으로 깜짝 변신해 고향과 국가 사회를 위해 왕성한 활동을 계속 이어가고 있다.

정보통신부 H-H 라인
아카시(明石)에서 비밀 접선을 하다

서울 강북지역에서 3만원 대에 제대로 된 일식요리를 맛볼 수 있는 집을 찾아내기란 그리 쉽지 않은 일이다. 삼선교 부근에 위치한 일본식 레스토 랑 아카시(明石)는 착한 가격에도 불구하고 매일 새벽 남대문시장에서 직접 구입해온 신선한 재료와 깔끔한 차림새로 한성대, 성신여대 등 주변 대학교수들을 적잖은 단골로 확보하고 있는 음식점이다. 정보통신부 인사추천을 1년 반 이상 담당하는 동안 나는 이 식당에서 여러 차례 저녁식사를 했지만, 10여 년 경력의 일식 조리사라고 소개받은 듬직한 셰프 정대은씨가 예술처럼 차려낸 도미머리 '아라다끼'(간장조림) 맛을 차분하게 음미할 시간을 갖지 못했다. 이유는 바로 일부 뻐딱한 영남패권 족 때문이었다.

2003년 3월 4일 열린 첫 국무회의에서 노무현 대통령은 외아들의 미국 국적과 병역기피 의혹 문제로 논란을 불러온 진대제 장관에 대해 "후보 때 세계화 시대에 맞춰 폭넓게 이중국적 허용을 검토하겠다고 한 적이 있다. 너무 상심하지 말라."라고 감싸면서 그의 발탁사유를 오로지 능력이라고 밝혔다. 이처럼 내가 정보통신부 인사추천담당 선임행정관으로 일하기 시작한 2004년 2월, 정보통신부 장관은 그 유명한 진대제씨였다. 130억원의 스톡옵션을 포기하고 삼성전자 디지털미디어 총괄사장에서 일약 참여정부의 핵심 장관을 맡은 그는 3년 넘게 재임하며 최장수 장관으로 기록된다. 그런데 문제는 그의 출생지가 경남 의령이었다는 사실이다.

당시 정보통신부 본부 조직은 1차관 2실장이었는데, 초대 차관은 충북 청원 출신의 변재일 현 더불어민주당 국회의원이었다. 그의 17대 총선 출마로 공석이 된 자리에는 역시 충북 출신인 김창곤 차관이 2004년 1월부터 내부 승진으로 발탁되어 일하고 있었다. 또한 차관 승진 0순위인 기획관리실장은 서울 출신 노준형, 정보화기획실장은 경북 성주 출신 석호익이었다. 두 사람은 1977년 행정고시 21회 동기로 장단점이 확연히 구분되는 '경쟁자'이기도 했다.

우선 노준형 실장은 서울법대 출신으로 경제기획원에서 공무원 생활을 하다가 1994년 정보통신부 창설 때 넘어와서 기획총괄과장, 공보관, 정보통신정책국장, 노무현 대통령직 인수위원회 전문위원을 거친 엘리트 관료로 두루두루 무난한 성격이었다. 석호익 실장은 칠곡군 면 단위 고등학교와 영남대를 졸업하고 정보통신부 전신인 체신부에서 처음부터 잔뼈가 굵은 자수성가형으로 공격적 업무 스타일 하나만큼은 정평이 나 있었다.

2006년 3월, 노준형 실장은 참여정부 인수위 파견공무원 중 유일하게 장관에 발탁되었고, 2007년 10월에는 서울과학기술대학교 총장에 선출되어 4년 임기를 잘 마친다. 반면 석호익 실장은 2006년 3월 행정고시 21회 동기이자 최연소 합격자 유영환이 차관으로 발탁되자 옷을 벗고 정보통신정책연구원(KISDI) 원장으로 자리를 옮긴다. 유영환 정보통신부 정보통신정책국장은 노무현 대통령의 부처 간 국장급 교류방침에 따라 산업자원부 산업정책국장을 마치고 2004년 1월 복귀했으나 한직인 우정사업본부장(1급)을 제안하는 바람에 거절하고 민간회사로 옮겼다. 그리고 1년 2개월이 지난 후 두 단계 위인 차관으로 점프했고 이듬해 9월에는 장관으로 승진했다. 석 실장은 2008년 4월 18대 총선에서 한나라당 공천으로 고향인 경북 성주·칠곡·고령 선거구에 출마했으나 무소속 이인기 의원에게 패하고 말았다. 1년 뒤 옛 상사인 이석채 전 정보통신부장관에게 픽업돼 KT 부회장으로 화려하게 IT업계에 복귀한다. 2012년 4월 19대 때도 박근혜 비상대책위원장에 의해 다시 새누리당 공천을 받았으나 성희롱 발언 파동으로 공천을 반납해야 했다.

사실 차관 승진 인사는 장관이 외부 출신일 경우 대개 내부에서 발탁하기 때문에 장관의 의견이 중요하고, 지역 안배와 역량도 고려하지만 노준형·석호익 두 사람은 장단점이 비슷비슷해서 결국은 선택이 문제였다. 2005년 1월 영남 출신 진대제 장관이 비 영남 출신 노준형 실장을 차관으로 추천하면서 둘 사이의 경쟁은 일단락되었지만, 한동안 나는 이 두 사람의 고래 싸움에 새우등 터지는 신세가 되어야만 했다.

일반사회 못지않게 공직사회에도 떼로 몰려다니는 사람들이 있는데, 알다시피 영·호남향우회가 그것이다. 당시 정보통신부 본부에는 영남 출신 진대제 장관을 배경으로 석호익 실장을 필두로 하는 이른바 '영남 마피아'가 있었다. 먼저, 요직인 정보통신협력국에는 형태근 국장이 있었는데, 경남 거창 출신이다. 부이사관 중 선임이자 인사실무를 관장하는 총무과에는 경남 함안 출신의 황철증 과장이 있었다. 또 서기관 중에서 장관을 보필하는 최영해 장관비서관(과장급)이 있었는데, 그는 경북 경주 출신이다. 그런데 장관(경남 의령), 국장(경남 거창), 총무과장(경남 함안) 세 사람이 출생지가 공교롭게도 경남 서부지역이어서 형태근-황철증 라인을 정보통신부 사람들은 'H-H 라인'으로 불렀고, 정보통신업계에서는 '진대제-석호익-형태근-황철증'으로 이어지는 인맥관계라고 회자됐다.

형태근 국장은 행정고시 22회로 원조 친박 최경환(새누리당 원내대표 및 경제부총리 역임) 현 새누리당 의원과 대구고 동문이자 고시 동기이다. 진대제 장관의 오른팔 역할을 하며 감사관과 핵심 직책인 정보통신정책국장을 거친 IT정책 전문 관료이다. 그러나 2006년 4월, 노준형 장관이 실시한 1급 승진 인사에서 행정고시 동기인 김동수(충북 청원 출신으로 정보통신부 마지막 차관 역임) 정보통신진흥국장과 선배인 김원식(기술고시 15회, 행정고시 21회에 해당) 열린우리당 수석전문위원에게 밀렸다.

다행히 노 장관의 배려로 통신위원회 상임위원으로 전보되었는데, 뜻밖에 1년 반 뒤 이명박 대통령의 당선으로 상황이 반전됐다. 인수위원회 시절 최경환 당시 경제2분과 간사의 후광에 의해 주요 국장들을 제치고 전문위원으로 선발된 것이다. 인수위원회 파견이 결정되기 직전 당시 한나라당 이한구 정책위의장이 전달받은 '이 사람은 참여정부 시절부터 정치 관료로 유명한 인물. ○○○과는 ××고 동창이라서 아마도 발탁시킬 가능성이 농후하다.'라는 메모의 당사자로 언론에도 보도됐다.

그는 이명박 정부 출범과 동시에 신설된 방송통신위원회에 대통령 추천 몫 상임위원(차관급)으로 두 단계 점프하여 3년 임기를 해피하게 마친다. 그는 진대제 장관에 이어 최시중 방송통신위원장의 핵심 측근으로 두 정권과 두 장관에 연거푸 충성한 천생 직업공무원이었다. 2011년부터 법무법인 율촌에 고문직을 두고 동양대학교 석좌교수로 후학 양성에 힘쓰고 있다. 2013년에는 복합종합유선방송사업자인 CJ헬로비전 사외이사(감사위원)를 맡았고 2016년 3월 연임됐다.

황철중 과장은 서울법대 81학번으로 1985년 행정고시 29회에 합격했다. 총무과장이라는 특성상 나와는 잦은 접촉이 있어야 했다. 하지만 그는 찾아오지도 않고 전화도 없으며 주로 이메일을 통하여 주요 인사추천을 협의, 아니 사실상 통보(?)해왔다. 어렵사리 고시에 합격하여 고생고생하며 부이사관 자리에 오른 그의 눈에는 허구한 날 데모나 하다가 갑자기 정권을 잡아 벼락출세한 대학후배인 내가 퍽이나 아니꼬왔을 수도 있겠다 싶었다. 그래서 나는 비교적 소통이 잘 되는 노준형 기획관리실장을 주로 상대했다. 그런데 그것이 나중에 화근을 불러올 줄이야.

그는 2005년 10월, 국장급인 중앙전파관리소장으로 승진하였고 2008년 2월 이명박 정부 출범과 함께 형태근 상임위원의 강력한 추천으로 청와대 방송통신비서관실 선임행정관에 발탁됐다. 1년 뒤 방송통신위원회 네트워크정책관으로 화려하게 복귀했으며, 2011년 5월에는 요직인 통신정책국장에 중용됐다. 그러자 방송통신업계에서는 황 국장을 '최시중-형태근-황철중'으로 이어지는 방송통신위원회 3인자 또는 실세로 불렀으며, 새로운 'H-H 라인'이 복원됐다고들 수군거렸다. 2009년 1월 21일 전자신문에도 "방통위에 'H-H 라인' 뜬다."라는 제목의 기사가 실릴 정도였다.

그러나 그는 안타깝게도 2012년 정기국회 국정감사를 앞두고 수뢰사건에 연루되어 재판을 받고 법정 구속되어 한동안 영어의 몸이 됐다. 그는 서기관 시절 전공을 활용하여 '인터넷과 법률', '한국의 통신법과 정책의 이해' 등을 집필하며 IT에 법률을 접합하는 노력을 하는 등 공부하는 공무원상을 보여주었으나, 결국은 무리한 욕심이 화를 부르고 말았다.

최영해 과장 역시 서울법대 출신으로 행정고시 35회이다. 한직인 제주체신청장을 하다가 황철중 과장의 추천으로 진대제 장관의 비서관에 발탁됐다. 2006년 3월 장관이 바뀌면서 통신자원정책팀장으로 물러나 있다가 2009년 12월 H-H 라인의 후광을 입어 청와대 방송통신비서관실 행정관으로 전출 간다. 2011년 2월 방송통신위원회 요직인 운영지원과장(구 총무과장)을 거쳐 2012년 9월 국장급 고위공무원단(서울전파관리소장)으로 승진했다. 2014년 4월 미래창조과학부로 전입해 창조경제심의관을 거쳐 2016년 5월 현재 국제협력관을 맡고 있다.

이렇듯 'H-H 라인'이 정보통신부에서 목소리를 높이고 있을 즈음, 조심스럽게 눈치를 보는 또 하나의 작은 그룹이 있었다. 바로 호남 출신 공무원들로 그들은 나의 IT분야 인사추천의 훌륭한 조력자들이었다. 선두주자는 강대영 공보관이었다. 그는 전남 영암 출신이며 행정고시 23회로 공직에 들어와 줄곧 정보통신부에서 일했다. 형태근 국장의 뒤를 이어 정보통신협력국장을 지냈으며, 통신전파방송정책본부 본부장을 마지막으로 역임했다. 이명박 정부 출범으로 정보통신부가 폐지됨에 따라 행정안전부로 옮겨 1급인 소청심사위원회 상임위원을 지내고 공직생활을 마감했다. 현재는 IT업계 중견업체에 스카우트되어 전문경영인으로 활동 중이다.

다음으로 S과장이다. 그는 전남 고흥 출신으로 행정고시 28회에 합격해 공직생활을 시작했다. 여수역장 등 철도청에서 근무하다 정보통신부로 전입했으며 재정기획관과 전파방송기획단장을 거쳤다. 2008년 2월, 이명박 정부가 들어서며 정보통신부가 해체되자 지식경제부로 옮겨 연구개발특구기획단장, 중소기업청 기획조정관 등을 역임했다. 이후 산업통상자원부 에너지담당 국장 등을 거쳐 2016년 5월 현재도 산업부 본부 요직을 맡고 있다. 다양한 부처를 두루 거치면서 기획·감사·재정·정책 등 핵심 보직을 섭렵한 융합형 공무원이다.

그리고 정보통신부 소속 공무원은 아니지만 내가 가끔 만나게 된 사람들이 있었다. 우선 서울지방경찰청 소속 L경위였다. 그는 1963년 전북 익산 출신으로 나와 동갑내기이다. 어려운 집안 형편으로 대학 진학을 포기하고 경찰에 투신하여 오랫동안 경제 분야에서는 나름대로 실력을 인정받은 정보통이다. 당시 정보통신부를 담당하던 정보관인 그에게서 나오는 조언이 내게는 큰 도움이 되었다. 이후 그는 청와대 민정수석실 등 근무를 거치고 2013년 상반기 경찰청 정기인사에서 경정으로 승진했다. 순경으로 시작해서 성공한 경우가 아주 없지도 않지만 L경정 역시 방송대를 졸업하며 학업을 이어가는 등 후배들에게 많은 귀감을 주는 모범경찰관이고 나이로 보면 최소한 총경(경찰서장)까지는 승진하리라 기대한다.

마지막으로 공무원은 아니지만 KT 인사팀의 최용석 팀장이 있었다. 그도 호남 출신이었으나 정확한 출생지는 알지 못한다. 원칙적으로 KT처럼 민영화된 기업의 경우, 외형적으로는 정부와 상관이 없지만 규제기관인 정보통신부를 상전으로 모시기 때문에 대외협력 업무 등에 상당히 높은 직급의 임원을 배치한다. 또한 청와대와 끈을 만들기 위해 자발적으로 자리를 내놓고 인사추천을 요청하기도 했다. 그 과정에서 나는 최 팀장을 처음 만났다. 특히 KT는 청와대 정책상황비서관을 역임한 정만호 전 〈한국

경제신문〉 경제부장을 2004년 12월 KTF 엠하우스 사장으로 영입하고 이후 KT 미디어본부장으로 전보시키는 등 청와대와의 관계 유지를 계속 시도했다. 최 팀장은 2006년 11월 인사담당 상무보로 승진했다. 그는 사상 최초로 지사장 외부 공모를 실시하여 30대를 발탁하는 등 혁신인사에 앞장섰으며 2008년 1월 인재경영실장까지 올랐다. 그렇지만 형식상 민간기업의 틀을 유지하던 KT는 이명박 정부로 정권이 교체되자 노골적인 외풍을 맞았고 그는 조기 퇴직을 할 수밖에 없었다. 현재는 지인이 운영하는 충북의 한 중견회사에서 주특기인 인사 및 노무관리를 담당하고 있다.

이밖에 서울 출신의 최수만 장관정책보좌관이 있었다. 국민의정부 해양수산부장관 시절, 관료들에 둘러싸여 어려움을 겪었던 노무현 대통령의 지시로 만들어진 장관정책보좌관은 장관이 지시한 사항의 연구·검토와 전문가·이해관계자 및 일반국민 등의 국정참여 촉진과 의견수렴, 관계부처 정책보좌업무 수행기관과의 업무협조가 주된 기능이었다.

최 보좌관은 새천년민주당 과학기술정보통신담당 수석전문위원(국장급) 출신으로 대통령직인수위 행정관을 거친 정치권 인사였다. 따라서 나는 최수만 보좌관을 권재철 과학기술부 장관정책보좌관(국회의원 비서관 출신)과 박수훈 전 대통령직인수위 과학기술상근자문위원 등과 함께 또 다른 그룹으로 묶어서 만나 인사추천 자문을 받곤 했다. 최수만 보좌관은 2006년 정보통신부 산하기관인 한국전파진흥원 원장으로 나갔다가 최근에는 재벌기업 계열사의 정책홍보담당 임원으로 일하기도 했다. 행정학 석사 출신인 권재철 보좌관은 건국대에서 공학박사 학위를 취득하고 2007년 12월 설립된 프론티어연구성과지원센터 사무국장으로 구슬땀을 흘리고 있다. 서울공대에서 금속재료를 전공한 박수훈 박사는 2007년 한국항공우주연구원(KARI) 상임감사 임기를 마친 이후 한국기계연구원(KIMM)과 연계하여 돈벌이가 되는 사업화연구에 몰두하고 있으나 신통한 성과를 내지 못하고 있다.

어느 날 국가정보원 일일보고에 얼토당토않은 내용이 올라왔다. 내용인즉 '청와대 정보통신부 인사추천담당 C모 행정관이 동향이라는 이유로 K국장, 또 다른 K국장, S과장 등과 수시로 모여 호남 출신을 우대하기 위해 작전을 짰다.'는 내용이었다. 여기서 K국장은 강대영 국장이고 또 다른 K국장은 전남 함평이 고향이며 7급 공채 출신으로 본부 공보관을 거쳐서 이미 강원체신청장으로 나가 있는 고광섭 국장이었다. 그와는 공보관 시절 한두 번 접촉한 것이 전부이며 기억도 가물가물할 지경이었다. 정말로 황당무계했다. 내가 정보통신부 인사추천 담당 선임행정관이기는 하지만 1~3급 승진이나 전보인사에 추천권을 행사하는 경우는 전혀 없었다. 참여정부 4대 인사원칙의 하나가 '자율통합'인데 그것은 1급 이하 인사의 경우 장관에게 인사의 자율성을 부여하되, 결과에 대한 책임을 지도록 하는 것이었다. 내 경우는 기껏해야 지역별 균형이나 행정직과 기술직 간 균형, 업무평가 우수자 발탁 등 정부의 각종 인사정책이 잘 시행되고 있는지 살펴보는 정도가 전부였다. 다만 청와대가 직접적으로 관여하는 일은 인사수석실이 아닌 민정수석실에서 3급 승진인사부터 인사검증을 하는 것이었다.

화가 난 나는 즉각 S과장에게 만나자고 연락했다. 그리고 대응방안을 마련하도록 요청했고, 기왕 씹히고 있는데 우리 호남인들끼리 진짜로 한번

모이자고 제안했다. 그래서 잡은 것이 문제의 식사 모임이었다. 처음에는 광화문 정보통신부 인근 식당으로 잡았던 것을 누군가 "그래도 눈은 피하고 보자."고 해서 광화문에서 멀리 떨어진 삼선교 아카시(明石) 일식집까지 가게 된 것이다. 시간이 정해지면 한 명씩 한 명씩 약속한 장소로 우리는 모였고 서로 특별히 챙겨줄 것도 없으니 'H-H 라인'을 안주로 삼아 소맥이나 실컷 부어댔다. 그때의 멤버가 바로 강대영 국장, S과장, L경위, 최용석 팀장, 그리고 나 이렇게 다섯이었고 원거리인 분당 KT 본사에서 오는 최용석 팀장은 가끔 빠졌다. 이 웃기지도 않는 비밀 접선 모임은 2006년 3월 내가 청와대를 퇴직한 이후에도 한 번인가 같은 장소에서 재회했고, 2012년에도 우연히 연락이 되어 강남에서 또 만났으니 참으로 끈질긴 인연이었다. 오긍현 비상계획관(전북 군산)을 비롯해 우정사업본부의 이규태 경영기획실장(전북 김제)과 양준철 금융사업단장(전남 곡성), 박재규 우편사업단장(전북 정읍) 등 4명의 호남출신 국장이 더 있었으나 화근을 우려해 끝내 추가하지는 않았다.

참고로 정보통신부는 내가 인사 업무를 맡게 된 당시, 3급 이상 간부 18명(파견직 제외)의 출신지 분포가 영남 33.3%, 호남 27.8%, 서울경기 16.7%, 충청 11.1% 등 대체로 합리적으로 이루어져 있었다. 그러니 'H-H 라인'은 지금 돌이켜 생각해봐도 지역 갈등을 조장하고 선이나 잘 대서 출세를 도모하려 한 정치공무원으로 단정 지을 수밖에 없다. 또 하나, 다음 표에서 보듯이 나의 인사수석실 재임 중 이루어진 정보통신부 산하 공공기관(유관단체 포함) 임원 인사현황을 분석하면 'H-H 라인'의 터무니없는 모함은 분명해진다.

그런데 정작 내가 적지 않게 상의했던 고위관료는 김창곤(기술고시 12회)

전 차관이었다. 그는 내 보스인 유인태 전 정무수석의 고향(충북 제천) 후배이다. 1년 동안 차관으로 일하며 정보통신부 인사추천 담당이던 나를 꽤나 도와주었다. 이후 한국전산원(현 한국정보화진흥원) 원장으로 임명돼 나갔지만 필요한 조언을 마다하지 않았다.

〈표 1〉 정보통신부 산하기관 인사현황(2004.2~2006.2)

구분	기관 및 직위	성명	출신지	주요경력
관료 및 전문가	전산원장	김창곤	충북	정보통신부차관
	정보통신연구진흥원장	김태현	전남	정보통신부차관
	프로그램심의조정위원장	구영보	경남	우정사업본부장
	정보통신산업협회 상근부회장	이교용	서울	우정사업본부장
	정보문화진흥원장	손연기	강원	연임
	인터넷진흥원장	송관호	전북	연임
	정보보호진흥원장	이홍섭	서울	내부 승진
	정보통신기술협회 사무총장	김홍구	경북	KTS 사장
여당 출신	정보통신윤리위원회 사무총장	이규희	충남	천안갑 선대위원장
	정보통신수출진흥센터 원장	김선배	서울	KTS 사장
	소프트웨어공제조합 사무총장	양재원	전북	청와대 행정관
	정보통신대학교 총장	허운나	서울	16대 국회의원
	별정우체국연합회 이사장	김지현	서울	선대위 종교특보
	우편사업지원단 이사장	선한길	전남	인수위 자문위원

정홍원 국무총리와
영혼이 없는 고위공무원들 스토리

2008년 1월 3일, 이명박 대통령직 인수위는 당시 국정홍보처로부터 업무보고를 받았다. 이 자리에서 한 인수위원이 "노무현 정부의 취재 선진화 방안이 언론과 불필요한 마찰을 불러일으켰다."며 "청와대 지시에 따른 것이냐"라고 물었다. 이에 담당자가 "우리는 영혼이 없는 공무원들"이라고 답변해서 보고를 받던 인수위원들이 아연실색했다. 당시 김형오 인수위 부위원장은 "공무원은 신분이 보장된다. 기능은 조정이 되겠지만 완전히 없어지지는 않는다. 대안을 만들어서 같이 해보자는 건데, 대한민국 공무원이 그런 식으로 얘기해서 되겠느냐" 하며 안타까워했다. 물론 '영혼이 없는 공무원'은 특정 정부에만 있었던 일도 아니고 새삼스러울 것도 없다. 정권 교체기에 고위공무원 사이에서 흔히 나타나는 일반적인 현상이기 때문이다.

'대통령제 하에서 관료는 대통령의 뜻에 따라 일할 수밖에 없는 것 아니냐'며 자신들의 입장을 변명하는 말로 흔히 인용되는, '관료는 영혼이 없다.'는 말은 독일의 사회학자 막스 베버가 《프로테스탄티즘 윤리와 자본주의 정신》에서 일찍이 언급한 바가 있다. 베버는 '관료제는 개인감정을 갖지 않는다.'고 전제하면서 '상하관계라는 합리적인 권위구조와 비인격적인 규칙과 절차에 따라 움직인다.'고 했다. 즉, 관료란 정밀기계의 부품처럼 언제 어디서나 다른 관료로 대체·교체할 수 있도록 설계되어 있으므로 바뀐 정부의 철학에 따라 일을 해야 하는 게 그들의 숙명이라고 설파했다.

그렇지만 공무원도 '영혼'이 있어야 한다. 대통령이나 장관이 지시한 일이 늘 합법적이라거나 성공 확률 100%를 보장하지는 않는다. 그런데도 무조건 복종한다면 영혼 없는 로봇이나 기계 부품에 다름이 없다. 그것은 양심을 팽개치는 행위이고 상식을 저버리는 일탈이다.

그렇다고 정부정책에 대해 사사건건 반대하라는 뜻이 아니다. 현실적으로 임면권자의 지시를 거부하면 신분상 손해가 발생할 수도 있다. 승진이나 보직에 불이익을 받을 수도 있고, 자칫하면 사표도 감수해야 한다. 당장 가족의 생계가 걸려 있는데 그런 용기를 내기란 쉽지가 않다. 그럼에도 불구하고 영혼 없는 공무원으로 살아가는 자신을 합리화할 수는 없다. 국민의 혈세로 봉급을 받는 공무원이라면 국민의 공복으로서 결코 물러설 수 없는 마지노선은 있어야 하지 않겠는가?

민주정부에서 보수정부로

김대중 정부 검사장, 노무현 정부 고등검사장과 장관급 중앙선관위 상임위원, 이명박 정부 공공기관장, 박근혜 정부 초대 국무총리 2년 등 4대째 정부를 거치며 승승장구한 정홍원은 출세만을 좇아온, 영혼이 없는 고위공무원의 표상이다.

정홍원은 경남 하동 출생으로 사시 14회에 합격했다. 2004년 퇴직 때까지 이철희·장영자 부부 사기사건, 대도 조세형 탈주사건, 국회 노동위 돈

봉투사건, 한보 비리사건 같은 대형사건을 처리하면서 명성을 얻은 '특별수사통' 검사였다. 1999년 서울지검 남부지청장 시절, 국회 내 안기부 사무실로 지목돼온 본청 529호실에 대한 한나라당의 난입사건을 지휘했는데, 수사 도중 검사장으로 승진하는 행운을 거머쥐었다. 그 후 부산지검장으로 근무하면서 훗날 참여정부 실세로 등장하는 부산지역 새천년민주당 인사들과 친분을 쌓았다.

이러한 PK인맥 덕분인지 참여정부 출범과 함께 대대적인 검찰 인사개혁이 이루어졌지만 그만은 살아남았다. 검찰 항명 파동을 불러온 강금실 법무장관의 인사쇄신안에 사시 14회 중 유일한 고등검사장 발탁 대상자로 정홍원이 있었다. 총장 바로 아래 기수인 13~14회에 검사장이 13명이나 있었는데 13회는 전원을 용퇴시키고 14회는 정홍원만을 구제한 것이다.

1년여가 흐른 2004년 5월, 정홍원은 관례에 따라 후배들에게 길을 터주기 위해 용퇴를 했다. 그러나 만 4개월도 채 되지 않아 청와대는 중앙선관위 위원으로 그를 다시 불렀다. 그리고 그는 대통령 임명직 위원이 상임위원을 맡는 관행에 따라 곧바로 상임위원에 선출됐다. 중앙선관위원장은 대법관이 겸직을 하기 때문에 평소에는 장관급 상임위원이 사실상 위원장 역할을 대리한다. 그만큼 막강한 자리이다.

2006년 9월 정홍원 위원은 중앙선관위원장 상임화를 골자로 한 선관위법 개정안의 국회 통과가 지연되고 있는 것과 관련해 도의적 책임을 지고 손지열 위원장과 함께 사표를 냈다. 이때는 이미 정상명 검찰총장의 임기가 한창이었고 새로운 법무장관이 임명된 직후였기 때문에 더 이상 자리 욕심도 없었다.

한동안 법무법인에서 고액 연봉을 받으며 권토중래를 꿈꾸던 정홍원 변호사는 이명박 정부 출범과 동시에 초대 대한법률구조공단 이사장에 임명됐다. 법률구조공단은 무료 법률상담, 무료변호 등을 담당하는 공공기관이다. 당시 이사장의 월봉은 수당 및 성과상여금 등을 다 합쳐도 975만원에 불과했다. 후일 국무총리 후보자로 지명되면서 공개한 그의 재산내역을 보면, 법무법인 소속 변호사로 2년을 근무하면서 월평균 약 2,800만원의 공식 소득을 올린 것으로 나타나 있다. 그런 그가 3분의 2가량이나 되는 수입의 감소를 감수하고 작은 감투를 왜 맡았을까? 그것은 바로 검찰총장 또는 법무장관 자리를 노리고 봉사를 한 것이었다.

하지만 안타깝게도 3년 임기를 꼬박 채웠지만 끝내 기회는 오지 않았다. 그러다 뜻밖의 찬스가 찾아왔다. 2012년 1월 말, 박근혜 비상대책위원장에 의해 새누리당 공천위원장에 발탁된 것이다. 이틀 후 〈한국일보〉는 박근혜 위원장의 법조계 원로 조언그룹에서 그를 추천했다고 보도했다. 그 원로는 다름 아닌 김기춘 전 법무장관이었다. 그는 정홍원의 경남중학교 5년 선배로 1987년 법무연수원장과 기획과장으로 호흡을 맞춘 사이였다. 또 1992년 대선 당시 부산 초원복집 사건의 주인공 중 하나인 김기춘에 대한 수사를 총괄한 사람이 바로 서울지검 특수1부 정홍원 부장이었다.

2013년 민주당은 정홍원을 국무총리 후보자로 인사청문회 발언대에 세우면서 매섭게 추궁했다. 인사청문특위는 경과보고서에 "전관예우 의혹, 위장전입 및 부동산 투기 의혹 등이 불성실한 자료 제출로 충분히 해명되지 못한 점 등은 국무총리로서 미흡하다."며 부적격 의견을 함께 포함시켰다. 모두 10년 전 참여정부 때 충분히 검증을 했던 내용들이다.

정홍원은 1989년 부산지검 동부지청 특수부장으로 발령이 나면서 가족들이 모두 부산으로 주거를 옮겼는데 본인만 서울 누나 집으로 주소를 옮겨 국민주택 청약 1순위 자격을 유지했다. 실정법을 위반한 그는 결국 국민 앞에 공개 사과했다. 그는 또한 외아들의 병역면제 의혹에도 시달렸다. 대학교 2학년 때인 1997년 현역 입영 대상인 1급 판정을 받았으나 디스크를 이유로 2001년에 병역 면제를 받았고 2006년 사법시험에 합격했다. 디스크가 발병한 다음 책상에 앉아 장시간 공부가 필요한 시험을 준비한 셈이다.

참여정부에서 인사 검증을 담당했던 문태곤 전 청와대 공직기강비서관은 2007년 3월 '국정브리핑' 기고를 통해서 "인사검증 후 공직 탈락 사유 중 으뜸은 부동산 투기(22%)가 차지했고, 병역 문제도 10% 이상을 점유한 것으로 나타났다."라고 밝혔다. 그의 말을 빌리면 위장전입의 경우 두말할 것도 없이 '아웃'이었고, 병역은 우스갯소리로 헌법보다 우위에 있다는 '국민정서법'으로부터 가장 강력하고도 직접적인 영향을 받았다.

더불어민주당은 여당이었던 때나 야당인 오늘날이나 공직자에 대한 인사검증 기준을 나름대로 일관되게 유지하려고 애쓰고 있다. 그러나 10여 년 전 정홍원에 대한 부실검증 의혹을 피하기는 어려울 것 같다. 당시 법무부가 발표한 인사자료를 보면, 정홍원 신임 법무연수원장은 "자타가 공인하는 특수통으로 자기 관리가 철저하고 청렴한 생활로 주변의 신망이 두터운 편이다."라고 돼 있다. 인사검증이 엄격하기로 소문난 참여정부 민정수석실이 크게 실수를 했거나 동향(PK)이라는 이유로 고의로 봐주기를 했다는 추론이 가능한 대목이다. 당시 추천자가 누구였는지 알 만한 사람은 다 안다. 그만큼 인선이 특정지역 위주로 잘못 이루어졌다는 얘기다.

친김대중·친노무현에서 친이명박·친박근혜로

참여정부 당시 고위직으로 근무했던 많은 관료 출신들이 10년 민주정부가 끝나기도 전에 잽싸게 말을 갈아타기 시작했다. 관료의 특성 그대로 정권이 바뀐 뒤에 새로 취임한 대통령에 충성하기 위해서라면 모르겠지만, 정무직 장차관으로 임명해준 대통령 임기가 버젓이 남아 있는데도 차기 유력 대통령후보에게 줄을 대는 경우가 있었으니, 그것은 영혼이 없는 공무원이 아니라 변절한 공무원이다.

국민의정부 마지막 재정경제부차관 윤진식은 행정고시 12회 출신의 유능한 재무 관료였다. 오랫동안 그를 눈여겨본 고건 총리가 제청해 참여정부 초대 산업자원부장관에 기용됐다. 하마평에는 전혀 오르지 않던 인물이었으니 의외의 발탁이었다. 그러나 부안 핵폐기물 처리장 추진과정에서 혼선이 발생하여 그 책임을 지고 취임 10개월 만에 물러났다.

그래도 참여정부는 그를 그대로 내팽개치지 않았다. 2004년 4월 국립 서울산업대학교 총장으로 임명해 4년 임기를 보장했으나 2007년 8월 사표를 던지고 나왔다. 이명박 캠프에 합류하기 위해 노무현 대통령 임기 도중 말을 갈아탄 것이다. 참여정부 장관 출신이 전향해 한나라당 대선주자 캠프에 합류한 것은 윤진식이 처음이었는데, 두고두고 화제를 낳았다. 이후 그는 이명박 대통령직인수위 국가경쟁력강화특위 부위원장을 거쳐 한국투자금융지주 회장, 청와대 경제수석과 정책실장 등 요직을 섭렵했다. 한나라당과 새누리당 공천으로 18~19대 국회의원에 당선됐으며, 50년 지기인 이

시종 충북지사와 2014년 지방선거에서 겨뤘으나 낙선했다.

노무현 대통령의 초대 치안비서관을 지낸 허준영은 참여정부 이후 승승장구했다. 출신지(대구) 때문에 국민의정부 시절에는 치안감을 달고도 중앙경찰학교 교장과 강원경찰청장 등 한직으로만 돌았다. 그러나 참여정부가 들어서자 청와대 치안비서관과 서울지방경찰청장을 거쳐 채 2년도 되지 않아 2005년 1월 꿈에 그리던 치안총수의 자리에 올랐다.

그런데 2005년 말 농민시위 사망 사건에 대한 책임을 지고 경찰청장직을 물러난 그는 언론을 통해 억울함을 호소했다. 그리고 이듬해 치러진 7월 재·보선 당시 한나라당에 공천 신청을 함으로써 세상을 깜짝 놀라게 했다. 그는 임기제 경찰청장을 정치적으로 희생시킨 데 대해 강하게 반발하며 "근본책임은 여당이다. 자유민주주의를 수호하기 위해 한나라당에서 일해야겠다."라고 밝혔다. 청와대와 정부의 요직을 지낸 인물이 집권 기간 동안에 등을 돌린 돌발 상황이 발생한 것이다.

그는 이명박 대선 캠프에 참여해 2009년 코레일 사장에 취임했고 2012년 총선과 2013년 보궐선거 당시 새누리당 후보로 서울 노원(병)에 출마했다. 2015년 2월 보궐선거로 당선되어 옛 한국반공연맹 후신인 한국자유총연맹 회장을 맡았다. 1년 뒤 연임 도전에 실패하고 코레일 사장 재직 중 비리사건으로 구속되는 오점을 남겼다. 어쩌면 처음부터 그의 DNA는 새누리당에 더 가까웠는지도 모르겠다.

'꼿꼿 장수'로 알려진 김장수는 노무현 대통령으로부터 가장 큰 혜택을 입은 장관급 장군(대장)이었다. 육사 27기 출신인 그에게 대장 계급장을 달

아준 것도, 참모총장과 국방부장관으로 발탁한 것도 참여정부였다. 참모총장에서 국방부장관으로 직행한 것은 창군 이래 1호였다. 육군참모총장 진급 때는 해군·공군 참모총장이 영남이었기 때문에, 국방부장관 발탁 때는 육군·공군 참모총장이 영남이고 해군참모총장이 충청 출신이기 때문에 지역배려를 받은 것이었다. 그렇지만 장관 임기 종료 직후 여당으로 바뀐 한나라당에 입당, 비례대표 의원과 최고위원으로 승승장구했다. 그는 2012년 대선에서도 박근혜 후보의 국방안보추진단 단장을 맡아 예비역 장성들을 이끌었다. 박근혜 정부의 청와대 초대 국가안보실장(장관급)으로 중용됐으며 2015년부터는 다시 한 번 요직인 주중대사를 맡고 있다. 광주 출생에 광주일고를 졸업한 그는 평생을 양지만 좇는 전형적인 영혼 없는 고위공무원의 본보기이다.

한덕수 전 국무총리는 무려 5대 정부에 걸쳐 승승장구한 케이스다. 그는 전북 전주 출생으로 초등학교 때 서울로 전학을 왔다. 경기고를 졸업해 서울 출신처럼 행세했고 문민정부에서 처음 정무직으로 발탁돼 특허청장과 통상산업부차관을 역임했다. 국민의정부로 정권이 교체되자 호남 출신임을 커밍아웃하고 통상교섭본부 본부장, 청와대 경제수석 등으로 잘 나갔다. 참여정부가 들어서며 산업연구원 원장으로 물러서 있다가 2004년 2월 초 국무조정실장으로 화려하게 복귀했다. 청와대 인사추천회의 멤버였던 경기고 동문의 도움이 컸다.

노무현 대통령의 눈에 든 그는 1년 뒤 경제부총리에 올랐고, 2007년 4월에는 국무총리로 발탁됐다. 그러나 이명박 정부 출범 이후 곧바로 주미대사로 변신해 4년을 근무했고, 박근혜 정부 출범과 함께 다시 한국무역협회 회장을 맡아 3년 임기를 잘 마쳤다.

경남 합천 출신인 김혁규는 노무현 대통령이 직접 공을 들여 영입한 케이스다. 창녕군의 말단 공무원으로 출발한 그는 7급 공무원을 그만두고 미국에 건너가 경제인으로 성공했다. 이를 바탕으로 미국 민추협을 지원했고 YS와 인연을 맺었다. 문민정부 청와대 비서관을 거쳐 1993년 12월 관선 경남도지사로 금의환향했다. 1995년부터 3연속 민선 경남도지사로 재임하며 경영 마인드를 행정에 적용해 'CEO 지사' 이미지를 굳혔다. 이를 눈여겨본 노무현 대통령이 2002년 지방선거 때부터 함께 일하기를 청했지만 그는 2004년 1월에야 열린우리당에 입당했다.

노 대통령은 곧바로 그를 경제특보에 위촉했으며, 그는 17대 총선에서 비례대표 4번과 당 상임중앙위원(최고위원)에 지명되는 등 최고의 대우를 받았다. 총선 직후 노 대통령은 김 의원을 국무총리로 임명하려고 추진했으나 야3당의 반대로 뜻을 이루지 못했다.

2007년 6월 대선 출마를 공식 선언한 김혁규는 친노 핵심인 이광재 의원에게 공동선거대책본부장, 노 대통령의 부산 측근인 윤원호 의원에게 선거대책위 부위원장을 맡기는 등 세를 과시했다. 하지만 그는 대선 8일을 남겨놓고 무소속 이회창 캠프에 전격 합류해 세 번째로 변신했다. 그러자 친정인 한나라당이 오히려 "배신자들에게는 미래가 없다."고 논평했다.

경제관료 출신인 현정택은 국민의정부 시절, 여성부차관을 거쳐 청와대 마지막 경제수석을 지냈다. 경북 예천이 고향인 그는 참여정부에서도 외교부 경제통상대사와 KDI(한국개발연구원) 원장을 역임하며 쉴 새가 없

었다. 인하대학교 국제통상학부 교수로 복귀한 이명박 정부 때도 무역위
원회 위원장 감투를 썼으며, 박근혜 정부 출범 직후부터 대통령 자문 헌
법기구인 국민경제자문회의 부의장을 맡았다가 2015년 2월 만 66세의 나
이에 다시 청와대 정책수석에 임명됐다. 그 역시 4대 정부에 걸친 화려한
변신이다.

박근혜 정부 초대 외교부장관인 윤병세는 노무현 대통령의 마지막 안보정
책수석 출신이다. 그의 청와대 재직 기간은 2006년 12월 1일부터 2008년 2월
24일까지이다. 경기고 서울법대 출신인 그는 이명박 정부 출범 후 서강대
학교 국제대학원 초빙교수와 김&장 법률사무소 고문 등으로 물러나 있었
다. 18대 대선을 앞두고 박근혜후보 캠프의 싱크탱크인 국가미래연구원의
발기인으로 참여했으며 외교통일추진단장을 거쳐 대통령직인수위 외교국
방통일분과 위원을 맡았다. 대통령 한 임기는 쉬었으니 그래도 염치가 있
는 공무원이다.

그러나 이와 같이 관료보다 오히려 문제를 삼아야 할 것은 지식인의 변
신, 아니 변절이다. 친노동자적 성향이 강한 인물로 분류돼온 김대환 인하
대 교수는 서울대와 옥스퍼드대에서 노동경제학을 전공했다. 학술단체협
의회 공동대표, 참여연대 정책위원장을 맡는 등 활발한 사회참여형 학자
였다. 경북 김천 출신이지만 국민의정부 시절 대통령자문 정책기획위원회
경제노동분과 위원장을 맡았으며, 참여정부 때는 대통령직인수위 경제2분
과 간사를 거쳐 두 번째 노동부장관에 기용됐다. 그랬던 그가 2013년부터
박근혜 정부의 노사정위원장을 맡아 정부 주도 노동시장 구조개혁의 사

실상 총대를 메면서 시민사회와 노동계로부터 거센 비판에 직면했다. 특히 2015년 9·15 노사정 대타협에 합의한 한국노총이 4개월 만에 파기를 선언함으로써 그의 입지도 매우 옹색해졌다.

영남대 박사 출신 이인선 계명대 교수는 지방대 핸디캡을 안고 있었지만 식품미생물 분야의 전문적 식견과 다양한 지역연구 활동에 참여한 경험을 인정받은 맹렬 여성이었다. 중앙정부와 정치권에 광범위한 인적 네트워크를 적극적으로 구축하며 계명대 전통미생물자원연구센터를 우수한 연구개발조직으로 키워냈다. 40대 중반의 나이에 마침내 지방대 여성교수 최초로 장관들과 어깨를 나란히 하는 대통령직속 국가과학기술위원회 민간위원에 위촉됐다. 2003년, 지방과 여성을 우대하는 참여정부 때의 일이었다. 이후 그는 기획재정부 지역특구위원회 위원을 거쳐 2007년 9월 제2대 대구경북과학기술원(DGIST) 원장 자리까지 꿰찼다. 2006년 5월에는 김선화 순천향대 공대 교수와 경합하면서 노무현 대통령의 마지막 청와대 정보과학기술보좌관이 될 뻔도 했다.

2008년 2월 이명박 정부 출범에 따라 전임 정부에서 임명된 기관장들이 대부분 교체됐지만, 이 원장은 '영남'을 우대하는 인사에 편승해 임기를 잘 마쳤고 동시에 대통령소속 국가교육과학기술자문회의 자문위원으로 활동했다. 2011년 계명대 대외협력부총장으로 화려하게 복귀한 그는 7개월 만에 한나라당 김관용 경북지사에 의해 도 단위 1호 여성정무부지사로 발탁됐다. 2014년 11월, 직제 개편에 따라 경제부지사로 재임명되었고 2015년 11월 만 4년간의 경북도청 근무를 마치고 정치인으로 변신했다.

2015년 12월 15일 새누리당 20대 총선 예비후보로 등록한 그는 우여곡절 끝에 여성우선 추천(단수 공천)으로 수성(을) 선거구에 출마했다. 박근혜 대통령의 정무특보를 역임한 무소속 3선 주호영 의원을 힘겹게 상대해야 했다. 선거공보에 박 대통령과의 인연을 내세웠으나 전략 미스였다. 대구·경북 총괄선거대책위원장을 맡은 친박 핵심 최경환 전 경제부총리가 현장대책회의 등을 이끌면서 오히려 그는 10%가 넘는 차이로 무릎을 꿇었다. 이인선 교수는 총선 패배 이후 충격을 딛고 곧바로 정치활동을 재개했다. 지역 언론에는 대구경북연구원의 신임 원장 물망에 오르내린다. 노무현-이명박-박근혜 정부로 이어진 이인선 박사의 집요한 권력욕은 어디까지 갈 것인가? 아직 1959년생에 불과한 그의 열정은 여전히 왕성하다.

2015년 8월 서울대 산업공학과 교수직에서 명예 퇴직한 김태유는 서울대 자원공학과를 졸업하고 미국 콜로라도 대학에서 경제학 박사학위를 받았다. 1987년부터 모교로 복귀해 공대와 기술정책대학원에서 강의와 연구를 병행했다. 박사학위는 경제학이지만 에너지·자원, 기술경제, 정보통신정책, 산업정책 등의 분야에 많은 논문과 저서가 있는 융합형 학자이다. '과학기술 중심사회 구축'을 주요 정책과제로 표방한 참여정부는 청와대에 정보과학기술보좌관(차관급) 직제를 처음 설치하고 적임자를 찾았는데 마침 자원경제학회를 이끌며 기술혁신 등을 연구해온 김태유 박사는 좋은 재목이었다.

정순균 대통령직인수위 대변인은 김태유 보좌관이 "과학기술에 대한 소신이 확실하고 특히 여러 부문의 지원을 받아야 하는 정보기술 업무를 수행하는 데도 적임이라고 판단했다."라고 설명했다. 1년간의 청와대 근무를 마친 이후에도 외교부 에너지자원대사, 방송통신융합추진위원회 정책·

산업분과위원장, 대통령직속 국가에너지위원회 위원 등 참여정부는 그에 대한 갖은 배려를 아끼지 않았다. 그러나 지난 19대 총선 때 그는 뻔뻔하게도(?) 새누리당에 비례대표 공천을 신청한다. 물론 보기 좋게 탈락은 했지만 결국 노무현 정부 최대의 인사실패 본보기가 된 셈이다.

이상 몇몇 인물만 살펴봤지만 민주진보에서 보수로, 친이(親李)에서 친박(親朴)으로, 아무리 정권과 정부가 바뀌어도 변함없는 명예욕에 권력 주변을 어슬렁거리는 지식인은 '사계절 지식인'이다. 사계절은 《사계절 사나이》라는 토머스 모어의 삶을 다룬 영화 제목에서 따온 것이다. 이제 그들은 더 이상 상아탑을 지키지 않고 연구에 몰두하지도 않는다. 더 이상 후학들에게 본보기가 되지도 않는다. 그렇다면 그들에게 붙여진 '지식인'이란 명예는 이제는 덜어주어야 하지 않을까?

김만복 국가정보원장
특정지역 편중인사의 결말

노무현 대통령은 당선자 시절부터 지역균형인사를 약속했다. 2003년 1월 27일 대구경북 상공인들과 면담에서 "비서실이나 인수위 인사를 하면 어느 동네 사람 몇 사람 하는 식으로 헤아리기 어렵다. 농림부에 가도, 해양수산부에 가도 인구 비율대로 맞출 수는 없으므로 원칙적으로 인사해 전체적으로 자연스럽게 균형이 맞는 인사가 되도록 하겠다."라고 밝힌 바 있다.

참여정부 초대 내각의 지역적 분포를 살펴보면 총 20명 중 영남 8명(40%), 수도권 4명(20%), 호남 3명(15%), 충청 2명(10%), 기타 4명(20%)이었다.

2003년 2월 27일, 장관 인선 배경 설명을 위해 춘추관을 방문한 노무현 대통령에게 기자들은 특정지역에 몰린 것으로 보인다고 비판했다. 이에 대해 노무현 대통령은 "지역 탕평인사는 인구 비율로 다시 계산하면 적절할 것이다. 그러나 이번 인사가 편중됐다면 다음에 시정하고 그러면 된다. 소수점 이하까지 균형을 맞추려면 아무것도 안 된다."라고 답변했다.

참여정부는 정무직 장차관과 공기업 임원의 출신지 균형을 맞출 때, 그들이 출생한 당시(1949년)의 지역별 인구분포를 고려했다. 그런데 1949년 정부 최초의 인구센서스에서 지역별 인구 비중을 보면 영남 31.4%, 호남 25.2%, 서울경기 20.7%, 충청 15.7%, 강원 5.6% 등이었다.

〈표2〉국민의정부와 참여정부의 주요직위 출신지 비교

(단위 : %)

		영남	호남	서울경기	충청	강원	기타
1949년 인구센서스		31.4	25.2	20.7	15.7	5.6	1.4
국민의 정부	내 각	27.8	23.3	18.9	20	4.4	5.6
	청와대	21	42.1	13.1	9.7	7.9	5.2
	4대권력기관장	25	43.7	6.3	18.7		6.3
참여 정부	내 각	34.2	25	18.4	13.2	2.6	6.6
	청와대	41.2	25.5	17.6	11.7	3.9	
	4대권력기관장	50	21.4	7.1	7.1	14.3	

　노 대통령의 말처럼 실제로 참여정부는 임기 5년 동안 내각의 경우, 지역 균형을 맞추는 인사를 실시했다. 총 76명의 국무위원 중 영남 26명(34.2%), 호남 19명(25%), 서울경기인천 14명(18.4%), 충청 10명(13.2%), 강원기타 7명 (9.2%) 등으로 1949년 인구비중과 비슷한 지역안배가 이루어진 것이다.

　그러나 국가정보원장, 검찰총장, 국세청장, 경찰청장 등 이른바 4대 권력 기관장은 그 절대적 숫자(14명)가 적어서 영남 편중(50%)을 단정하기엔 곤란하지만 청와대의 경우는 전혀 달랐다. 특히 대통령중심제 국가에서 청와대 참모는 비서관의 경우만 하더라도 국무위원 못지않게 큰 힘을 갖는 것이 현실인데 차관급 이상 정무직의 지역 편중은 두드러졌다. 청와대 정무직(비서실장, 정책실장, 안보실장, 수석, 보좌관 등) 총 51명 중 영남 21명(41.2%), 호남 13명(25.5%), 수도권 9명(17.6%), 충청 6명(11.7%), 강원 2명 (3.9%) 등 영남을 상대적으로 우대한 것이다. 더구나 장관급인 비서실장, 정책실장, 안보실장, 국가안보보좌관 직위는 13명 중 과반인 7명이 영남 출신이었다. 93.2% 호남 몰표와 충청권 우세를 바탕으로 집권한 노 대통령으로서는 지역균형인사 약속 파기도 그렇지만 이례적인 영남 챙기기였다. 특히 마지막 내각의 출신지 분포를 보면 선거 주무부처인 행자부장관과 법무부장관 그리고 국정원장과 검찰총장 등을 모조리 영남 출신으로 임명해 17대 대통령 선거를 대비했다. 그런데 결국 노무현 대통령은 이들로부터 대부분 배신(?)을 당하고 말았다. 무엇이 문제였을까?

〈표3〉 참여정부 청와대 정무직 인사현황

직위	이름	출신지	직위	이름	출신지	직위	이름	출신지
비서실장	문희상	수도권	정책실장	이정우	영남	안보보좌관	라종일	수도권
비서실장	김우식	충청	정책실장	변양균	영남	안보보좌관	권진호	충청
비서실장	이병완	호남	정책실장	김병준	영남	안보실장	송민순	영남
비서실장	문재인	영남	정책실장	박봉흠	영남	안보실장	백종천	호남
정무수석	유인태	충청	정책실장	성경륭	영남	안보수석	서주석	영남
민정수석	박정규	영남	정책수석	권오규	강원	안보수석	윤병세	수도권
민정수석	전해철	호남	경제정책수석	김영주	영남	외교보좌관	반기문	충청
민정수석	이호철	영남	경제정책수석	김대유	강원	외교보좌관	정우성	호남
시민사회수석	이강철	영남	사회정책수석	이원덕	영남	국방보좌관	윤광웅	영남
시민사회수석	황인성	영남	사회정책수석	김용익	충남	과학보좌관	김태유	영남
시민사회수석	이정호	영남	혁신관리수석	이용섭	호남	과학보좌관	박기영	호남
시민사회수석	차성수	수도권	혁신관리수석	차의환	영남	과학보좌관	김선화	충청
인사수석	정찬용	호남	홍보수석	이해성	영남	경제보좌관	정문수	호남
인사수석	김완기	호남	홍보수석	조기숙	수도권	경제보좌관	김용덕	호남
인사수석	박남춘	수도권	홍보수석	이백만	호남	NSC사무차장	이종석	수도권
인사수석	정영애	영남	홍보수석	윤승용	호남	홍보수석	천호선	수도권

– 단 비서실장, 정책실장, 안보실장 및 안보보좌관은 장관급임

사실 50년 만의 호남 정권을 창출한 김대중 대통령조차 내각은 27.8%
대 23.3%로 영남이 호남보다 약간 더 많았다. 반면에 '힘 있는 자리'로 여
겨지는 청와대 비서실장·수석 직위는 총 37명 중 호남이 16명(43.2%), 영
남이 9명(24.3%)으로 참여정부와는 정반대였다. 즉 호남 대통령은 호남 참
모를, 영남 대통령은 영남 참모를 선호한 것이다. 그런데 재미있는 현상은
영남 편중 인사로 비판받고 있는 박근혜 정부(2015년 말 현재)가 청와대 정
무직(비서실장·안보실장·수석) 총 32명 중 12명(37.5%)만을 영남으로 기용
해 상대적인 지역균형을 유지하고 있다는 점이다.

새누리당은 2015년 12월 7일 최고위원회의에서 김만복 전 국가정보원장
에 대한 당원 제명(안)을 의결했다. 이에 앞서 김 전 원장은 새누리당 서울
시당으로부터 '탈당 권유' 조치를 받고 중앙당에 이의신청했다. 새누리당이
김 전 원장을 징계한 사유는 "2015년 10·28 재·보궐 선거 당시 부산 기장
군 새정치연합 후보를 지원한 중대한 해당 행위를 했다."는 것이었다. 한편
김 전 원장은 같은 해 8월 27일 팩스를 통해 새누리당에 입당한 사실이 뒤
늦게 알려져 SNS를 뜨겁게 달군 바 있다.

김만복은 2006년 11월 노무현 대통령에 의해 국정원 개원 45년 만에
최초로 내부 승진 케이스로 원장에 발탁되면서 세간의 이목을 받았다.
2007년 노 대통령의 10·4남북정상회담을 수행했고, 2015년 10월에는 이재
정 경기도교육감, 백종천 전 청와대안보실장과 함께 《노무현의 한반도 평
화구상》이란 책을 내놓기도 했다. 그랬던 그의 변신을 많은 사람들이 의아
하게 여기고 있다. 그는 과연 참여정부의 대표적인 변절자인가?

참여정부 초대 국정원 기조실장을 지낸 고 서동만의 증언에 의하면 1978년 5월, 서울대 시위로 관악경찰서에 연행돼 갔을 때 김만복이 취조실로 찾아와 "다음 시위주동자가 누구인지만 귀띔해 달라"고 회유했다고 한다. 유종일 KDI 교수는 "김만복은 일찍이 서울법대를 나와 중앙정보부 직원이 되는, 당시로선 매우 희한한 선택을 했다. 나의 형 유종성과 형 친구이자 나의 동지였던 서동만 등을 탄압하는 데 앞장섰다.

참여정부 출범과 더불어 서동만은 국정원 기조실장에 기용되어 개혁작업에 착수했다. 하지만 1년을 버티지 못하고 잘렸고, 그 자리에 김만복이 왔다. 그 후 김만복은 국정원장을 지냈고, 속이 문드러진 서동만은 암으로 죽었다."라면서 탄식했다. 이와 관련해, 김만복은 2006년 11월 국회 인사청문회에서 원혜영·박명광·선병렬 등 당시 열린우리당 의원들의 학원사찰 전력에 대한 질문에 "부끄럽지만 인정한다. 유감을 표명한다."며 공식 사과했다.

김만복을 두고 "능력에 비해 너무 큰 자리에 앉았기 때문"이라는 평가가 많다. 2006년 10월 김만복이 차기 원장으로 내정될 움직임을 보이자 전임자인 김승규조차 "내부 인사 발탁은 시기상조"라고 반발할 정도로 우려가 적지 않았다.

1974년 중앙정보부에 들어간 그는 공채 동기들에게 밀려 이렇다 할 요직을 맡지 못했다. 심지어 1999년에는 "그만두라"는 얘기와 다름없는, 세종연구소 파견근무를 하기도 했다. 그러나 이때 북한연구실장이던 이종석과 대북정보를 교환하면서 돈독한 관계를 유지했던 그는 이종석이 참여정부 출범 후 청와대 외교안보라인 실무책임을 맡게 되자 덩달아 출세를 하게 됐다. 계급정년 제도에 따라 퇴출되기 직전인 2급 단장이던 김만복은 청와대 NSC(국가안전보장회의)로 파견을 가며 1·2급 공통보직인 정보관리실장으로 영전했고, 지휘라인의 1급 부서장도 거치지 않은 채 국가정보원 기조실장으로 돌아왔다. 그로부터 1년도 안 돼 1차장으로 승진했고, 다시 국정원장이 됐다. 군에 비유하자면 준장 내지 소장이 3년 남짓한 기간에 사단장 등 주요 지휘관을 거치지 않고 참모총장이 된 것이다.

국가정보기관의 수장에 오른 김만복은 각종 부적절한 처신으로 끊임없이 사람들의 입방아에 올랐다. 김 국정원장은 취임 직후 청와대 실세 비서관과 행정관들을 내곡동 관사에 초청해 연회를 여는 등 처음부터 정치적 행보를 보였다. 관사 뜰에 옮겨 심은 '벼락 맞은 대추나무'가 행운을 가져준다며 참석자들에게 기념촬영을 권하기도 했다. 특히 그가 '최악의 국정원장'으로 기록된 것은 2007년 9월 아프가니스탄 인질 석방을 위해 직접 탈레반과의 협상에 나섰을 때였다. 비밀요원인 '선글라스 맨'을 세워놓고 자신의 공적을 내세운 자화자찬성 보도자료를 뿌려 세계 정보기관의 웃음거리가 됐던 것이다. 총선 출마를 염두에 둔 서투른 언론 플레이였다.

고향인 부산 기장군 주민들을 국정원에 견학시키고 출신학교 동창회 홈페이지에 자신의 휴대폰 번호를 공개하는 등 부적절한 행동은 계속 이어졌다. 심지어 2007년 대선을 하루 앞두고는 북한을 방문해 "이명박 후보의 당선이 확실하다."고 김양건 통일전선부장에게 귀띔하는 '자기 정치'까지 했다.

김만복을 포함, 당초 국정원장 후보에 오른 3인은 이종백 전 부산고검장과 윤광웅 전 국방부장관 등 모두 PK지역 인사였다. 이종백은 노 대통령과 사시 17회 동기로 제척 대상이었고, 윤광웅 역시 노 대통령의 부산상고 선배여서 처음부터 배제 대상이었다는 게 당시 박남춘 인사수석의 발언이다. 따라서 김만복은 3배수에 오르는 순간 이미 국정원장 확정이었다.

노무현 대통령이 교체하려고 했던 전임 김승규 원장은 관리형으로, 출신지는 호남이었지만 특별히 정치적이지는 않았다. 반면에 김만복은 지역 배경을 등에 업고 가장 정치화된 원장이었다. 진보언론의 우려도 참여정부가 추진해온 국정원 개혁이 사실상 원점으로 되돌아가는 것이 아닌가 하는 것이었다. 실제로 국정원 근무 중 다양한 정치적 행보를 보여 온 김만복은 2012년 19대 총선 출마를 위해 준비했으나 선거법 위반 논란으로 중도에 포기했다. 2016년 20대 총선은 새누리당에서 당원 제명을 받음에 따라 무소속 예비후보로 등록했다. 그는 후보 등록을 앞두고 당선 가능성이 낮다는 판단으로 새누리당 안경률 전 의원에 대한 지지를 선언했다. 안경률 전 의원도 당내 경선에서 윤상직 전 산업통상자원부 장관에게 패배했다.

2013년 10·30 경북 포항남·울릉 재선거에서 새누리당으로 당선된 박명재 의원은 참여정부 마지막 행정자치부장관이었다. 박명재는 옛 총무처 출신으로 참여정부 초대 중앙공무원교육원장(차관급)으로 기용됐다. 2006년 4기 지방선거 당시 열린우리당 경북지사 후보로 차출되어 23.2%의 저조한 득표율로 참패했다. 하지만 낙선 6개월이 채 되지 않았을 때 행자부장관에 발탁됨으로써 보은 인사라는 비판을 받았다. 그러나 박명재는 17대 대선 이후 정권 인수인계 과정에서 무임소 국무위원으로 이명박 정부에 적극 협력했고, 이후 차의과대학교 총장으로 선출되는 등 여전히 승승장구했다.

그 역시 정치권 진입을 위해 한나라당의 문을 두드렸으나 예상 밖으로 문턱이 높았다. 2012년 19대 총선 당시 새누리당에 공천을 신청했지만 참여정부 경력 때문에 입당이 거부돼 무소속으로 출마한 바 있다. 하지만 18대 대선을 앞두고 박근혜 후보의 대외협력특보를 맡으며 드디어 여당 품에 안기는 꿈을 이뤘다. 2013년 재선거 공천 과정에서는 NLL과 관련한 폭탄발언을 하기도 했다. 한 언론과의 인터뷰에서 "참여정부에서 대통령기록물의 봉하마을 유출을 반대했지만, 당시 청와대 측이 강행했다. 대통령기록물은 생산부서가 직접 국가기록원장에게 넘기도록 돼 있다. 그러나 당시 청와대는 이걸 넘기지 않고 봉하마을에 가지고 갔다."라는 황당한 주장을 폈던 것이다.

그런데, 정말 이상한 부분이 있다. 만약 박명재 의원의 주장이 사실이라면 스스로 직무를 유기했음을 밝힌 셈이 되는 것이다. 당시 '대통령기록물에 대한 관리는 국가기록원장이 행자부장관의 명을 받아 소관업무를 처리하고 소속 공무원을 지휘·감독'하도록 돼 있었다. 또한 '대통령기록물이 공공기관 밖으로 유출될 경우 이를 회수하거나 이관받기 위해 필요한 조치를 강구해야 한다'고 명시돼 있었다. 그러나 박명재는 당시 주무 장관으로서 이를 회수하거나 이관받기 위한 필요한 조치를 전혀 취하지 않았다. 특히 그의 주장대로라면 그는 대통령기록물의 봉하마을 불법 유출 사실을 사전에 알고 있었다. 더구나 지난 18대 대선 당시 이 문제로 정국이 떠

들썩했을 때에도 끝까지 침묵을 지켰던 그가 새누리당 공천이 임박해서야 이런 발언을 쏟아낸 저의가 의심된다. 결국 공천을 따내기 위한 처절한 몸부림이라고 비난한 민주통합당의 주장에 무게가 실리는 대목이다. 한편 20대 총선에서 그는 더불어민주당 후보가 출마를 포기한 행운까지 겹쳐 70%가 넘는 득표율로 재선의원이 됐다.

2006년 8월 법무부장관에 김성호 국가청렴위원회 사무처장이 발탁됐다. 박남춘 인사수석은 브리핑에서 "문재인 전 민정수석의 경우 국정운영에 부담을 주기 싫다고 고사했다. 노 대통령은 국정현안이 산적한 상황에서 김성호 사무처장으로 결론을 내린 것"이라고 설명했다. 문재인 대신 긴급 투입된 김성호에 대해 청와대는 "검찰과 청렴위에서의 경험을 바탕으로 사법개혁법안 입법을 추진하는 등 법무부의 현안을 잘 마무리해나갈 것으로 기대한다."라고 밝혔다.

경남 남해 출생인 김성호는 사시 16회로 서울지검 특수 2·3부장을 거쳐 춘천·청주·대구 지검장을 끝으로 검찰복을 벗었다. 전두환·노태우 비자금 사건을 비롯해 굵직한 권력형 비리 사건을 다룬 특수수사통이었다. 춘천지검장 시절 〈공직 부패 방지를 위한 제도개선에 관한 연구〉로 박사 학위를 받는 등 부패 방지에 관심을 기울였고, 2004년 1월 국가청렴위 사무처장에 임명됐다.

그러나 당시 청와대가 금지한 주류언론과의 소신 접촉 등 정부와 갈등을 빚다 대선 3개월을 앞두고 부임 11개월 만에 직을 물러났다. 그랬던 그가 장관 경질에 앙심을 품기라도 했던 듯 이명박 정부가 들어서자마자 초대 국정원장으로 임명이 됐고, 2010년에는 한나라당 경남도지사 공천을 받으려 동분서주했다. 아마도 김성호라는 인물은 처음부터 참여정부와는 DNA가 다르지 않았을까 싶다.

장관 재직 중에도 그는 참여정부 국정철학과는 다른 친기업적인 발언을 쏟아냈다. "분식회계를 자진 신고하는 기업은 형사 처분을 면제해야 한다." "불법파업으로 이익을 얻을 수 없도록 '뜨거운 난로에 손을 대면 델 수밖에 없다'는 것을 보여주겠다." 등의 발언으로 노조와의 관계를 중시하는 청와대의 심기를 건드렸다. 또한 국회 대정부 질문에서는 "공직선거법의 공무원 선거중립 의무조항이 위헌이라고 생각하지 않는다."라고 답변해 노 대통령을 곤혹스럽게 했다. 중앙선관위가 선거법 9조 조항을 들어 노 대통령의 선거 관련 발언에 제동을 걸자 청와대에서는 위헌 요소가 있다며 헌법소원을 내겠다는 방침을 이미 밝힌 상태였다.

김성호는 변호사로 돌아간 뒤 기업으로부터 15억원의 출연금을 받아 재단법인 '행복세상'을 만들고 친기업적 활동을 함으로써 국정원장 청문회 때 논란이 됐다. '행복세상'은 친기업적 환경을 만들기 위한 법과 제도개선에 목적을 둔 재단이었다. 이명박 대통령은 후보 시절 "(고대 후배인) 김성호가 나를 지지하기로 했다."는 발언을 해서 파장을 일으키기도 했다. 기업 프렌들리인 이명박 정부의 초대 국정원장으로 발탁된 이유가 비로소 밝혀지는 순간이었다.

김성호의 차남은 '신증후군'으로 병역면제를 받았다. 전문가들에 따르면 약을 끊으면 6개월 이내에 재발이 잘 되는 질병이라고 한다. 그런데 2006년 장관 인사청문회와 2008년 국정원장 청문회 때, 차남은 병역면제를 받은 뒤 8~10년 동안 치료를 위해 병원을 찾은 적이 한 번도 없다고 해서 논란이

165

됐다. 즉, 2006년 법무장관 임명 당시부터 부실 인사검증 의혹이 있는 것이다. 김성호가 특정지역(PK) 출신이 아니었다면 과연 참여정부 청와대 민정수석실의 거미줄 검증을 통과할 수 있었을까?

이상 대표적인 경우를 살펴봤지만 정권과 정부가 바뀌어도 변함없는 권력욕과 감투 욕심에 조금의 주저함도 없이 청와대와 국회의사당 언저리를 헤매는 고위 관료들이 진짜 문제다.

기회주의적인 사람들은 관료만 있는 것이 아니다. 정치권, 특히 부산경남에 적지 않다. "호남은 선출직에 도전해도 90%는 당선되지 않습니까? 영남은 지역주의의 벽이 두텁기 때문에 여기에 도전하는 사람들은 어떻게든 도와주어야 합니다. 정부와 청와대의 고위직, 공기업의 경력관리용 자리를 만들어주어서 총선에 출마할 수 있도록 해야 하겠습니다."

노무현 대통령은 영남 편중 인사에 항의(?)하러 갔던 호남 출신 열린우리당 고위인사에게 이런 말을 한 적이 있다.

그러나 2007년 대통합민주신당의 정동영 후보가 역대 대선 사상 전무후무한 530만표 차이로 참패를 당하자 노 대통령이 등용한 영남지역 인사들은 4개월 후 치러진 18대 총선을 철저하게 외면했다. 참여정부에서 국무위원과 4대 권력기관장, 청와대 정무직을 역임한 영남출신 53명(중복 제외) 중 단 1명도 출마를 하지 않은 것이다. 이에 따라 통합민주당은 영남에서 지역구 후보를 제대로 구하지 못해 영남지역 68개 선거구 중 무려 46개 선거구의 투표용지를 공란으로 처리할 수밖에 없었다. 그런데 2009년 노 대통령 서거와 2010년 야당의 지방선거 압승 및 2011년 민주통합당 통합으로 승리 가능성이 높아지자 정치권을 떠났던 부산지역 참여정부 인사들이

2012년 19대 총선 때 다시 몰려들더니 4년간 죽도록 고생한 원외위원장들을 제치고 전원이 단수공천을 받아냈다.

부산경남지역 2004년 17대 총선 출마자 6명은 낙선 이후 공공기관장(4명) 및 청와대 비서관(2명)으로 기용된다. 이 가운데 2명은 2008년 18대 총선을 탈당과 함께 무소속으로 도전한다. 불리한 선거구도 때문이었다. 나머지는 18대 총선을 아예 외면했다. 그러나 2012년 19대 총선 전세가 역전되자 1명을 제외한 5명이 민주통합당으로 되돌아와 출마하고 낙선했다. 또한 19대는 야권의 호조건 속에서 부산경남지역 참여정부 대통령비서실 출신 인사 3명이 처음으로 총선에 출전한 경우도 있었다.

2016년 20대 부산경남지역 야당돌풍의 선두주자는 부산 북·강서(갑) 전재수 의원이다. 그는 중앙무대에는 잘 알려지지 않은 정치신인이다. 노무현 대통령직인수위 행정관을 거쳐 청와대 제2부속실장 등을 지냈다. 그의 장점은 착실하게 선거판을 다져온 지역밀착형이라는 데 있다. 2006년부터 시작한 지역주의 도전사가 마침내 3전 4기를 일구어낸 것이다. 2006년 지방선거 당시 여당인 열린우리당의 참패가 예상됐음에도 청와대 행정관직을 던지고 기꺼이 북구청장 선거에 첫 출마해 32.8%를 득표했다.

2008년 18대 총선은 통합민주당의 대패가 예고된 가운데 만37세의 전재수는 참여정부에서 청와대 비서관직 이상을 지낸 인물로는 유일하게 영남지역에서 출마해 38.5%의 득표율을 올린다. 19대 때도 그는 박민식 전 의원을 상대로 두 번째 맞대결을 펼쳐 47.6%를 득표했으나 석패했다. 4년 동안 신발끈이 닳도록 지역을 누빈 전 의원은 55.9% 득표율로 20대 총선을

167

돌파했으니 부산지역 당내 최고였다.

　전재수 의원이 제2부속실장으로 근무하던 노무현 대통령 임기 말, 청와대에는 장관급인 메이저 3실장(비서실장, 정책실장, 안보실장)과 이에 버금가는 마이너 3실장(국정상황실장, 제1부속실장, 제2부속실장)이 있다고 사람들은 수군거렸다. 메이저 3실장은 이병완 비서실장(호남), 성경륭 정책실장(경남), 백종천 안보실장(호남) 등이고 비서관인 마이너 3실장은 이호철 국정상황실장(부산), 문용욱 제1부속실장(제주), 전재수 제2부속실장(경남) 등이었다. 문용욱 실장은 우연히도 진주 대아고를 졸업했다. 6실장을 통틀어 18대 총선에 출마한 이는 전재수 의원뿐이다.

　따라서 문제를 삼아야 할 것은 오히려 이와 같이 부산경남지역 정치권 인사들의 비겁한 행태이다. 비록 낙선에 낙선을 거듭하더라도 지역주의에 도전해온 '노무현 정신'을 계승하겠다는 생각은커녕 유·불리를 먼저 따지는 일부 영남 정치인들의 기회주의적 처신이 진짜 문제다.

이사모
과학기술 인사개혁의 산실

권오갑 박사. 서울대 금속공학과를 졸업하고 행정고시 21회를 거쳐 줄곧 과학기술부에서 근무했다. 미국 조지워싱턴대 과학기술정책학 박사로 참여정부 초대 과학기술부 차관을 역임했다. 경기 고양시 출신이며 열린우리당이 영입한 정부 고위인사로는 최초로 고양 덕양(을) 경선에 나서서 최성 후보에게 패배했다. 2004년 4월 한국과학재단(현 한국연구재단) 이사장으로 임명되어 3년 임기를 잘 마쳤다. 2010년 10월에는 교육과학기술부와 경기도가 지원해 설립한 한국나노기술원의 3대 이사장으로 추대됐다. 2015년 2월, 과학기술계에 근무한 700여 명의 고경력 과학기술자들이 모인 과우회 회장에 선출돼 왕성한 활동을 이어가고 있다.

금동화 한국과학기술연구원(KIST) 책임연구원. 서울대 금속공학과를 졸업하고 국비 유학생으로 선발되어 미국 스탠퍼드대학에서 재료공학 박사학위를 취득했다. 정부의 해외 과학자 유치사업에 자원해 1985년 KIST에서 첫발을 내디뎠다. 이후 KIST에서만 잔뼈가 굵은 대표적인 연구계 인사로, 한국과학기술기획평가원(KISTEP) 연구기획관리단장, KIST 부원장 등을 역임했고 2006년 4월 내부 발탁 케이스로 KIST 원장에 취임했다. 2005년 전자현미경학회 회장, 2007년 대한금속·재료학회 회장, 2011년 한국공학한림원 부회장을 맡기도 했다. 2010년 국가과학기술위원회 위원에 위촉됐다. 현재 KIST 연구위원으로 근무 중이다.

김병식 동국대 교수. 연세대 화학공학박사 출신으로 1979년부터 동국대에서 근무했다. 한국공학교육인증원 인증사업단장을 맡아 대학 공학교육 혁신을 주도한 공로를 인정받아 2004년 노무현 대통령으로부터 과학기술 훈장 진보장을 수상했다. 8~9기 국가과학기술자문회의 과학기술기반확충 분과위원장 및 2004~2006년 정책기획위원회 위원 재임 중 동국대 부총장 승진의 영예를 안았다. 이후 2006년 과학기술부 산업기술연구회 이사, 2007년 한국과학문화재단 이사, 2008년 광주과학기술원 이사 등 정부 일에 계속 참여했다. 탁월한 경영능력을 인정받아 2009년 초당대학교 총장에 초빙되었으며 2013년 연임됐다. 현재 명예 총장으로 재임 중이다.

박창규 한국원자력연구소 원자력수소사업추진단장. 서울대 원자력공학과를 졸업하고 미국 미시건대에서 원자력박사학위를 취득했다. 1989년 원자력연구소에 입소해 원자력안전연구부장, 응용연구그룹장, 미래원자력기술개발단장, 선임단장 겸 신형원자로개발단장 등 주요 보직을 두루 거쳤다. 2005년 4월 내부 승진 케이스로 16대 원자력연구소 소장으로 취임했다. 소장 재직 중 3대 한국원자력국제협력재단 이사장에 당선되었고, 대덕연구개발특구기관장협의회 회장과 한국위험통제학회 회장에도 선출됐다. 정권이 바뀐 2008년 5월에는 국방과학연구소 소장에 임명돼 3년 임기를 잘 마쳤고 현재는 포스텍 초빙교수로서 후학을 양성하고 있다.

송하중 경희대 행정대학원장. 서울대 금속공학과를 졸업했으나 '전공'을 바꿔 행정대학원에 진학했다. 미국 유학길에 올라 하버드대에서 정책학 석·박사 학위를 취득하는 등 독특한 이력의 소유자다. 한국행정연구원 수석연구원을 거친 행정개혁 전문가이며 1996년부터 경희대 행정학과 교수로 재직 중이다. 국민의정부 시절 정책기획위원회 위원과 행정개혁위원회 위원 등으로 정부 자문활동에 참여했다. 참여정부 때도 8기 국가과학기술자문회의 자문위원과 행정자치부 인력운영자문단 위원장 등을 역임했다. 2005년 8월 참여정부 3대 정책기획위원장(장관급)에 임명됐다. 행정학 교수 출신으로는 이례적으로 2010년 한국공학한림원 회원이 됐다.

오세정 서울대 자연과학대학장. 경기고 수석 졸업, 예비고사 수석, 서울대 수석 입학(물리학과 71학번) 등 '3관왕' 출신으로 미국 스탠퍼드대 박사과정 자격시험 1등까지 휩쓴 수재다. 1984년 모교 교수로 부임해 연구에 전념하며 1998년 한국과학상을 수상했다. 그러다 돌연 과학행정가로 변신했다. PBS(연구과제중심제) 제도가 연구활동을 방해하고, BK21사업은 SCI논문 게재건수로 연구실적을 평가한다는 이유 때문이었다. 국민의 정부 시절 학술진흥재단과 국가과학기술자문회의 등에 참여, 정부의 과학정책을 바로 잡는 일을 해왔다. 참여정부에서도 정책기획위원회 위원, 8~9기 국가과학기술자문회의 자문위원, 교육부 BK21사업단 기획위원장 등을 맡았다. 2011년 11월 이명박 정부에서 한국연구재단 이사장을 거쳐 5년 임기의 기초과학연구원장에 임명됐으나 2년 만에 모교 총장직 도전을 위해 사퇴했다. 2015년 말에는 과학기술 분야 시민운동단체인 '바른 과학기술 사회 실현을 위한 국민연합(과실연)' 상임대표로 선출됐다. 2016년 총선 때는 과학기술혁명을 표방한 국민의당(비례대표)에 영입돼 국회의원으로 변신했다.

윤정로 KAIST 교수. 박창규 전 한국원자력연구소 소장과 부부 사이다. 서울대학교 사회학과를 졸업하고 하버드대학에서 석·박사학위를 받았다. 1991년부터 KAIST에서 과학사회학을 가르치고 있다. 2001년 6기 국가과학기술자문회의 자문위원을 시작으로 한국과학재단 이사, 대구경북과학기술원 이사 등 과학기술 분야에서 활발한 정부 자문활동에 참여해왔다. 2014년 말에는 한국기초과학연구원 이사로 선임됐다. 2006년에는 여성 최초로 KT이사회 의장에 선출되기도 했다. 《과학기술과 한국 사회》《남성의 과학을 넘어서》《과학기술 정책수단의 사회제도화 과정》등 과학과 사회학을 접목한 여러 권의 저서를 펴낸 융합형 학자이다.

최영락 한국과학기술정책연구원(STEPI) 원장. 과학기술계의 대표적인 비주류이다. 서울대 임학과와 행정대학원을 나왔다. 덴마크 로스킬드대학에 유학, 과학기술정책학 박사학위를 취득했다. 귀국 후 한국과학기술연구원(KIST) 정책기획실장 등으로 일했고 2002년 한국과학기술정책연구원 원장에 임명됐다. 참여정부 정책기획위원회 위원, 8~9기 국가과학기술자문회의 자문위원 등으로 활동하며 과학기술혁신본부 본부장(차관급) 물망에도 올랐다. 2005년 4월, 한국항공우주연구원 등 8개 정부출연 연구기관을 담당하는 공공기술연구회 이사장에 임명됐다. 2013년 2월부터는 아프리카 에티오피아 과학기술부 자문관으로 구슬땀을 흘리고 있다.

이상에서 열거한 8명은 일명 '이사모' 즉 '이인식을 사랑하는 사람들의 모임'을 구성하는 핵심 멤버들이다. 전직 차관부터 대개 차관 출신이 낙하산 (?)으로 가는 정부 산하 기관장, 그리고 장관급 직위에 이르기까지 다양한 구성들을 보면 이인식이 도대체 얼마나 대단한 사람이기에 그의 팬덤까지 구성됐을까 궁금해진다. 과연 이인식은 누구인가?

2004년 2월 23일 나는 인사수석실 발령을 받았다. 전입인사를 하러 인사수석실에 들어서니 정찬용 수석이 전화번호가 담긴 메모지를 내밀었다. 나중에 알고 보니 바로 이인식 소장이 작성한 것이었다. 정 수석도 과학기술계 인사가 매우 불편부당하게 이루어지고 있다는 사실을 익히 알고 있는 눈치였다. 이를 시정하기 위해 다각도로 고민하던 중 새로운 행정관인 나를 투입, 업무를 맡기려 한 것이다. 그러나 나는 인문대학 출신으로 정치권에 들어와서도 정무 내지 조직업무에만 익숙했던 터라 사실 과학기술분야 인사에 대해서는 두려움도 없지 않았다.

용기를 내어 전화를 걸었다. 이튿날 광화문 〈조선일보〉 인근 2층 커피숍에서 '과학문화연구소 소장 이인식'이라는 명함을 처음 건네받았다.

우리나라 나이로 예순, 초로의 신사는 매우 빠른 말투로 자신의 생각을 하나하나 풀어나갔다. "첫째, 정치과학자들이 득세하고 있다. 연구실에 틀어박혀 연구에만 매진해야 하는데 자그마한 기관장 감투 하나라도 차지하기 위해 쟁탈전을 벌인다. 과학기술부 산하에만 무려 30여 개 기관장 자리가 있는데, 대부분 정치과학자들 차지다. 이는 정권이 바뀌어도 전혀 시정되지 않는다. 둘째, 패거리문화가 뿌리 깊게 박혀 있다. 분야별로 계보가 너무 많고 연구비, 보직 등을 둘러싼 암투가 횡행한다. 투서를 가장 많이 하는 집단이 바로 과학기술자들이다. 셋째, 정부 출연 연구소 과학자들은 코스트 개념이 없다. 수조 원의 국민 혈세를 물 쓰듯 한다."

생각보다 과학기술계는 심각했다.

오래전부터 정치과학자들의 행태를 못마땅하게 여기고 있던 이인식 소장과 과학기술분야 인사개혁 미션을 부여받은 나는 이날부로 의기가 투합했고, 나는 이 소장을 개인적인 과학기술 인사 자문역으로 모셨다. 지식인들 사이에서 비저너리(Visionary·비전을 제시하는 선지자)로 통하는 이 소장은 과학기술계뿐만 아니라 여타 분야에 있어서도 조예가 깊었다. 특히 누구든 이름만 대면 어느 신문, 어느 잡지에 국정철학과 찬성 또는 반대되는 칼럼을 기고한 사실을 짚었고 이는 청와대 '인사추천회의'의 '인물 평가서'에 고스란히 반영됐다.

그런데 이인식 소장은 혼자가 아니었다. 성공적인 인생 2모작의 귀감으로 종종 소개되면서 적지 않은 팬을 확보하고 있는 과학기술계의 꽤나 유명인사였다. 위에 열거한 인물들은 대표적인 이사모 인사들이고, 수십 명의 인사들이 그의 주변에 모였다. 나는 바쁜 청와대 업무 때문에 정기적 만남을 할 수 없었지만 이사모 모임에 자주 얼굴을 내밀었고 이 소장과 그 멤버들로부터 많은 인사정보들을 얻어들을 수 있었다.

이사모는 그 자체로도 과학기술 개혁인사의 데이터베이스(DB)였다. 장관(급) 1명, 정부출연 연구기관을 관장하는 공공기술이사장 1명, 내부 승진 연구소장 2명, 과학기술부 산하기관장 1명과 각종 정부 자문위원회 위원들을 숱하게 배출했다. 이밖에도 여성이자 지방대 교수 출신으로 참여 정부 3대 청와대 정보과학기술보좌관으로 임명된 김선화, 지방대 박사학위 출신으로 한국과학기술정보연구원(KISTI) 원장에 연임된 조영화 등 수많은 인사자문을 받았다. 또한 일개 3급 행정관이 감히 과학기술부총리에게 인사문제를 놓고 대들 수 있었던 것도 개혁인사를 바라는 이사모의 힘 덕분이었다.

1945년 해방둥이로 광주에서 태어난 이 소장은 광주서중과 광주제일고를 졸업했다. 6세 때 부모를 잃고 할아버지 손에서 자랐다. 문학을 좋아했지만 눈물을 머금고 취직이 잘 되는 서울대 전자공학과 진학을 선택했다. 1960년대 당시 전자공학과는 서울대에서 커트라인이 가장 높은 인기학과였다. 가정교사 등을 하면서 간신히 졸업장을 움켜쥔 그는 해군 통신장교로 3년을 복무한 뒤 럭키금성(현 LG)에 자리를 잡았다. 그러나 그의 능력을 눈여겨본 허진규 회장이 처남 김홍식(김황식 전 총리의 친형) 전무를 보내 1년 가까이 설득, 1982년 일진그룹으로 옮겨가 만 36세에 별(이사)을 달았고 컴퓨터 사업을 맡았다.

소설가를 꿈꾸던 문학청년은 대학 졸업반이던 1967년 〈대학신문〉에 단편소설이 입선되기도 했지만 취직과 동시에 꿈을 접었다. 그러나 1975년 7월 럭키금성 김용선 전무의 도움으로 〈다섯 통의 편지로 이루어진 소설〉〈누나를 위하여〉 등 9편의 단편을 묶은 272쪽짜리 《환상귀향》(幻想歸鄕)이라는 창작집을 출간, 발매 1주일 만에 1쇄가 매진되기도 했다. 그는 타고난 천재 글쟁이였다.

인생의 전환점을 가져온 건 1991년 가을, 그의 나이 46세 때였다. 우연히 미국 인지과학자 더글러스 호프스태터의 처녀작 《괴델, 에셔, 바흐》라는 책을 보고 큰 충격을 받았다. 논리학자 괴델, 화가 에셔, 작곡가 바흐가 서로 어떻게 지성적으로 융합돼 있는지 분석한 책이었다. 이 책을 써서 퓰리처상을 받은 저자는 그와 동갑이었다. 1979년에 출간됐으니 34세의 나이에 대작을 내놓은 셈이었다.

동갑내기가 이런 명작을 쓸 때 뭘 하며 살았는가 하는 허무한 생각이 들었다. 그래서 아무런 준비도 없이 덜컥 사표부터 냈다. 퇴직금을 몽땅 털어 1992년 7월 월간 〈정보기술〉이라는 잡지를 창간했다. 해외 기술 동향을 실시간으로 소개했는데, 인기가 대단했다. 그러나 영업부서에서 광고 수주를 하지 못해 2년 만에 문을 닫고 말았다.

이인식 소장은 명실공히 대한민국 과학칼럼니스트 1호다. 〈정보기술〉의 운영이 잘 안 되면서 부업으로 시작한 일이었다. 글쓰기라면 누구보다 자신이 있던 터였다. 1992년 4월 〈월간조선〉에 첫 기명 칼럼을 썼다. 나노기술을 국내에 처음 소개하는 글이었는데, 당시만 해도 한국 과학자들은 나노기술을 웃기는 발상이라고 폄훼했다. 유비쿼터스 컴퓨팅, 인공생명, 신경컴퓨터 등도 모두 그가 국내에 처음 소개한 주제들이다.

그 후 〈조선일보〉 등 각종 신문에 530편, 〈월간조선〉 등 잡지에 170편 등 700편 이상의 고정칼럼을 연재했다. 2011년 일본 산업기술종합연구소의 월간지 〈PEN〉에 나노기술 칼럼을 연재해 국제적인 칼럼니스트로 인정받기도 했다. 저서는 47종(기획 공저 14종 포함)이 있으며 중·고교 교과서에 20여 편의 글도 수록됐다. 제1회 한국공학한림원 해동상, 제47회 한국출판문화상, 2006년 〈과학동아〉 창간 20주년 최다 기고자 감사패, 2008년 서울대 자랑스러운 전자동문상을 받은 바 있다.

이 소장은 1995년부터 프리랜서로 활동해왔다. 월 고정급여 한 푼 없이 오로지 인세, 원고료, 강연료 수입만을 가지고 두 아들의 대학 학비를 댔다. 이 과정에서 우리나라에만 만연한 학위 없는 설움도 톡톡히 당했으나 이를 실력으로 당당히 극복해냈다. 그는 새벽 3시 반이면 어김 없이 잠에서 깨어나 뉴욕과 런던, 그리고 베를린 등지에서 일어나는 세계 최첨단 과학기술 동향을 실시간으로 점검한다. 더불어 과학기술과 나란히 가는 세계 경제의 흐름까지 일목요연하게 살피는 일도 빼놓지 않는다. 비록 그에게는 서울대 학사학위가 전부지만, 대학원생들 논문에 숟가락을 얹는 일부 몰지각한 교수들보다는 열 배 백 배 실력을 더 인정받는다. KAIST가 그에게 겸직교수 대우로 모셔서 꽤 오랫동안 '융합'에 대해 강의하도록 한 것도 이 때문이다. 지금은 "공부도 잘 안 하는 학부 학생들에게 기대할 것이 별로 없고 대전까지 왕복하기 힘들어서 그만두었다."고 한다. 융합에 대해 KBS 1TV 50분 강연 등 정부기관, 학교, 연구소, 기업 등에서 250회 강연활동을 펼쳐 국내 유일의 '융합전도사'로 불리기도 한다. 참으로 기인은 기인이다.

나는 이인식 소장의 천재적인 능력을 아깝게 여겨 8대 국가과학기술자문회의 자문위원으로 추천했다. 2004년 6월 30일 이 소장은 과학기술부장관과 청와대 정보과학기술보좌관이 각각 부의장과 간사위원으로 참여하는 자문회의에 노무현 대통령(의장)으로부터 민간위원 위촉장을 받았다. 그는 유일한 비박사·비전문가 케이스로 발탁되었지만, 5개 분과 중 선임분과인 과학기술발전전략분과의 첫 자리에 이름을 올려놓았다. 노 대통령은 이날 위촉장 수여식에서 "과학기술혁신정책을 통해 미래경쟁력에 대한 승부를 걸어보려는 것이 우리 정부의 생각"이라며 "자문회의는 과학기술혁신을 위한 전략과 아이디어를 적극적으로 생산해 변화의 견인차 역할을 해달라."라고 당부했다. 2005년에도 이인식 소장은 9기 자문위원에 연임됐다.

2008년 《지식의 대융합》을 발간한 이 소장은 '지식융합연구소'로 명함을 바꾸었다. 이때까지도 박사학위는커녕 대학원 문턱도 가보지 않은 그가 과학기술계에 대해 이러쿵저러쿵 논평하고, 교수들보다 먼저 새로운 과학 흐름을 소개한다고 해서 많은 배척을 당했다.

미국의 사회생물학자인 에드워드 윌슨이 펴낸 《컨실리언스》(Consilience)가 2005년 우리나라에 《통섭》이라는 이름으로 번역·출간되면서 통섭은 융합과 같은 의미로 사용되고 있다. 이인식 소장은 이에 대해 2014년 김지하 시인, 이남인 서울대 교수 등과 함께 《통섭과 지적 사기》라는 책을 출간, 공개 비판을 가하기도 했다. 2012년에는 《자연은 위대한 스승이다》를 출간하고, 청색기술연구회를 결성했다. 직접 작명한 '청색기술'에 대한 저작권 등록까지 완료했다.

2015년 10월 공학기술 전문가 1,000여 명으로 구성된 한국공학한림원이 창립 20주년을 맞았다. 이에 맞춰 공학한림원은 '2035년에 도전한다'는 제목으로 20년 뒤 대한민국을 먹여살릴 20대 신기술을 선정했다. 콧대 높은 박사들이 즐비했지만 이인식 소장이 바로 그 신기술 시나리오를 맡았다. 그는 결코 쉽지 않은 이 작업을 혼자서 진행했다. 20년 집필활동을 하면서 축적한 정보와 지식을 바탕으로 20년 후의 미래사회 시나리오 원고를 단

3주 만에 완성한 것이다.

2015년 11월 이 소장은 마침내 세상 밖으로 '외출'을 하게 됐다. 박근혜 정부 후반기의 최우선 국정과제이며 문화융성을 추진하는 교두보로 2016년 3월 1일자로 개교하는 문화창조아카데미의 문화체험기술 총감독에 위촉된 것이다. 원장 제도가 없이 출범한 이 학교의 교장선생님 감투를 쓴 셈이다. 문화관광부가 인문학과 과학기술의 융합 분야에서 국내 최고 권위자인 그에게 예술과 기술의 융합교육까지 맡긴 것이다. 현재 그는 강의와 함께 감독진 지도까지 땀에 흠뻑 젖어 있다.

이인식. 융합기술과 현상파괴적 기술, 게임 체인저 기술, 미래기술(인공지능 등) 등 포스트휴먼사회를 예측해온 그의 지식과 열정, 그리고 뛰어난 상상력은 어떤 과학자도 넘을 수 없는 최고 경지에 도달해 있다.

이성남 금융통화위원

영원한 단발머리 소녀

"한국은행은 경제정책을 수립하는 데 중요한 기관인 만큼 대통령 임기 중 반드시 독립성을 보장하겠다. 또한 정책의 일관성을 유지하는 새로운 시스템을 정착시켜 나가야 한다. 인위적인 단기부양책은 안 쓰겠다. 정치적이든 어떠한 이유로든 부양책을 써서 경제에 무리를 주는 일은 결코 없을 것이다."

2003년 6월 11일, 노무현 대통령이 참여정부 출범 이후 처음으로 열린 '국민경제자문회의'를 주재한 자리에서 강조한 발언이다. 자문회의의 당연직 간사를 맡고 있는 조윤제 경제보좌관은 청와대 춘추관 브리핑에서 "노 대통령이 한국은행 금융통화위원회의 금리결정과 같은 독자적인 권한을 존중해준다는 의미"라고 부연 설명했다.

이러한 노 대통령의 정책기조가 반영된 까닭이었을까? 관료의 자리보전용으로 활용되던 정원 5명의 금융통화위원회 선출직 위원에도 민간 출신이 대거 진출하게 됐다.

2004년 4월, 하마평에도 일체 오르지 않았던 국민은행 이성남 상근감사위원이 임기 4년의 차관급 자리인 금융통화위원회 위원에 전격 발탁됐다. 여성 금융통화위원은 1950년 한국은행 설립 이래 54년 만의 일이었다.

돈보다 명예를 선택한 사람, 일흔을 바라보는 나이에도 빨간 립스틱이 자연스럽고, 앞짱구를 가리기 위해 시작한 60년 단발머리가 매력 포인트인 이성남을 직접 만나본 사람들은 동안의 얼굴과 청아한 목소리에 깜짝 놀란다.

이성남 위원의 임명은 금융통화위원회에도 여성이 진출해야 한다는 청와대의 뜻이 반영된 것이다. 참여정부는 첫 번째 인사원칙으로 개혁성과 전문성을 지닌 유능한 인재 발굴 및 철저한 검증을 통한 적소적재(適材適所)를 내세웠지만, 이에 못지않게 가치관·지역·성별 등의 균형(均衡)을 고려한 인사를 실시했다. 그것이 잇단 여성1호 신기록의 탄생이었고 남성 중심이자 보수적 기풍이 팽배한 통화신용정책의 최고 의사결정기구에도 드디어 여성을 대표하는 금융인이 입성한 것이다. 물론 여성 지도자들이 대거 의회와 내각에 진출하는 등 여성계의 입김이 커지는 가운데 이루어진 자연스러운 결실이었다.

이성남은 1947년 서울에서 태어나 명문 경기여고와 이화여대 영문과를 나왔다. 1969년 대학 졸업과 함께 내딛은 첫 직장이 외국계 은행인 씨티은행이었다. 토종 은행도 몇 군데 면접을 보긴 했지만 씨티은행에서는 여성을 '보조'가 아니라 진짜 동등하게 '대우'해줄 것 같다는 판단으로 과감하게 선택했다. 이후 21년간 전산·인사·영업 담당 총지배인, 홍콩·아시아태평양지역 상품수익분석시스템 전산화 프로젝트매니저, 한국 재정담당수석을 지내는 등 민간은행에서 잔뼈가 굵은 정통 '뱅커' 출신이다. 이성남은 뛰어난 업무 추진력으로 한때 3개 분야의 책임자급 지위를 동시에 맡기도 했다.

1990년대 중반 집안 사정으로 은행을 그만두고 배재항공여행사 경영컨

설턴트를 지내며 잠시 외도를 했던 이성남은 1999년 이헌재 당시 금융감독원장에 의해 민간 전문가 케이스로 영입되어 4,000여 곳의 금융기관 검사를 담당하는 검사총괄실장을 맡았다. 이것이 인연이 되어 소위 '이헌재 사단'으로 불리게 되었지만 정작 이성남과 친분이 있는 사람들은 "그건 이성남을 잘 모르고 하는 소리"라고 일축한다. 직언을 서슴지 않고 소신을 곧이곧대로 실천하는 이성남을 이헌재 원장도 무척 어려워했다고 한다. 부원장보 시절, 청와대가 통합금융감독원에 발목을 채우려 하자 복도에서 청와대 수석에게 큰 소리로 항의를 해 주위 사람들을 어리둥절하게 했던 일화도 있다. 민간은행 출신임에도 소위 '모피아'(재경부와 마피아의 합성어로 금융계 등 산하기관을 장악하는 것을 빗대어 표현함)들과의 싸움에서도 결코 밀리지 않는 패기를 과시하기도 했다.

1998년은 세계적인 금융위기 속에 기존 은행감독원, 증권감독원, 보험감독원, 신용관리기금 등 4개 감독기구가 모여서 통합금융감독원으로 출범했다. 주요 과제 중 하나인 부실은행 퇴출과 대우그룹 구조조정 등을 추진하는 과정에서 글로벌 스탠더드에 맞는 검사 시스템과 노하우가 절실히 필요했는데, 이헌재 원장의 눈에 마침 씨티은행에서 잔뼈가 굵은 검사 분야 베테랑 이성남이 띄었던 것이다.

당시 특채 과정에서는 정운찬 전 국무총리의 추천이 컸다. 경기여고 재학 중, 경기고 남학생들과 '센추리'(century)라는 영어학습 동아리 활동을 하면서 정 전 총리와 인연을 처음 맺은 이성남은 지금도 "운찬아"라고 부를 정도의 두터운 친분을 과시한다. 2009년에는 장남의 결혼식 주례를 정 전 총리에게 맡기기도 했다.

2001년 이성남은 드디어 검사총괄담당 부원장보로 승진했다. 금융감독기관 사상 최초의 여성 임원 탄생이었다. 이때부터 그녀는 명실상부한 '금융권 여성1호 제조기'였다. 부원장보로서 기획·관리 및 감독·검사 총괄, 조정업무 등을 담당했던 이성남은 검사총괄실장을 포함해 금융감독원 재직 4년 동안 적지 않은 성과를 남겼다.

금융감독원이 한 지붕 네 가족으로 출발했을 때는 조직 통합에 상당한 기여를 했다. 검사총괄실장과 검사총괄담당 부원장보 시절에는 부하직원을 '남학생', '여학생'으로 부르면서 허물없이 대해 많은 직원들이 개인 고민까지 털어놓는 카운슬러 역할까지 해냈다. 직원들이 처음에는 '여성 상관'을 모시는 데 익숙하지 않아 고민이 많았는데, 일을 하다 보니 그의 매력에 반하지 않을 수가 없었다. 이는 오늘날 금융감독원이 자리를 잡는 데 많은 도움이 됐다. 또한 솔직한 성격과 격의 없는 대화로 기자들에게도 인기가 좋았다. 때로는 친한 여기자들에게도 '여학생'이라는 호칭을 사용하곤 했다.

경영성과에 따라 검사주기를 차등화하고 서면검사를 활성화하는 한편 자율규제기관에 검사업무를 대폭 위임하는 등 수요자 중심의 금융감독검사 원칙을 정착시켰다. 오랫동안 민간은행에서 근무한 노하우를 반영한 것이었는데, 예상보다 일선 금융기관의 반응은 뜨거웠다. 또 그때까지 관료적 사고가 지배해온 금융감독원의 검사·제재 업무 및 일하는 방식을 전면 개선하도록 제안해 관철시켰다. 이후 관행적 종합검사와 사후 적발 위주의 검사관행, 자율시정이 가능한 경미한 위반사항까지 직접 제재하고 자료를 과다 요구하는 등의 기존 검사·제재 관행은 대부분 시정됐다.

또한 이성남은 강력한 추진력까지 보여주었다. 당시 386컴퓨터를 다루기에도 벅찬 직원들에게 예산에도 없던 최신형 586 컴퓨터를 386대나 사준다고 하자 간부들이 모두 쌍수를 들어 반대하고 나섰다. 그러나 "제대로 된 인프라도 없이 어떻게 금융 선진화를 할 수 있겠느냐?"며 결국 컴퓨터 물갈이를 관철시켰다.

2003년 3월 이성남은 국민은행 상근감사위원에 취임했다. 역시 국내은행 사상 1호 여성 감사가 탄생한 것이다. 이성남 감사는 선진 금융업무 및 금융 감독·검사에 대한 해박한 지식과 경험을 두루 갖추었다. 그녀의 트레이드마크는 '강단과 소신'이었다. 금융감독원 부원장보 시절부터 이런 점이 두드러져 주변 사람들의 감탄을 자아냈는데, 이런 남다른 능력과 '독립적인 품성'에 반한 김정태 국민은행장이 그를 직접 스카우트한 것이다. 이후 이성남은 김 행장을 도와 국민카드 합병과 LG카드 사태 등을 슬기롭게 처리했다. 또한 씨티은행 근무경력을 기반으로 씨티은행의 한국 진출에 대한 대응전략 마련에도 중요한 역할을 수행했다.

연봉(기본급 및 성과급, 스톡옵션 합계) 약 7억 5,000만원의 국민은행 감사에서 1년 만에 연봉(기본급과 수당 포함) 약 3억 5,000만원의 금융통화위원에 전격 발탁된 이성남 위원, 그녀가 남긴 발자취를 살펴본다.

이성남은 강직한 성품에도 불구하고 통화정책에 관해서는 유연한 상황분석과 대응책을 내놓았다. 그래서 금융통화위원 시절 내내 '불편부당'하다는 내외의 평가를 받았다. 2004년 8월 한국은행이 13개월 만에 0.25% 포인트의 전격적인 콜금리 인하를 단행했을 때는 '나 홀로' 반대표를 던지고 "중국경제의 둔화, 미국 주택경기 냉각, OECD 경기 선행지수 하락세 반전 등 대외 여건상 물가안정에 무게를 두고 통화정책을 수행해야 한다."고 주장했다. 3개월 뒤 두 번째 콜금리 인하가 결정됐는데, 이성남 위원은 금리 인하 반대론을 개진하며 의사록에 소수의견을 남겼다. 이성남 위원은 경기 부양을 중요시하는 친재경부·이헌재 사단으로 분류됐으나 사실은 소신 판단이 작용한 결과였다.

2006년 8월, 4명이 찬성하고 3명이 반대하는 팽팽한 표 대결 끝에 콜금리 인상안이 통과되었을 때 역시 이성남은 반대 입장에 섰다. 부동산을 잡기 위해 콜금리를 인상하면 일시적으로 물가상승률은 하락하지만 경기가 위축된다는 이유에서였다. 결국 이 결정은 이 해 국회 국정감사에서 여야 국회의원들로부터 호된 질책을 받았다.

이성남은 2005년 12월과 2006년 2월에는 콜금리 인상, 2006년 8월에는 콜금리 동결로 상황에 따라 엇갈리는 의견을 여러 차례 개진해 중도 성향의 위원으로 분류됐다. 시장 상황을 보면서 금리를 결정하자는 것이 이성남의 입장이었다. 세계 경제가 긴밀하게 연관돼 있고 국제금융시장이 빠르게 변화하는 상황에서는 통화정책도 충분히 유연성을 가져야 한다는 것이 그녀의 철학이었다.

외국계 은행인 씨티은행 출신이면서 금융감독원 부원장보를 지낸 이성남은 범재경부 인사로 보면서도 특별한 성향을 찾기 어려워 중도파로 분류됐다. 하지만 군이 나누자면 매파 성향이 좀 더 짙다는 게 금융권의 일반적인 분석이다. 매파는 물가안정을 최우선으로 하는 한국은행과 가까운 입장이며 원칙론을 중요하게 여긴다. 실제로 이성남은 어떤 파나 소속으로 분류하기에는 너무나 사고방식이 자유로웠다.

한국은행 안에서도 이성남의 마당발 기질은 위력을 발휘했다. 국내 금융전문가는 물론 세계적인 투자은행(IB) 관계자들을 부지런히 만나 정보를 얻었다. 정책은 물론 경제 전반, 그리고 세세한 분위기까지 파악하는 등 시장 정보에 밝은 그녀는 언제나 여성을 남성보다 한 수 아래로 평가하던 당시 한국은행 실무진들을 깜짝 놀라게 했다. 또한 이성남의 이력이 대부분 민간은행 근무라서 거시 이론 쪽이 다소 약할 것으로 우려했던 금융통화위원회 관계자들도 수많은 자료를 쉽게 소화하는 그녀의 학습능력에 혀를 내둘렀다.

2008년 3월 이성남 위원은 임기 한 달을 남겨두고 사표를 제출했다. 고등학교 후배인 강금실 통합민주당 최고위원의 요청에 따라 비례대표 국회의원 후보 1번으로 영입된 것이다. 사실상 1번이 확정적이었던 강금실 전 법무부장관이 백의종군을 선언하면서 대타로 긴급 투입된 인물이 바로 이성남이었다. 한나라당이 '빈민촌 대모' 강명순 목사를 1번으로 내세운 데 반해 민주당은 미흡한 경제 분야를 보완한다는 의미에서 그녀를 발탁한 것이었다. 당시 통합민주당은 "이성남 전 위원은 금융감독원에서 '미세스 스마일'로 통하며 변화의 바람을 불어넣었고, 소신 발언으로 화제가 됐다."며 "책상머리 이론가가 아니라 일선에서 실물경제를 경험했으며 앞으로 당을 위해 금융과 경제 분야에서 많은 역할을 해줄 것"이라고 소개했다.

이성남은 금융감독원 시절, 임원으로 승진하면서 억대 연봉자 반열에 들어섰다. 하지만 한동안 허름한 아파트에서 계속 전세로 살았다. 그를 잘 아는 한 지인은 "금융계의 화려한 경력을 재산 축적의 수단으로 활용하지 않았다는 증거가 아니겠느냐"며 이성남을 칭찬했다. 금감원 부원장보 시절에는 붐비는 등교시간에 고등학생들과 함께 좌석버스를 타고 출퇴근하기도 했다. 이성남은 국회의원 후보 등록을 하면서 서울 서대문의 아파트, 경기 성남의 오피스텔 등 약 4억 7천만 원의 재산을 신고했다.

국회의원 4년 임기 동안 금융권을 소관으로 하는 정무위원회에서 활동한 이성남 의원. '금융시장 안정과 사회적 일자리 창출 문제'에 최우선적인 관심을 두고 의정활동에 적극 임했다. 꺾기를 금지하는 은행법 및 보험업법 개정안을 대표 발의하는 등 금융관련 입법에도 열심이었다.

금융전문가답게 '이성남법'으로 불리는 '장외파생상품에 대한 심의절차'를 담은 자본시장법을 개정한 일은 특히 주목할 만하다. 이성남이 국회에 들어와 처음 통과시킨 법률이었는데, 주요 골자는 세계 금융위기의 주범 중 하나로 지목된 신용파생상품이나 우리 기업들에게 큰 손실을 안겨준 KIKO(환율변동에 따른 위험을 피하기 위한 환 헤지 상품)와 같은 통화파생상품을 새롭게 개발해 일반투자자에게 판매할 때는 사전심의를 받으라는 것이었다. 처음에는 금융기관은 물론 심지어 외국의 관련 협회에서까지 서한과 방문이 이어지며 반발이 많았지만 이해 당사자의 의견을 묻고 함께 조율해나가며 1년여의 긴 시간을 거쳐 법안을 통과시켰다.

18대 국회 임기가 개시되자 2008년 미국 발 금융위기에 대해 초당적인 대응 분위기가 조성됐다. 민주당은 '금융대책위원회'를 꾸려 야권의 대안을 제시하기로 했다. 노무현 정부에서 경제부총리를 역임한 김진표 최고위원이 위원장을, 한국은행 금융통화위원을 지낸 금융전문가 이성남이 부위원장을 맡았다. 이성남 의원은 이후 정책위 부의장, 제3정책조정위원장(정무, 농림수산식품, 지식경제 담당) 등 관련 당직에 임명되어 당 활동에서도 특유의 열정을 유감없이 발휘했다.

2011년 발생한 저축은행 사태를 해결하는 과정에서 이성남 의원이 보여준 소신 행보는 유명하다. 18대 국회는 저축은행 사태를 해결하려고 막바지에 '저축은행 피해자 지원을 위한 특별법'을 통과시켰다. 5,000만원 이하 예금에 대해서도 지원을 해주는 이 법안은 정치 포퓰리즘이라며 각계의 비판을 받았다. 당시 정무위원회 국회의원 중 여야를 막론하고 유일하게 반대 목소리를 낸 사람이 바로 이성남이었다.

"이는 특혜가 있는 피해대책이다. 향후 대한민국 금융시장에 나쁜 선례로 남을 것이다. 금융권의 자기책임 원칙을 무시하고 예금보호제도의 근간을 뒤흔들었다."고 거세게 항의했다. 이성남이 재선을 염두에 두고 여론을 살폈다면 이런 반대 의견을 내기는 어려웠을 것이라는 게 당시 국회 주변의 평가였다.

법률소비자연맹과 270여개 국정감사 NGO 모니터단이 18대 국회 우수의원으로 선정한 사람은 모두 67명이다. 국회 본회의와 국정감사, 상임위원회 활동에 적극적으로 참여하고 법률 제정을 열심히 한 의원들이다. 성실성과 정책 능력 면에서 뛰어난 의원들이라고 평가할 만하다. 이성남은 정무위원회 4년 국정감사 우수의원으로 선정되었고, 2011년에는 대한민국 헌정상 우수상을 받기도 했다. 〈조선비즈〉가 실시한 관계기관 간부 조사에서도 경제 분야 상임위원회 베스트 의원 5위에 뽑혔다. 또한 이성남은 민주당이 매년 자체적으로 시행하는 본회의 및 상임위원회 평가에서 100%에 가까운 출석률로 성실성을 보여주었다.

민주당 비례대표 1번 이성남 의원은 소신 있고 균형 잡힌 의정활동으로 좋은 평가를 받았다. 그러나 딱 한 번만 국회의원을 하고 정치판을 떠났다. 이성남은 "19대 총선에 나가려면 지역구에 출마해야 하는데 나보다는 '지역구 의원'에 잘 맞는 분들이 계실 것"이라고 불출마 이유를 밝혔다.

민주당 조직담당 사무부총장을 맡고 있던 나는 2010~2012년 당대표 선출을 위한 중앙당선거관리위원회 위원으로 두 번, 청년비례대표심사위원회 위원으로 한 번 등 모두 세 차례 이성남 의원을 만났다. 이 의원은 회의에 단 한 번도 빠지지 않고 꼬박꼬박 참석했고, 작은 규정 하나도 놓치지 않고 챙기는 성실함과 꼼꼼함이 몸에 배어 있었다.

한편 국내 여성은행장 1호는 이성남의 경기여고 8년 후배인 권선주에게 돌아갔다. 그녀는 2013년 12월 임기 3년의 IBK기업은행장 자리에 올랐다. 1978년 중소기업은행 대졸공채 17기로 입사한 지 35년 만의 일이었다. 그녀는 자랑스러운 '롤모델'로 주저 없이 이성남 선배를 꼽고 있다.

'금융계 여성1호 타이틀 제조기' 이성남은 외국계 금융기관과 금융감독기관을 두루 섭렵함으로써 시장과 정책을 가장 잘 아는 당국자로 통했다. 또한 금융정책기관은 물론, 입법 활동까지 거친 몇 안 되는 인물로도 손꼽히게 됐다. 금융계 여성으로서는 매우 드문 이력을 쌓아온 그녀는 오늘도 트레이드마크인 단발머리를 휘날리며 맹렬하게 달려가고 있다.

김선욱 법제처장
단아한 개혁 바람

2005년 1월 4일 예상 밖의 중폭 개각이 단행됐다. 교육부총리에 이기준 전 서울대총장, 행정자치부장관에 오영교 대한무역투자진흥공사 사장, 농림부장관에 박홍수 열린우리당 비례대표 의원, 해양수산부장관에 오거돈 전 부산시장 직무대행, 여성부장관에 장하진 충남대 교수, 법제처장에 김선욱 이화여대 교수 등이 발탁됐다.

이날 인사는 별다른 특징도 없었고, 언론과 많은 시민단체로부터 혹평을 받았다. 특히 교수 성과평가제 도입 등 대학개혁을 주도했다고 기용된 이기준 부총리는 서울대 총장 시절 판공비 과다사용과 기업의 사외이사 겸직, 장남의 병역기피 의혹 등 도덕성 시비로 임명 57시간 만에 물러났고, 이 일로 청와대 인사수석과 민정수석까지 한꺼번에 경질됐다.

또한 '혁신의 전도사'로 꼽으며 직접 '정부혁신특별보좌관'으로 발탁했던, 노 대통령이 낙점한 오영교 장관 역시 문제였다. 산업자원부 차관 출신으로 여당 의원들조차 효율만을 강조하는 그가 자칫 자존심 강한 행정자치부 공무원들을 상대로 업무 능력을 잘 발휘할 수 있을까 우려했다. 오거돈 장관은 부산시청에서 잔뼈가 굵은 지방 행정가인데 안상영 전 부산시장의 자살로 생긴 보궐선거에 반년 전 여당후보로 나섰던 터라 사실상 보은성 인사였다. 김두관 전 장관의 전례가 없지 않았지만 개혁에 대한 기대를 한 몸에 받고 출발한 오 장관의 경우, '낙선한 정치인'이 해양수산부 장관 적임자인지 밝히라고 우호지인 〈경향신문〉조차 사설을 통해 혹독하게 비판했다.

박홍수 장관은 인사수석실과 중앙인사위원회가 관리하는 농림부장관 DB에도 없던 인물이었는데 느닷없이 후보군에 포함됐다. 담당 행정관이 따로 있었지만 미덥지 못했는지 정찬용 수석은 나를 함께 보내 국회의원회관으로 박홍수 의원을 찾아가 약식 면접(?)을 실시토록 했다. 그런데 둘이서 합의한 결론은 '7개월짜리 초선의원, 역시나 아니올시다.'였다. 인사수석께 보고하고 기존에 관리하던 후보를 중심으로 추천하기로 했다. 그런데 우리의 의견은 인사추천회의에서 묵살되고 말았다. 박 장관은 마을 이장, 새마을지도자, 한국농업경영인 남해군·경상남도·중앙회장을 역임한 양돈가 겸 농민운동가 출신으로 쌀 협상 타결 이후 성난 농심을 달래기 위해 기용한 일종의 변칙 카드였다.

반면에 장하진 장관은 여성정치세력시민연대 대표와 여성개발원의 첫 공채 원장을 역임하며 한국을 대표하는 여성학자요 여성운동가다. 될 사람이 됐다는 무난한 평가가 나왔다.

결국 이날 인사의 하이라이트는 '57년 정부 역사상 최초의 여성 법제처장 탄생'이었다. 대한민국 초대 법제처장은 제헌 헌법을 기초한 유진오 박사다.

김선욱은 1952년 서울 태생이다. 계성여고 재학 시에는 학생회장을 했고, 1971년 이화여대 법학과를 수석으로 입학했다. 3학년 때인 1973년에는 11대 총학생회장을 맡아 유신 반대 시위를 주도했다. 서울국제영화제조직위원장을 지낸 문화운동가 이혜경, 참교육을 위한 전국학부모회 회장을 역임한 교육운동가 오성숙 등이 71학번 동기로 함께 학생운동을 했다. 당시만 해도 이화여대는 민주주의적 가치와 공동선을 향한 젊음의 열정보다는 교양 있는 여성 개인의 완성이라는 화두가 더 강하게 지배했다. 학술 토론회보다는 5월의 화려한 메이퀸 행사와 쌍쌍파티가 더 큰 관심사로 대두됐다. 그런데 민주화투쟁의 무풍지대였던 그 이화여대가 순식간에 태풍의 중심부로 떠오르게 됐다.

1973년 11월 28일 김선욱은 민주화를 위한 대강당 철야 기도농성을 이끌었다. 한번에 4,000명씩 대강당 채플 두 번이면 전체 이화인 8,000명을 만날 수 있던 시절이었다. 당시 김선욱은 '8,000학우들에게'라는 선언문을 낭독했고, 그 자리에서 유신정권의 학원탄압 철폐 등 6개 항의 결의문이 학생들의 열렬한 박수 속에 채택됐다. 이어 학생들은 교문을 빠져나와 경찰과 대치하며 거리시위를 했다. 당시 김옥길 총장은 학생들의 맨 앞에 서서 온몸으로 경찰의 진입을 막았고, 주동했던 학생회 간부들을 총장 공관에 20일간 숨겨서 보호해주었다. 나중에는 교수들도 200명 이상이 시위에 동참했다. 학생들의 민주화에 대한 열기도 대단했지만 교수와 학생들 간의 신뢰도 끈끈했다.

모교에서 석사를 마치고 독일로 건너간 김선욱은 1988년 콘스탄츠(Konstanz)대학교에서 행정법 박사학위를 받았다. 중학교 시절 영어 선생님이 그녀의 별명을 '독일 탱크'라고 지어주셨는데, 별명 그대로 그녀는 힘든 유학 시절 7년을 씩씩한 탱크처럼 잘 견뎌냈다. '보덴 호의 작은 하버드'라는 별칭이 붙은 콘스탄츠대학교는 과학학부, 인문학부, 법학·경제학·정치학부 등 3개 학부로 구성된 독일 10위권의 내실 있는 대학이다.

김선욱 박사는 귀국 후 첫 직장인 한국여성개발원에서 양성평등 및 여성정책 등에 대해 주로 연구하면서 적극적 조치로서의 여성할당제와 정부부처의 여성정책담당관제 시행을 주장해왔다. 이는 순차적이지만 대부분 정부정책으로 반영이 됐다. 같은 날 여성부장관으로 발탁된 장하진 역시 이화여대 출신에 여성개발원을 거쳤다는 공통점이 있다.

1995년부터는 모교인 이화여대 법·여성학 1호 교수로 임용돼 행정법을 가르치는 한편 법·여성학의 초석을 닦았다. 2007년 2월, 이화여대에서 그의 가르침을 받은 법·여성학 1호 박사가 배출되는 등 후학들이 줄지어 탄생하고 있다.

이 와중에 김 박사는 법·여성학자로서 제 목소리를 내왔다. 한국여성학회 이사(1995년), 여성부 신설운동(1997년 대선 당시), 이화여대 여성연구원장(2001년), 한국공법학회 부회장(2003년), 여성부 정책자문위원(2004년) 등을 거친 그의 이력서는 빼곡하다.

또한 그는 정부 일에도 적극 나서는 현실참여형 학자였다. 법무부 법무자문위원회 전문위원, 행정쇄신 실무위원, 국무총리 행정심판위원회 위원, 정부혁신추진실무위원회 민간위원 등 일에 파묻혀 살았다. 특히 1999년부터 국무총리실 행정심판위원회 위원으로 일하면서 법제처와 인연을 맺었는데, 이는 법제처장 발탁의 배경으로도 작용했다. 이때부터 그녀는 현실과 법을 접목하는 법제업무에 상당한 전문지식을 보유하게 됐다. 정부조직법상 법제처는 국무총리 소속기관이다. 더군다나 업무의 중요성을 인식한 노무현 대통령이 법제처를 장관급으로 격상시킨 후에 교체, 임명한 최초의 처장이 바로 김선욱이었다.

주요 저서로는 《양성평등과 한국법체계》《여성정책과 행정조직》《지구화와 여성시민권》등이 있으며 2000년 여성개발원 책임연구원 시절에는 〈여성 일정비율 할당제 도입방안〉이라는 보고서를 발표했다. 이런 그녀를 정치권이 가만 놔둘 리가 없을 터. 2004년 17대 총선을 앞두고 열린우리당이 욕심을 내고 여성 몫 비례대표 의원으로 수차례 정치 입문 권유를 했으나 적성에 맞지 않는다는 이유로 거절했다.

독일 유학 시절부터 꼼꼼하고 성실한 성격으로 완벽주의자라는 평을 들었던 김선욱 처장은 지나치게 여성 위주의 관점을 강조하는 것 아니냐는 우려 속에 취임했지만 부드러운 카리스마를 발휘하며 2년 3개월 동안 비교적 장수 근무를 해냈다.

2005년 4월 29일 노무현 대통령은 법제처로부터 업무보고를 받았다. '준비된 법제처장' 김선욱은 빠른 업무 파악을 통해 불과 115일 만에 5대 중점 추진과제를 선정, 보고했다. '고객 중심의 신속하고 정확한 법제서비스 제공'이라는 정책 비전과 △재량행위 투명화를 위한 신속한 법령정비 추진 △유권해석 서비스의 대폭 확대 △입법과정의 국민 참여 기회 확충 △법령 심사절차 효율화 △행정심판절차 효율화 및 내실화 등이 그것이다.

노 대통령은 "내가 변호사를 했기 때문에 그런가요? 내가 평소 하고 싶던 일, 평소 아쉽다고 생각했던 문제들에 관해 김선욱 처장 이하 여러분이 잘 지적하고, 대안들을 마련해주어서 참 좋은 보고를 받았다고 생각합니다. 국가가 하고 있는 일과 제공하는 서비스가 합리적이면 국민들이 느끼는 만족감은 커지고 신뢰도 높아지는 것입니다."라고 치하했다. 그리고 "일본식 표기가 아직 법령에 많이 남아있다."며 "학계와 함께 일본식 표기를 고쳐 나가도록" 지시했다. 마침 국회 법사위원회에서도 적극적인 관심을 표명했다. 그리고 법률 한글화에 그칠 것이 아니라 근본적으로 법령의 용어와 표현을 알기 쉽게 정비할 것을 주문하면서 2006년 법사위 예산 심의과정에서 '알기 쉬운 법령 만들기' 사업예산을 4배로 증액해주었다.

김선욱 처장은 취임 즉시 공무원 재량행위 투명화를 위한 법령정비 작업을 대대적으로 시행했다. 즉, 공무원이 갖고 있는 모호한 재량권을 바로잡아 행정부패의 원인을 제거하는 한편 규제개혁의 장애요인도 없애 국민 불편을 해소하도록 한 것이다. 이는 노무현 대통령의 지시에 따라 '알기 쉬운 법령 만들기' 사업으로 2006년부터 본격 추진됐다. 법제처는 국민들의 법 접근성을 높이기 위해 한글화와 용어·표현 등의 순화에 중점을 두었다. '알기 쉬운 법령 만들기 5개년 계획'을 수립하고 '알기 쉬운 법령 만들기 위원회'를 구성, 네 차례 회의를 통해 총 1,150건의 법률을 정비하기로 계획을 세웠다.

첫해인 2006년에는 60건의 법률을 정비하는 동시에 6개의 용역팀을 구성해 정비 기준을 수립했다. 2006년에 63건의 알기 쉬운 법률을 국회에 제출, 100% 통과시켰는데, 정부입법(325건) 대비 19.4%의 비율이다. 2007년에도 4월까지 37건을 정비했으니 김 처장은 재직 중 꼭 100건의 알기 쉬운 법률을 정비한 셈이다. 김선욱 처장이 추진한 '알기 쉬운 법령 만들기' 사업은 기존 전문가 중심의 법령문화를 수요자인 국민 중심의 법령문화로 바꾸는 일대 '혁신'이었다.

이밖에도 김선욱 처장이 남긴 주요 업적은 다음과 같다.

2005년과 2006년에 걸쳐 법령해석관리단과 법제지원단을 신설했다. 법령해석관리단을 통해 지방자치단체와 일반 민원인에게까지 법령해석 서비스 문호를 개방한 결과 연평균 15건 정도에 그쳤던 법령 해석 요청이 연간 330건으로 20배 이상 늘어났다. 법제지원단은 17대 국회에 들어서서 의원 입법이 늘어남에 따라 정부예산과 정책에 맞도록 조정하는 일을 지원했다. 또한 신속한 법령 해석을 위해 관계 공무원과 각계 전문가로 구성되는 '법령해석심의위원회'를 설치, 운영했다. 그리고 행정심판 포털사이트 '권리누리'를 활성화해 국민들이 온라인으로 직접 행정심판을 청구하고 그 처리 결과를 신속하게 조회할 수 있도록 했으며, 행정심판의 심리진행 상황과 결과를 이메일 또는 휴대전화 문자서비스로 직접 청구인에게 알려주었다. 이는 정부가 솔선수범해서 인터넷 환경에 대응하는 매우 획기적인 조치였다.

활달한 성격에 이해관계 조정능력이 탁월하다는 평가를 받았던 김선욱 처장은 2007년 4월 퇴임 후 모교 법학전문대학원 교수로 컴백했다. 더불어 국가인권위원회 정책자문위원장, 한국젠더법학회 회장, 교육과학기술부 법학교육위원회 위원 등 활발한 사회활동을 하다가 탁월한 경영능력을 인정받아 2010년 8월 모교 14대 총장에 선출됐다. 미혼이어서 그런지 총장직에다 한국독일동문네트워크 이사장과 한국대학교육협의회 이사를 맡는 등 끊임없는 일 욕심 속에서도 4년 임기를 잘 마쳤다.

이화여대 총장 재임 4년 동안 김선욱은 돋보이는 대학 경영 능력을 나타냈다. 이화여대는 2013년부터 라이덴 랭킹(네덜란드 라이덴대학이 매년 세계 대학이 발표한 논문 가운데 가장 많이 인용되는 상위 논문 비율을 평가하는 랭킹)에서 3연속 국내 1위를 기록했다. 이는 연구에만 전념할 수 있도록 지원한 김 총장의 공이 컸다. 국내 대학 논문 중 이화여대 논문의 질이 가장 우수하다는 평가를 받은 것이다.

취임 직후 김 총장은 "학생에게 진취적 도전의 장을 제공하고, 연구자에게 진정한 융합학문을 전개할 수 있는 획기적인 연구환경을 제공해 '모두를 위한 진정한 변화가 시작되는 이화여대'(Ewha, Where Change Begins)를 지향한다."는 캐치프레이즈를 내걸었다.

여자대학 중 세계 최초로 공과대학을 설립한 이화여대에서 김 총장은 역량 있는 여성 과학기술 인재를 양성하는 데 앞장섰다. 과학을 통해 한국과 세계에 이바지하기 위해 공대와 과학에 관련된 지원을 집중한 것이다. 3년간 100억원의 연구비를 투자해 세계적 수준의 선도연구집단을 양성하는 '이화여대 글로벌 톱5 프로젝트' 정책 비전을 수립하고 이를 실천하기 위한 노력을 경주했다.

아울러 벨기에 화학기업 솔베이와 제휴해 산학협력관을 건립하고, 한국기초과학지원연구원의 10번째 지역 센터인 서울서부센터를 유치했다. 이 센터는 나노·바이오·의약(NBPT) 융·복합 연구 및 수도권 대학과 기업에 대한 기초연구 지원을 담당하고 있다.

한편 신입생 가운데 저소득층 1%에게는 '풀 패키지 장학금' 연간 2,000만원을 지원함으로써 아르바이트의 굴레에서 벗어나 학업에만 전념할 수 있도록 했다. 생활비까지 포함하는 파격적인 장학금 지원은 종합대학 중에서는 이화여대가 처음이었다.

또한 수용인원 2,300명이 넘는 대규모 기숙사를 착공했다. 이 기숙사가 2016년 8월 완공되면 학생 수용률은 현재의 8.4%에서 20% 수준으로 2.5배가량 높아진다. 기숙사 신축은 신입생 전체 인원이 한 학기 동안 기숙사에 거주하면서 밀도 있는 전방위 교육을 받는 등 기숙형 교육프로그램(Residencial college)을 본격적으로 도입해 학부교육 혁신의 물질적 기반이 될 전망이다.

김선욱 총장은 미혼이면서도 온화하고 겸손한 성품에 학생들과의 활발한 소통으로 '엄총'(엄마 총장)이라는 별명을 가지고 있다. 취임사에서 "열심히 소통하겠다."라고 약속했는데, 그 노력을 학생들에게 인정받은 셈이다.

2014년 7월 28일 이임식을 갖고 총장직에서 물러난 김선욱 박사는 "이화의 역사가 처음부터 늘 그랬던 것처럼 대학이라는 상아탑의 안온한 울타리를 넘어, 겨레와 민족을 위해, 나아가 전 세계 여성들을 위해, 시대와 사회의 요청에 적극적으로 부응하고 참여하는 이화 공동체가 되어야 한다고 생각했다."며 "지난 4년 동안의 모색과 실천 과정을 통해 점차 구체화되어 이제 '글로벌 여성교육의 허브'라는 비전으로 수립됐다."라고 4년 임기를 마무리 짓는 소회를 밝혔다.

평교수로 되돌아온 김선욱 박사는 대표적인 친독(親獨) 인사로 여전히 한국독일동문네트워크 이사장과 한독포럼 공동의장을 맡아 활발한 활동을 이어가고 있다. 한국독일동문네트워크는 독일과 관련된 경험이 있는 한국인들의 네트워크로서 전 세계적으로 가장 규모가 클 뿐만 아니라, 세계에서 유일한 국가 차원의 네트워크이다. 한독포럼은 한국국제교류재단이 지원하고 이화여대와 독한포럼이 공동 주관하며 매년 한국과 독일에서 번갈아 모임을 열어 양국 정부에 정책제안을 하는 민간주도의 논의 틀이다. 2015년 7월 광복 70주년과 독일통일 25주년을 맞아 14차 연례모임을 옛 동독지역의 성장도시인 로스토크 시에서 '독일 통일의 경험과 남북관계 현황 및 개선 전망' 등을 주제로 열띤 토론을 벌인 바 있다.

미혼이라 여유가 있고 일 욕심도 여전한 김선욱 교수. 법제처장과 총장 재직 중 못 만났던 사람들을 만나고 오랫동안 미뤄온 법·여성학 교재를 집필하며 더욱 바쁜 하루하루를 보내고 있다.

김경임 튀니지 대사
문화가 흐르는 외교

2003년 6월 13일 노무현 대통령은 청와대에서 김삼훈 주 유엔대사 등 신임 해외공관장 34명에게 신임장 및 임명장을 수여하고 격려했다. 그런데 이날, 참여정부가 처음 실시한 정기 공관장 인사에서 직업 외교관 출신 여성1호 대사가 탄생했다. 주인공은 바로 김경임 튀니지대사였다. 1978년 외무고시 12회로 외교관 생활을 시작한 지 25년 만에 마침내 '외교관의 꿈'을 이룬 것이다. 물론 이인호 서울대 명예교수가 핀란드대사(1996년)와 러시아대사(1998년)에 연거푸 임명되면서 여성1호 대사로 기록이 되었지만, 엄밀한 의미로 보자면 서울대 서양사학과에서 러시아사를 전공한 학자 출신으로 특임공관장(대통령이 필요한 경우에 직업 외교관 출신이 아닌 사람을 특별히 임명하는 공관장) 발탁 케이스였다.

김경임 대사는 1948년 경기도 양주군 와부읍에서 평범한 가정의 2남 2녀 중 장녀로 태어났다. 고등학교와 대학은 서울사대부고와 서울대 문리대로, 우연히도 모두 이인호 대사의 후배였다. 1974년 미학과를 졸업하고 한 개인 기업에 취직해서 수개월을 다녔는데 적성에 맞지 않아 도중에 그만두었다. 이후 국영기업체 몇 군데에 근무했는데 곧 사직하고 말았다. 이때부터 그녀는 응시조건과 자격에 성차별이 없는 공무원, 특히 해외근무 특전이 주어지는 외무직에 도전하기로 마음을 고쳐먹었다.

학부 시절 그녀는 영어와 프랑스어로 된 소설을 자유자재로 읽었을 만큼

언어능력에 자신이 있던 터였다. 3년의 준비 끝에 한편으로는 대학원에 진학해 적을 두고, 또 한편으로는 출판사 등에서 아르바이트를 하면서 고시 공부를 계속했다. 고시에만 전념하기 위해 집에서 독학을 했는데, 고시를 준비하며 외시 여성합격자가 전무하다는 사실을 알고 놀랐지만 오히려 도전하고자 하는 결심은 더욱 굳세졌다. 그녀는 드디어 만 30세가 되던 해인 1978년, 12회 외무고시에 최초의 여성 합격자로 당당하게 이름을 올렸다.

1978년 4월 19일자 〈경향신문〉에 실린 '김경임 합격생'의 인터뷰는 다음과 같다. "이번에도 안 붙으면 아무에게나 시집을 가려고 했다. 예년보다 20명이나 더 뽑아서 된 것 같다." 때마침 그해에는 2차 시험에 50명의 합격자를 뽑았던 것이다.

박근혜 정부 2대 청와대 정무수석을 거쳐 2015년부터 세종재단 이사장에 재직 중인 박준우, 이명박 정부 국정원 1차장과 주유엔대사 등을 역임한 김숙, 세월호 사건으로 유명세를 탔던 고 유병언 회장의 처남이자 주체코대사를 역임한 오갑렬, 2007년부터 유엔에 근무하고 있는 반기문 유엔 사무총장의 핵심측근 김원수 등이 그녀의 외무고시 동기들이다.

김 대사는 문화국 사무관을 거쳐 1983년 주일본대사관 2등서기관으로 첫 번째 해외근무 명령을 받았다. 이후 주뉴욕총영사관 영사와 문화협력 2과장에 이어 주인도대사관 참사관, 주벨기에·유럽연합 참사관, 문화홍보담당심의관을 거쳐 2001년 문화외교국장에 발탁됐다. 이 역시 외교부 여성 1호 국장이었다. 김대중 정부가 고위공무원단제도의 전 단계로 도입한 개방형 직위에 문화외교국장직을 내놓고 적임자를 찾았던 덕에 부국장(심의관급)에 머물고 있는 남자 고시 동기들보다 2~4년 먼저 국장이 되는 행운이 돌아온 것이다. 더구나 경기고-서울대 외교학과 출신들이 즐비한 한국 외교가에서 여성에다가 비외교학과 출신이라는 마이너리티의 어려움 속에서 '문화 분야'라는 한 우물만 파온 것이 주효하게 작용했다. 학부와 대학원에서 미학을 전공한 것도 큰 도움이 됐다.

김 국장은 2002년이 '한국방문의 해'이자 '한·일월드컵'이 열리는 해로서 한국의 문화외교를 종합적으로 보여줄 수 있는 기회로 보고 빈틈없는 준비에 나섰다. 예상대로 그녀는 한승수·최성홍 장관의 기대에 한 치의 어긋남이 없도록 월드컵을 성공적으로 지원했다. 마침내 김경임은 윤영관 장관의 추천에 의해 2003년 6월에 주튀니지대사로 발령, 외교부 내 여성1호 1급을 기록했다.

노무현 대통령은 2006년 3월 6일 국내 정상 자격으로는 처음 이집트를 국빈 방문했다. 3월 8일에는 아프리카 지역에 주재하는 16명의 대사를 숙소인 콘라드호텔로 불러 접견했다. 노 대통령은 이 자리에서 아프리카에는 정세가 불안한 지역이 많은 만큼 주재국이나 겸임국의 교민 보호에 만전을 기해줄 것을 당부하고, 열악한 환경에서 근무하고 있는 데 대해 노고를 치하했다. 또한 에너지와 자원의 보고이자 신흥 건설 플랜트 수주시장인 아프리카의 잠재력과 중요성을 강조하고, 이 분야에서 우리 기업이 성공적으로 진출할 수 있도록 적극적인 지원을 다해줄 것을 강조했다. 특히 홍일점으로 특수지에서 근무하는 김경임 주튀니지대사에 대한 격려를 아끼지 않았다.

2006년 9월까지 3년 임기의 대사직을 수행하고 귀국한 김경임 대사는 이듬해 8월 공직을 물러나 성균관대 초빙교수를 거쳐 2016년 5월 현재 중원대학교에서 후학을 양성하고 있다. 우리나라의 몇 명 없는 문화 전문 외교관 출신인 김경임 교수가 문화재반환운동에 힘을 쏟고 있는 것은 결코 우연한 일이 아니다.

김경임 대사는 30년간 외교관으로 일하면서 정무나 경제통상이 아닌 문화외교를 전문 분야로 다뤄 자신만의 '독자 브랜드'를 개발했다. 그중에서도 특히 관심을 가진 분야는 '문화재 반환'이었다. 1990년대 파리 유네스코 주재 한국대표부에 근무할 때 국제사회가 문화재 반환 청구국과 반환 반대 국가로 양분돼 치열한 외교전쟁을 치르며 자국의 문화재 수호에 전력을 다하는 것을 보고 큰 감명을 받은 김 대사는 1990년대 중반부터 이에 관한 책을 써야겠다고 결심하고 15년간 틈틈이 자료를 수집하며 준비했다. 드디어 2009년 3월, '세계 문화유산 약탈사'라는 부제가 달린 《클레오파트라의 바늘》을 펴내 주목을 받았다.

이 책은 세계 각지에 흩어져 있는 약탈문화재와 이의 반환 협상에 관한 재미있는 이야기를 담고 있다. 특히 프랑스가 소장하고 있는 299권의 외규장각 의궤 등 우리의 약탈문화재를 다룬 부분이 하이라이트인데, 자신의 전문성을 살려 프랑스가 약탈해간 외규장각 도서 반환 협상에 자문위원으로 참여한 이야기를 들려주고 있다.

"잦은 외침과 일제 식민 통치를 거치면서 우리 문화재도 많은 수난을 당했다. 프랑스와 첨예한 반환협상을 벌였던 외규장각 의궤 도서가 대표적이다. 일제 강점기에 이토 히로부미가 반출해 간 규장각 도서도 불법 반출 문화재의 표본이다. 무엇보다 1950년대 말 한국에서 외교관 생활을 했던 그레고리 헨더슨이 수집한 한국 문화재야말로 문화재 반환의 중요한 사례라고 할 수 있다.

주한 미국대사관 정무 참사관이었던 그레고리 헨더슨은 우리에게 《소용돌이의 한국정치》로 잘 알려진 인물이다. 그는 자신의 외교관 지위를 이용해 1958년부터 1963년까지 광범위한 한국 문화재를 거의 헐값에 수집해 갔다. 이것이 이른바 헨더슨 컬렉션이다. 헨더슨 컬렉션의 가장 큰 문제는 그것이 도난품인지 도굴품인지 혹은 지정 문화재를 포함하고 있는지 전혀 밝혀지지 않았다는 것이다.

또한, 헨더슨 컬렉션은 단일 문화재가 아니라 한국 문화재의 특성을 보여주는 광범위한 최고급 문화재들로 구성되어 있다. 무엇보다 문제가 되는 것은 당시 문화재에 대한 의식과 정책들이 확립되기 전인 가난한 한국에서 한 중견 외교관이 개인적 치부 수단으로 우리의 국보급 문화재들을 거의 공짜로 수집했다는 사실이다."

《클레오파트라의 바늘》에 나오는 대목 중 일부이다.

일본 게이오대학 연수 경험이 있는 김경임 교수는 일본의 약탈문화재에도 꾸준한 관심을 가져왔다. 그녀는 2013년 《사라진 몽유도원도를 찾아서》(부제: 안평대군의 이상향, 그 탄생과 유랑), 2015년 《서산 부석사 관음상의 눈물》(부제: 약탈당한 고려문화재와 대마도 왜구 이야기)을 잇달아 출간했다.

세종대왕의 셋째아들인 안평대군의 이상향을 담은 《사라진 몽유도원도를 찾아서》는 몽유도원도의 탄생 배경과 유랑의 시간을 추적한 책이다. 역사학자 고 박병선 박사가 프랑스 국립도서관에 근무하면서 약탈문화재인 외규장각 의궤를 찾아내어 한-프랑스 외교회담의 의제로 올린 것처럼 일본이 약탈해간 〈몽유도원도〉의 존재를 세상에 알려서 한일 간 문화재 반환 문제를 주요 외교 쟁점으로 부각하도록 연구한 결과물이다.

김경임 교수의 연구에 의하면, 2013년 1월 대마도에서 화마에 그을린 채 발견된 관음상은 1350년 왜구의 대대적인 침입 당시 서산 부석사에서 약탈해간 것이다. 이 불상은 1330년 평범한 마을 주민 32명이 관세음불의 연민과 자비로 당대의 화란(禍亂)에서 구원받기를 간절히 빌며 서산 부석사에 봉안했다는 내력을 지니고 있다. 그렇기 때문에 이 불상은 당시 서산 주민들과 대마도의 약탈 관계를 유일하게 전해주는, 역사적 가치가 큰 귀중한 문화재이다. 김 교수는 책 출간 이후 각종 강연을 통해 "고려 말 왜구들이 서산 지역을 침범한 구체적인 물증은 부석사 관음상이 유일하다."며 정부에 문화재반환운동을 촉구하고 있다. "대마도에는 우리 문화재가 산재해 있다. 대장경과 130여 개의 고려시대 불상, 법구, 일부 조선시대 유물도 있다. 국보급 문화재들이지만 화상을 입고 불편한 상태로 방치되고 있다. 대마도의 우리 문화유산은 모두 약탈된 것이다. 대마도 유물들에 대한 본격적인 연구조사가 필요하다."고 전하는 김 교수는 이제 문화재 전문가로 변신해 있다.

행정자치부에서 5년마다 실시하는 '공무원 총조사'에 따르면 2003년 34.2%였던 여성 공무원 비율은 2008년 40.6%, 2013년 6월 기준 41.4%로 증가했다. 여전히 교육공무원의 여성 비율이 67.9%로 가장 높지만, 여성들의 진출이 적은 경찰·소방 공무원도 6.1%를 차지하고 있다.

여성 공무원이 늘어나는 만큼 여성 고위공무원 수도 상승 곡선을 그리고 있다. 행정자치부 자료에 따르면, 고위공무원단에 속한 여성의 수는 2010년 50명(3.4%)에서 2013년 6월 기준 70명(4.8%)으로 증가했다. 하지만 40%대로 올라선 전체 여성 공무원 비율과 비교하면 여성 고위공무원 비율은 아직도 미미한 수준이다.

외교부가 국회에 제출한 자료에 따르면 2015년 12월 현재 여성외교관 비율은 무려 30.1%, 4급 이상도 23.6%에 달하고 있다. 여성채용목표제를 발전시킨 국민의정부, 양성채용목표제로 확대시킨 참여정부가 들어서면서 2000년대부터 외무고시에서 여성 합격자 수가 폭발적으로(9% → 47%) 증가한 까닭이다. 그러나 아직도 고위공무원단 소속 여성공무원은 단 7명뿐이다. 외시 18회 출신인 백지아 기획조정실장, 부부1호 외교관이자 외시 19회에 수석으로 합격한 박은하 주중국공사, 외시 22회 출신의 오영주 개발협력국장 등 3명이 선두를 달린다. 이들은 모두 다자외교 분야에서 발군의 실력을 발휘해온 것이 공통점이다.

백지아 실장은 주유엔대표부 2등서기관, 주제네바대표부 참사관, 본부 국제기구국장, 주유엔대표부 차석대사 등 요직을 두루 역임하며 외교부 내에서 다자외교의 꽃인 '유엔통'으로 꼽힌다. 1991년 한국의 유엔 가입 직후 유엔대표부에서 근무한 이후 20년가량 다자외교의 무대인 유엔관련 업무를 맡았고, 2015년 11월 여성1호로 본부직제인 국제안보대사에 임명됐다가 4개월 만에 다시 여성1호 기획조정실장을 맡았다. 기획조정실장은 예산 편성 및 집행, 인사 운영 등을 총괄하는 핵심 고위공무원(옛 1급)이다. 그녀는 이제 선배인 김경임 전 대사를 넘어서는 여성외교관 신기록을 써나가고 있다. 서울대 외교학과 졸업반이던 1984년에 여성2호로 외시에 합격했고, 이듬해부터 외교관 생활을 해왔다.

김원수 유엔사무차장과 부부인 박은하 공사 역시 다자외교 전문가이자 '중국통'이다. 국제기구과와 문화협력과, 지역협력과를 거쳐 주중국참사관, 주유엔대표부 공사, 본부 개발협력국장 등을 역임했다. 한국 외교의 핵심으로 부상한 개발도상국에 대한 공적개발원조(ODA)를 총괄하기도 했다.

오영주 국장도 다자외교 분야에서 주목받고 있는 유망주이다. 2006년 다자외교 분야의 요직인 유엔과장에 여성 최초로 낙점돼 외교가의 집중 조명을 받았다. 유엔과장은 북미1과장, 동북아1과장과 함께 외교부 내 '빅3' 과장이다. 그녀는 2012년 3월 서울 핵안보정상회의 기획단 기획의전부장을 맡아 58개국 정상의전을 총괄하며 또 다시 주목받았다. 국제기구과 3등서기관, 주유엔대표부 1등서기관, 주중국참사관, 본부 개발협력국 심의관 등을 거쳤다.

이밖에도 외교관 부부가 요직인 외교정책과장과 인사정책팀장을 동시에 맡아 한동안 부러움을 샀던 유혜란 국립외교원 기획부장(외시 23회)도 기대주이다. 문화정책과장을 거쳐 개발협력국 심의관을 맡아 2011년 OECD 부산 세계개발원조 총회를 성공적으로 지원했다. 2016년 4월 박근혜 정부의 외시(26회) 출신 1호 공관장으로 깜짝 발탁된 김효은 주세네갈대사가 가장 막내이다. 그녀 또한 20년 이상 유엔(UN)과 세계무역기구(WTO), 기후변화협약(UNFCCC) 등 다양한 국제기구 업무를 담당했고 APEC 예산운영위원회 의장을 역임하며 다자외교 전문가로 성장했다. 본부 기후변화팀장, OECD 무역·환경공동회의 부의장, 글로벌녹색성장기구(GGGI) 기획정책국장 등을 역임한 기후변화 전문가이다. 여성1호 의전실 근무 기록도 갖고 있다.

우리나라 외무고시 여성합격자 비율이 가장 높았던 해는 2007년으로, 31명 중 21명(67.7%)이 여성이었다. 70%에 육박하는 수치로 '여인천하' 시대를 연 것이다. 이 해는 마침 김경임 대사가 공직생활을 마감하던 해이기도 했다. 여성 합격자가 늘면서 외무관 5등급 여성 비율은 2008년 29%에서 2011년 37%까지 늘었다. 인사혁신처에 따르면, 외무고시를 대체해 세 번째로 실시한 2015년 외교관후보자 선발시험 합격자는 총 37명으로 여성이 24명(64.9%)이었다. 2014년 여성합격자 비율(63.9%)보다 다소 늘어난 수치이다.

2015년 상반기 정기 해외공관장 인사에서는 박근혜 정부 들어 첫 여성 재외공관장이 한꺼번에 두 명씩이나 탄생했다. 주삿포로총영사에 임명된 한혜진 외교부 전 부대변인과 주센다이총영사에 승진 임명된 양계화 전 센다이부총영사가 그들이다. 이 두 사람도 고위공무원단 소속이다.

한 총영사는 〈경향신문〉 기자 출신의 홍보 전문가로 2000년 해양경찰청 공보관으로 공직에 발을 디뎠다. 이후 외교통상부 통상교섭본부 통상홍보과장과 청와대 미래비전비서관실 행정관을 거쳤으며 2011년 개방형 고위공무원인 부대변인으로 발탁됐다. 그녀는 외교부의 개방형 직위 공개모집을 통해 채용된 인사 중 여성1호 재외공관장으로 이름을 올리게 됐다.
현지에서 승진한 양 총영사는 1980년 외무직 7급 공채로 외교부에 들어와 주히로시마총영사관 영사, 본부 여권과 전자여권팀장 등을 지냈다. 7급 출신 여성 공관장으로는 최초의 기록이다.

한편 2014년 말 퇴직한 박동원 전 주파라과이대사도 이명박 정부에서 임명되어 여성 공관장으로 활동했지만 외무고시 출신은 아니었다. 그녀는 지난 1991년 포르투갈어 전문가 특채를 통해 외무부에 들어온 '브라질통' 이었다. 이후 주브라질대사관 2등서기관과 본부 남미과장, 그리고 주브라질공사 등을 거쳤다.

정부 부처 가운데 특히 외교부처럼 힘 있는 부처일수록 여성 고위공무원을 찾아보기가 매우 어렵다. 예전보다는 많이 나아졌다고 하지만 여전히 여성이 고위직에 오르기는 쉽지 않은 환경 때문이다. 게다가 해외 근무라는 특성 때문에 130여 명이나 되는 해외공관장 중 여성이 발탁되기는 쉽지 않다.

미국은 대사의 18%가 여성이다. 반면에 우리는 역대 여성 공관장이 김영삼·김대중 정부 시절의 이인호 대사, 노무현 정부의 김경임 대사, 역시 노무현 대통령이 임명한 김영희 주세르비아·몬테네그로 대사와 지영선 주보스턴총영사, 이명박 정부의 박동원 대사, 그리고 박근혜 대통령이 임명한 한혜진·양계화 총영사와 김효은 대사 등 단 8명뿐이다.

김영희 주세르비아·몬테네그로 대사는 독일 쾰른대학교에서 교육·철학·인류학 박사를 취득하고 독일 통일 직후인 지난 1991년 별정직으로 특채돼 주독일대사관에서 참사관과 공사 등으로 13년을 근무한 독일 전문가이다. 2005년 9월 노무현 정부에서 대사로 임명됐다. 지영선 총영사는 〈한겨레신문〉 논설위원 재직 중이었던 2006년 3월 노무현 대통령에 의해 발탁된 최초의 여성 총영사였다.

우리나라 최초의 여성외교관은 서울대 법대 출신의 전성숙씨다. 그녀는 1952년 외무부 정무국 아주과에 촉탁(계약직)으로 발을 내디딘 후 4년 만에 정규직 채용시험이 실시됐지만 여권업무가 밀려서 일반 직렬인 '주사'로 남았다. 1960년에야 외교관 시험에 합격해 '외교관보'에 임명됐으며 1962년 5월 2일 정부인사에 의해 주일대표부 부영사로 해외근무를 시작했다. 정부 수립 이후 남성의 독무대였던 외교영역에 뛰어든 첫 여성 직업외교관으로 기록이 남아 있다.

이제 우리 외교가에도 문화외교 전문가, 다자외교 전문가뿐 아니라 미국통, 정무 라인, 통상전문가 등의 단어가 더 이상 금녀의 벽이 아닐 날이 멀지 않았다. 조만간 제2, 제3의 김경임과 제2, 제3의 백지아가 줄줄이 쏟아져 나오게 될 것이다.

"앞으로 지역, 성별, 학력, 전공별 차이를 감안한 할당제·목표제에 대한 저항이 심해질 것이나 이를 대세로 받아들이고 적극 홍보해야 할 것입니다. 이러한 (균형)인사정책이 시장경제와 경제원칙에 더 부합할 수 있다는 사례를 찾고 성장과 분배의 동반 발전을 위한 이론 구성의 노력을 해야 할 것입니다."

2004년 7월 1일 중앙인사위원회 업무보고회에서 노 대통령이 했던 발언이다. 본격적인 여성외교관, 여성공관장 시대를 활짝 열어 제친 지도자는 바로 '차별 없는 균형적 인재 등용'을 국정목표의 주요 과제로 삼고 로드맵까지 세심하게 살핀 노무현 대통령이었다.

김정숙 식품의약품안전청장

연구실에서 찾아낸 진주

2004년 9월 1일 노무현 대통령은 6개 부처 차관(급) 인사를 단행했다. 건설교통부차관에 김세호 철도청장을 이동 배치했으며, 노동부차관에 정병석 노동부 기획관리실장, 특허청장에 김종갑 산업자원부 차관보, 금융감독위원회 부위원장에 양천식 금융감독위원회 상임위원 등 세 명의 관료를 각각 승진·기용했다. 6개월 전 차관급으로 승격된 문화재청장에는《나의 문화유산 답사기》로 유명한 유홍준 명지대 미술사학과 교수를 임명했다. 그리고 나머지 한 자리, 식품의약품안전청장에는 이날의 홍일점 김정숙 한국한의학연구원 수석연구원을 낙점했다. 전임 노동부차관·건설교통부차관·특허청장·금융감독위원회 부위원장은 참여정부 출범 때부터 1년 6개월 동안 근무해온 차관(급)들로 그동안 많은 역할과 기여를 해온 점을 감안해 휴식을 할 수 있도록 배려한 인사 조치였다. 문화재청장은 정부조직법 통과가 늦어지면서 국민의정부에서 임명된 관료 출신 전직 청장이 장장 3년 5개월 동안 근무하고 있었다.

그러나 식품의약품안전청장(식약청장)만큼은 예외였다. 전임자는 국내 의약품의 생물학적 동등성분야 전문가 발탁 케이스로 참여정부 출범 당시 임명된 심창구 서울대 약대 교수. 따라서 김정숙 청장은 연속적인 외부 출신 인사였다. 특히 김정숙은 1998년 2월 개청 이래 최초의 여성 청장으로 정부 과천청사는 물론 서울 녹번동 청사에서도 생소한 인물이었다.

발표문을 받아든 출입기자들은 허를 찔린 듯 여기저기 수소문에 열을 올려야만 했다.

사실 외부 인사 발탁은 이미 한 달 전부터 예고된 일이었다. 8월 초 보건복지부는 '출혈성 뇌졸중'을 일으킬 수 있는 PPA(페닐프로판올아민) 성분 함유 감기약 파동에 대한 감사 결과를 발표했다. "식약청은 PPA 성분 함유 감기약의 위해성을 인지하고도 전면 판매금지 조치에 4년 가까운 시간을 허비하는 등 의약품 안전망 구축에 허점을 드러냈다. 따라서 심창구 청장의 조기 경질과 식약청에 대한 대대적인 조직 및 업무 혁신에 착수할 것이다." 그리고 "제약업계와 무관한 외부 전문가의 식약청장 기용을 대통령께 건의하겠다."는 내용을 함께 포함시켰다. 심창구 청장이 김근태 보건복지부장관을 통해 "자리에 연연하지 않겠다."며 사의를 표명했음은 물론이다.

6월 하순 서울대 의대 신경과 윤병우 교수 등이 제출한 〈PPA 복용과 출혈성 뇌졸중 발생 간의 관련성 연구결과〉 최종보고서에는 "PPA가 뇌졸중의 위험을 증가시키는 것은 30세 이상 모든 연령에서 공통된 현상이며 특히 여성에게서 뚜렷하다."고 강조했다. 그러나 식약청은 보도자료 또는 기자회견에서 이러한 사실을 전혀 공개하지 않았고, 7월 말 발표문에서도 "PPA 성분의 뇌졸중 발생 위험도는 전체적으로 2배가량 높고 여성에게 좀 더 위험하다."며 축소·왜곡했다. 이것이 바로 2004년 여름을 강타한 PPA 감기약 파동이다.

이 같은 축소·은폐 발표는 식약청과 제약회사들의 유착 때문이 아니냐는 세간의 의심을 받기에 충분했다. 미국이 이미 2000년에 PPA 뇌졸중 유발 경고를 발표했음에도 식약청은 무려 4년 동안이나 시간을 끌어왔던 것이다. 아울러 심창구 청장이 약사 출신에다 한국약제학회 회장 출신이라는 점을 들어, 제약회사 등에 대한 엄정한 감시 업무를 담당하기 위해 차기 청장은 제약업계와 무관한 제3의 공정한 인물을 선임해야 한다는 여론이 빗발쳤다. 한 달 가까이 인사가 미뤄진 건 이 때문이었다. 적임자를 찾아야만 했다.

보건복지부 인사 추천을 담당하는 균형인사비서관실이 바빠지기 시작했다. 먼저 보건복지부 소속 1급들을 대상으로 인재 DB 리스트를 점검했다.

문창진 사회복지정책실장. 행정고시 22회인 그는 서울대 사회학과를 졸업하고 미국으로 건너가 시카고대학에서 사회학 석·박사를 취득했다. 보건복지부 자립지원과장·기초생활보장심의관 등 사회복지 분야와 식약청 전신인 국립보건원 보건고시 과장·주제네바대표부 보건관 등 보건 분야를 두루 경험했다. 그러나 보건복지부차관으로 승진한 송재성 전 실장의 후임으로 1급에 진급한 지 채 한 달이 되지 않았다. 그는 1년 5개월 후인 2006년 2월 김정숙 청장의 뒤를 이어 7대 식약청장으로 임명장을 받았다.

오대규 질병관리본부장. 전북대 의대를 졸업하고 연세대에서 보건학 박사학위를 취득했다. 국립 소록도병원장·보건복지부 의정국장·건강증진국장 등을 역임한 예방의학 전문가다. 역시 1급으로 승진한 지 겨우 5개월 남짓에 불과했다.

보건복지부 안에는 적임자가 없었다.

결국 외부 전문가를 찾아야 했다. 중앙인사위원회 인재 DB를 담당하는 이신철 사무관에게 연락을 취했다. 인사수석실 인사정책 자문위원이자 헤드헌터인 유앤파트너스 유순신 대표에게도 전화를 넣었다. 그러나 돌아온 건 짧은 대답 한 줄이었다. 심창구 식약청장 임명 당시 후보군에 있었던 식품 분야 유 모 교수(고려대) 정도를 관리하고 있다는 것이었다. 확인해보니 나이도 많은데다 성향 또한 그리 혁신적이지 않았다.

시간은 점점 흘러가고 있었다.

사실 보건복지부와 식약청은 내 소관이 아니었다. 그러나 네 일 내 일 따질 계제가 아니었다. 상황은 긴박하게 돌아가고 있었다. 따지고 보면 식품이나 약품 쪽도 '범 과학기술' 분야가 아니던가. '과학기술 인사자문단'을 풀로 가동하면 좋은 사람을 건질 수 있을지도 모르겠다는 생각이 들었다.

정영애 비서관과 정찬용 수석에게 보고하고 인사정책자문위원 고영하(의학), 과학문화연구소장 이인식(과학기술인 DB), 대통령직인수위원회 과학기술상근자문위원을 지낸 박수훈 박사(과학기술정책), 서울지방식약청장 최수영(약학), 식약청 차장을 역임한 이형주 한국한의학연구원장(한의학) 등을 총 동원했다. 그리고 이왕이면 여성으로 찾아달라고 간곡하게 부탁했다. 식약청 소속 직원의 41%, 특히 연구직은 49%가 여성인데 기관장을 여성으로 배출하면 '여성'의 장점을 살려 꼼꼼하게 식품안전을 챙길 수 있을 것이라는 기막힌 생각에 이르렀다. 이미 7월 말 인사에서 양지선 보건연구관이 국장급 보직인 국립독성연구원 의약품평가부장으로 승진하며 최초의 여성 국장 타이틀을 거머쥔 상태였다.

마침내 우리는 고대하던 흙 속의 진주를 찾아내고야 말았다. 김정숙 박사. 1951년 경북 구미 출생인 그녀는 이화여고와 서울대 약대를 졸업하고 미국으로 건너가 미네소타대학에서 생화학 석사, 워싱턴대학에서 약제학 박사학위를 취득했다. 하버드대 의대 객원교수로 일하다가 1994년 한국한의학연구원 출범 때 연구원으로 귀국해 한약기전을 규명하고 신약개발 업무를 주로 맡아왔다. 골 질환 및 내분비 관련 연구에 주력해왔고, 한약재로 많이 쓰이는 칡이 성장호르몬 생성을 촉진시킨다는 사실을 밝혀내 주목을 받기도 했다.

국내·외적으로 49건의 논문을 발표할 정도로 학문에 대한 열정이 대단했을 뿐만 아니라 40건의 특허를 출원하는 등 다방면에 재주가 뛰어났다. 약학을 전공했으면서도 한의학연구원에서 근무해온 이색 경력에다 평소 우리나라 의약품 체계의 문제점을 지적하며 제도개선의 필요성을 역설해온 개혁적인 인물이었다. 국가연구개발 사업평가위원회 위원, 중앙약사 심의위원회 위원 등 정부 일에도 지속적으로 관여해온 바가 있었다. 경희대 동서의학대학원 겸임교수와 여성생명과학기술포럼 이사를 맡는 등 외부 활동도 활발했다.

그러나 '외부전문가 발탁'이라는 원칙에도 불구하고 김정숙 청장의 임명은 일종의 '파격'으로 해석됐다. 한의학연구원 수석연구원에서 일약 차관급인 식약청장에 올랐기 때문이다. 맡는 업무가 다르다고는 하지만 정부출연 연구기관의 수석연구원은 중앙부처의 과장급보다 낮은 지위로 여겨지는 게 현실이었다. 더구나 연구과제중심제도(PBS)를 운영하는 정부출연기관은 예산 철이 되면 기관장조차 담당 부처의 과장 만나기가 하늘의 별 따기라는 것이 공공연한 비밀이었다.

물론 김 박사의 업무 추진 능력은 그런 우려를 불식시킬 만큼 뛰어나다는 평가가 많았다. 하지만 연구활동 이외의 행정 경험이 전혀 없어서 난마처럼 얽힌 식약청의 복잡다단한 업무를 풀어나가기가 쉽지 않을 것이라는 우려 때문에 정찬용 인사수석은 면접을 보자고 제안했다. 사실 나 역시 한의학연구원의 현직 연구원들까지 다양한 평판조회를 한 다음 추천을 했지만 속으로는 기대 반 걱정 반이었다. 그러나 한숨은 잠시뿐, 당당하게 우리 앞에 나타난 김정숙 박사는 유연하면서도 적극적이고 강단 있는 모습을 보여줌으로써 모두의 근심을 단숨에 날려 보냈다. 그야말로 시원시원한 여장부였다.

청와대 인사수석 앞에 불려온 김 박사는 거침없이 자신의 생각을 하나하나 풀어냈고, 면접은 합격점을 받았다. 이어서 화학공학박사 출신 비서실장, 면도칼 검증 민정수석 등으로 구성된 인사추천회의도 무난하게 통과했다. 노무현 대통령 역시 그를 적극 수용했음은 물론이다.

9월 3일 오전 임명장을 수여하는 자리에서 노무현 대통령은 신임 김정숙 식약청장을 처음 대면했다. 노 대통령은 "혁신은 작은 일부터 고쳐나가는 것"이라며 "정부가 혁신을 열심히 하려고 하니 이를 놓치지 않도록 해 달라"고 정부 혁신을 먼저 당부했다. 이어서 "연구와 행정 그리고 분석이라는 식약청의 복잡한 업무 특성이 있지만 그래도 혁신적인 자세로 임하면 이를 해낼 수 있다. 너무 여론에 무감각해서도 안 되지만 너무 흔들려서도 안 된다."며 "국민들이 마음으로 불안해하지 않도록 업무에 전념해 달라"고 강조했다.

노무현 대통령의 이 같은 당부는 새해 벽두의 예고 없는 식약청 방문을 통해 식품안전관리의 중요성을 깊이 인식한 데서 시작된 것이다. 당시 노 대통령은 "식품의 안전을 공급자에게 맡기는 것은 적절치 않다. 소비자 중심으로 제도화하는 게 옳다."라면서 "소비자 중심의 식품안전관리 지침을 마련하라." 하고 지시한 바 있다. 이어서 불량식품 단속 인력을 대폭 늘려야 한다는 직원들의 건의를 받고 "정책부서와 현업부서 가운데 현업부서를 우선 늘리고 국민생활과 부닥치는 문제를 최우선적으로 해결한다는 원칙을 적용하면 식약청은 1순위에 해당한다."며 곧바로 안전관리 인력을 증원시켜주었다.

한편 김정숙 청장의 남편인 최재원 (주)국영지앤엠 대표이사는 서울대 정치학과 65학번으로 김근태 당시 보건복지부장관과 대학 동기였다. 정부 과천청사에서는 한때 남편 후광으로 식약청장을 꿰찼다는 턱도 없는 소문이 돌았다. 이 때문에 창호시공 전문건설업체가 한동안 가파른 주가 상승을 하며 '김정숙 테마주'로 불리기도 했다. 그러나 사실은 인사가 늦어지면서 다급해진 김근태 장관이 복지부 1급 관료 중에서라도 하루 빨리 청장을 내보자는 생각을 밝힌 뒤였다.

김근태 장관은 보건복지부 국장을 승진시켜 식약청 차장으로 내보내던 관행에 제동을 걸었고, 식약청이 상당히 독립적으로 운영되도록 방침을 주었다. 그러나 쓰레기만두 파동과 PPA 감기약 파동을 연이어 겪으면서 결국 마음을 고쳐먹었다. 2004년 6월 초 식약청은 '불량만두' 재료와 제품을 제조·판매해온 25개 업체 명단을 전격 공개했다. 사실 이때부터 심창구 청장은 사표를 결심한 상태였다.

김 장관은 식약청 창설 멤버이자 2003년 4월 30일부터 재직 중인 정연찬 식약청 차장을 교체하기로 하고 후임 물색에 들어갔다. 일단 보건복지부 변철식 보건정책국장을 먼저 식약청 차장으로 승진·내정했다. 변 내정자는 보건복지부 약무정책과장·식약청 식품안전국장 등을 거치며 보건복지부 안에서는 식품안전 업무에 매우 친숙한 관료였다. 행정고시 19회 출신으로 식약청의 핵심 보직인 기획관리관까지 역임했으므로 행정 경험이 없는 김정숙 청장을 보필하기에도 전혀 손색이 없었다.

그렇게 17개월을 재직한 김정숙 박사는 △부정·불량식품 관리강화 △HACCP(식품위해요소중점관리기준) 제도 활성화 △BT(생명공학기술) 경쟁력 강화 등에 노력하고 좋은 대안을 남긴 유능한 식약청장이었다. 주요 성과를 간추려본다.

2005년 3월 식약청은 대통령 업무보고에서 국가가 품질을 인증하는 HACCP(해썹) 제도를 처음으로 도입하겠다고 밝혔다. HACCP은 식품의 원료, 제조가공 및 유통 등 전 과정에서 안전 위해물질이 해당제품에 혼입되거나 오염되는 것을 사전에 예방·감시하기 위한 각 과정을 중점적으로 관리하는 기준을 말한다. 미국 FDA는 1997년부터 이 제도를 자국 내 모든 수산식품에 강제 적용하도록 결정했다. 우리나라는 1995년 식품위생법에 이 규정을 신설했다. 2004년 여름 불량만두 파문과 2005년 기생충알 사건으로 김치업체가 또 한 차례 수난을 겪으면서 2005년 이후 만두류·피자류·면류·어묵류·조미가공품 등으로 점차 확대됐다.

참여정부 들어 가공식품과 수입식품의 소비가 늘고 외식의 증가, 집단 급식과 같은 대량 조리·유통이 증가함에 따라 식품유통환경은 급변했다. 이에 따라 식품안전을 위협하는 요인이 대규모 식품안전사고로 발전할 가능성이 높아졌다. 실제로 식중독 규모는 2002년 말 발생건수 78건, 환자 수 2,980건에서 2006년 1월 현재 발생건수 259건, 환자 수 1만 833건으로 급증했다. 그러나 국민의 식품안전에 대한 요구는 커지는 반면 정부의 식품안전관리에 대한 신뢰도는 매우 낮은 수준에 머무르고 있는 형편이었다.

식약청은 이제까지와는 달리 사전 예방적 기능을 강화하는 식품안전행정을 펼쳐나갔다. 전국의 영양사, 조리사, 학부모 등 8,400명을 명예감시원으로 위촉, 식중독 환자를 줄여나갔으며 각급 병원 응급센터와 연계해 독성정보서비스를 제공하는 '중독관리본부'도 설치했다. 또한 '인체위해성평가센터'를 출범시켜 식품·의약품·농약·산업용품 등에 사용되는 각종 인체 위해물질의 안전을 통합적으로 관리하기 시작했다.

또한 김정숙 청장은 10대 성장 동력산업으로 지정된 BT 경쟁력 확보를 위해 신약허가 심사기간을 1년에서 6개월로 단축하는 쾌거를 이뤄냈다. 2005년 4월 'BT 등 신약 제품화 촉진을 위한 종합대책'을 발표하고 과학기술관계 장관회의에 상정했다. 의약품 규제기관인 식약청이 규제에만 머무르지 않고 앞으로는 신약의 산업화를 위해 적극 지원에 나서겠다는 의지를 천명한 것이다. 당시 우리나라의 BT 경쟁력은 세계 14위 수준이었지만 이를 평가할 수 있는 능력은 선진국 대비 30% 수준이었다.

허가 및 심사 전담 인력도 턱없이 부족했다. 경제규모나 의약품 개발 수요를 감안하더라도 미국 FDA 900명, 독일이 270명인데 비해 우리는 25명

에 불과했다. 2000년 생명공학육성계획(Biotech 2000)이 마련된 이후 정부
가 BT육성을 위해 집중적으로 투자해온 결과물들이 제품화 단계에 접어
들고 있어서 향후 병목현상이 더 심해질 수 있음을 관계부처와 청와대에
알렸다. 인력 충원이 이루어졌고 심사의 질을 높이기 위한 내부 트레이닝
시스템도 갖췄다.

　김정숙 식약청장은 2005년 발생한 기생충 김치파동을 처리하는 과정에
서 뛰어난 현안 대처능력을 보여주었고, 파격적인 발탁인사와 빼어난 업
무추진력 등을 남겼다. 특히 국장급 직위인 국립독성연구원 독성연구부
장에 2대 김승희 식약처장을 발탁하며 6개월 만에 2연속 여성 부장 승진
자를 배출했다.

　2015년 4월 2대 식약처장에 김승희 전 식약처 차장이 임명됐다. 식약청
시절부터 계산하면 열네 번째 기관장이다. 김승희 처장은 서울대 약대를
졸업하고 미국 노트르담대학교에서 생화학 박사학위를 취득했다. 1988년
식약청의 전신인 국립보건연구원 보건연구관으로 공직에 입문한 뒤 연구
활동에 전념해왔다. 김정숙 식약청장으로부터 능력을 인정받아 '여성1호'
를 달고 살았다. 여성1호 식약청 국장, 여성1호 국립독성과학원장, 여성1호
식약청 차장을 거쳤으며 드디어 여성1호 내부 출신 식약처장에 발탁됐다.
참여정부 인사시스템이 발굴한 김정숙 식약청장 이후 또 한 명의 스타가
탄생한 것이다. 그러나 그녀는 11개월 만에 직을 내려놓고 과학기술 분야
를 우대하는 새누리당에 의해 20대 비례대표 의원으로 새롭게 출발했다.

김홍남 국립중앙박물관장
유물 진열장을 벗어나라

드디어 철옹성이 열렸다. 1945년 12월 3일 국립박물관이 문을 연 지 실로 61년 만에 성(性)의 장벽이 깨졌다. 2006년 8월 8일 노무현 대통령은 차관(급) 12명에 대한 중폭 인사를 단행했다. 이 인사는 한 달 전 이루어진 장관급 소폭 개각의 후속 조치이자 한명숙 여성1호 국무총리가 추천권을 행사한 최초의 차관(급) 인사였다. 또한 고위공무원단 출범 이후 첫 번째 차관급 인사로, 과거 기준 2~3급 국장 출신의 차관 발탁이 예의 주시됐다. 인재 풀의 한계 때문에 홍일점으로 포함된 국립중앙박물관장에는 예상대로 김홍남 국립민속박물관장이 낙점됐다.

당시 국립중앙박물관은 문화관광부 소속 기관이었지만 기관장은 차관급이었다. 교육부 소속 국사편찬위원회, 외교부 소속 외교안보연구원, 중앙인사위원회 소속 중앙공무원교육원과 소청심사위원회 등이 같은 차관급 기관장이었다. 그만큼 중요한 기관이었다.

참여정부는 수준 높은 삶의 질, 다양한 문화생활을 누리는 행복한 나라를 주요 정책목표의 하나로 삼았다. 따라서 박물관과 미술관, 공공도서관, 공연장 등 문화기반시설을 대폭 확충해 2002년 1,101개소에서 2006년 1,609개소로 4년 동안 무려 46.1%나 증가했다. 이 가운데 박물관은 276개소에서 399개소로 44.5%를 늘렸다.

박물관은 고고학적 자료와 역사적 유물, 예술품, 그밖의 학술자료를 수집·보존·진열하고 일반에게 전시함으로써 학술 연구와 사회교육에 기여할 목적으로 만든 시설물로 역사와 문화의 중요한 가치를 익히고 체험할 수 있는 공간이다. 국립중앙박물관은 한 나라의 문화계를 대표하는 얼굴이며, 선진국에서는 대부분 그 기관장을 장관급으로 예우한다.

대한민국 국립박물관은 1945년 8월 15일 이후 조선총독부박물관(1915년 12월 1일 경복궁 안에서 개관)을 인수해 개관했다. 우리나라에서 가장 먼저 설립된 박물관은 대한제국 황실이 1909년 11월 서울 창경궁에 개관한 제실박물관(帝室博物館)이다. 제실박물관은 1911년 2월 1일 이왕가박물관(李王家博物館), 1938년 4월 이왕가미술관, 광복 이후인 1946년에 덕수궁미술관으로 각각 개편됐다가 1969년 5월 국립박물관에 통합됐다. 조선총독부박물관은 1926년 6월 20일에 경주분관, 1939년 4월 1일에 부여분관을 각각 개관했다. 이와 별도로 서울에서는 간송 전형필(澗松 全鎣弼)에 의해 1938년에 최초의 사립박물관인 보화각(葆華閣)이 개관되었고, 광복 이후 간송미술관으로 개편됐다.

원래 국립중앙박물관장은 1급 상당(학예연구관) 직위였다. 국민의정부는 1999년 개방형으로 일반 공모에 의해 관장을 뽑았다. 그리고 2003년 2월 24일 김대중 정부 마지막 날 열린 국무회의에서 차관급으로 승격시키고, 이를 위해 '문화관광부와 그 소속기관 직제'(대통령령) 개정안을 의결했다. 2005년 개관 예정인 용산박물관의 차질 없는 건립, 그리고 통일시대에 대비하는 민족문화의 전당으로 거듭날 수 있도록 그 기능을 강화하기 위해 선진국에 버금가는 위상으로 높여야 한다는 논리가 관철된 것이었다.

1급 관장 시절, 국립중앙박물관장은 계약직으로 3년 임기에 연임도 가능했다. 2003년 3월 19일 임기가 만료되는 7대 지건길 관장의 후임에는 당초 이건무 국립중앙박물관 학예실장과 강우방·김홍남 이화여대 교수, 유홍준 명지대 교수 등 4인이 응모했다. 그런데 직제 개정에 따라 대통령이 직접 임명하는 정무직으로 바뀌면서 공모 절차는 중단됐다.

　한편, 참여정부 출범 직전 새천년민주당 이미경 의원은 차기 국립중앙박물관장 후보로 김홍남 이화여대 교수를 추천하면서 화제가 됐다. 이 의원은 김 교수를 천거하는 장문의 추천서를 문희상 대통령비서실장 내정자에게 보내 "훌륭한 여성들이 고위직에 참여할 수 있도록 관심을 확대할 필요가 있다. 마침 전문성과 비전을 고루 갖춘 적임자가 있어 추천한다."고 밝힌 것이다. 문희상 내정자는 "이 의원이 매우 고심한 흔적이 있고 진지했다. 그 노력을 봐서라도 추천 명단에 넣었다."며 긍정적인 검토 의사를 내비쳤다.

　작은 감투 하나를 놓고도 이전투구가 심한 곳이 문화예술계다. 그런데 차관급으로 격상된 국립중앙박물관장이 임기 만료 예정이니 연일 난투극(?)이 벌어졌다. 〈대한매일〉은 "'유물보다 역사정신이다' 국립중앙박물관도 변신"이라는 제목의 기사를 통해 유홍준 교수의 박물관장 '내정설'을 기정사실화했다. 그러자 친여 성향의 〈오마이뉴스〉가 한국고고학회의 "새 국립박물관장의 올바른 선임을 기대하며"라는 성명서를 인용하여 국립중앙박물관 근무 경력이 없는 유 교수의 선임에 대한 반대 목소리를 소개했다. 유 교수는 대통령직 인수위원회 시절 문화 분야 자문을 한 정치적 배경이 있었다.

인사보좌관실은 말 많은 이 인사를 원점으로 돌리고 새로운 인물을 물색했다. 그래서 삼고초려를 해서 한 분을 모시자는 것으로 결론을 냈다. 그 대상자는 간송미술관 최완수 학예연구실장이었다. 그는 1965년 서울대 사학과를 졸업하고 1년 간 국립박물관에 근무했다. 1966년부터는 간송미술관과 함께 외길을 걸어온 미술사학자로 겸재 정선과 추사 김정희 등 조선예술사에 정통했다. 결혼도 하지 않고 우리 역사·문화 연구를 위해 온몸을 던진 인물이었다.

정찬용 인사보좌관은 쉽사리 응하지 않을 것이라는 주변 얘기를 들은 바 있었기에 단단히 마음을 먹고 그를 만나러 갔다.

"내가 몇 년만 더 하면 겸재와 추사에 대해서만큼은 제대로 정리할 수 있겠다."

최 실장의 말을 들은 정 보좌관은 더 이상 깊은 얘기를 꺼내지 못하고 그대로 되돌아왔다고 한다. 두 번째 찾아갔더니, 그는 이유를 짐작하고 외출을 해버렸다. 그래서 세 번째, 네 번째는 연락도 없이 불쑥 찾아갔다. 그러나 그는 여전히 요지부동이었고 네 번째에는 차도 내주지 않았다. 청와대 인사보좌관이 문전박대를 당한 것이다. 자신이 평생을 바쳐 이룩해야 할 선명한 목표를 그 어떤 것으로도 대체할 수 없었던 것이다.

하는 수 없이 기존 공모제 응모자 중에서 결정하도록 방침을 바꿨다. 그러자 구설에 휘말린 유홍준 교수가 스스로 사퇴를 했고, 문화관광부는 이건무 실장과 김홍남 교수를 청와대에 복수 추천했다. 노무현 대통령은 2003년 3월 31일 이건무 실장을 초대 차관급 국립중앙박물관장으로 임명했다. 청와대는 "박물관 업무 전반을 꿰뚫고 있으며 조직 내외의 신망도가 높아 현안인 중앙박물관 건립 및 개관을 차질 없이 마무리하고 새로운 발전의 전기를 마련할 수 있을 것으로 기대했기 때문"이라고 발탁 배경을 설명했다.

김홍남 교수는 행정 경험이 전무한 까닭에 최종 탈락했지만, 결국 이 인사는 실패로 결론이 나고 말았다. 이건무 관장은 2006년 8월 관장직에서 물러난 이후 용인대 문화재학과 교수로 있다가 2008년 이명박 정부 초대 문화재청장으로 발탁됐다. 그는 "4대강 사업으로 문화재가 훼손될 가능성이 있다는 일부 시민단체들의 주장은 전혀 사실무근"이라고 밝히는 등 박물관·문화재 전문가로서 4대강 사업에 적극 협조한 수치스러운 인물이었다.

그의 조부는 친일사학자로 평가받는 두계(斗溪) 이병도다. 이병도는 스승 이마니시류(今西龍)로부터 사료에 대한 주관적 해석을 배격한다는 이른바 실증사학을 배우고 익혔다. 그 결과 일제 식민통치를 묵인·동조하는 가운데 관변 연구기관에 종사하면서 일제의 한국사 왜곡에 직·간접적으로 협력했다. 일제가 총독부 산하에 식민지배의 정당성 근거를 날조하기 위해 설치한 조선사편수회에서 간부급 연구자인 수사관보(修史官輔) 또는 촉탁으로 일하면서 우리 역사 왜곡의 문헌들인《조선사》《사료총감》등의 간행에 관여했다.

2008년 민족문제연구소는 조선사편수회 경력 및 그의 연구활동을 근거로 친일인명사전 수록 예정자 명단 4,776명 가운데 그를 포함해서 발표했다. 한때 중앙학교 교사를 역임한 전력 때문에 2005년 고려대 총학생회가 '고려대 100년 속의 일제잔재 1차 인물'에 포함시켰고, 서울대 총학생회도 '서울대 친일인물 1차 12인 명단'으로 발표했다.

그럼에도 그는 국방부 전사편찬위원장, 서울대 대학원장, 국사편찬위원장, 국민대 학장, 7대 문교부장관, 민족문화추진회 이사장, 학술원 회장 (8선) 등 화려한 경력을 쌓으며 해방 이후 고대사학계를 이끌었다. 따라서 다른 기관은 몰라도 국립중앙박물관의 수장만큼은 연좌제를 적용했어야 옳았던 것이다.

2006년 8월 8일 여성1호로 국립중앙박물관장에 임명된 김홍남은 사실상 '재수' 관장으로, 그만큼 준비가 되어 있었다. 미국의 여러 박물관과 미술관에서 큐레이터(학예사) 등으로 8년 동안 일했고, 이대 박물관장으로 6년, 국립민속박물관장으로 3년, 용산 국립박물관 건립위원 6년, 국제박물관협의회 (ICOM) 한국위원회 부위원장 3년, 국립현대미술관 운영위원회 부위원장 2년 등 박물관 관련 분야에서만 20년 이상 종사해온 전문가였다. 이화여대 재직 중에는 박물관학을 대학 정규 교과목으로 개설하는 등 이론과 실무를 겸비하며 CEO의 꿈을 키워왔다.

김홍남 관장은 1948년 보수적인 도시 서부경남의 진주에서 태어났다. 진주여중을 마치고 서울유학길에 올라 이화여고를 졸업한 다음 재수를 해서 서울대 문리대 미학과에 진학했다. 《나의 문화유산 답사기》로 유명한 유홍준 전 문화재청장이 나이는 한 살 어리지만 그녀와 미학과 동기생이다.

가족들은 그가 '여성'이기 때문에 미국 유학을 반대했지만 김홍남은 1977년 미국으로 건너가 예일대 인문대학원에서 동양미술사(중국회화사) 연구로 석·박사 학위를 받았다. 미술사학을 공부하고 싶었지만 그때까지 한국에는 학과 개설이 안 되어 있어서 미국으로 건너간 것이었다. 예일대에서 미술사학 전공으로 박사를 받은 한국인으로는 김홍남이 최초다. 한편 2007년 여름을 뜨겁게 달구었던 신정아 학력 위조 사건의 무대가 바로 김홍남이 공부한 그 학과다.

박사학위 취득 후에는 스미소니언박물관 동양미술부와 메트로폴리탄 박물관의 동양관 연구원(Research Fellow)으로 일했다. 이후 록펠러재단이 설립한 아시아소사이어티미술관에서 정식으로 큐레이터십(Cura-torship)을 익혔다. '조선시대 도자기전' '18세기 조선회화전'은 당시 그가 기획해서 성공시킨 대표적인 전시이다. 김 박사의 기획력은 훗날 민속박물관장 재임 시절의 '빛전'과 '민화와 장식병풍전'과 같은 빛나는 전시로 이어졌다.

이 와중에도 김홍남 박사는 애국심을 한껏 발휘했다.

1899년에 미국인 화가 허버트 보스가 그린 우리나라 첫 양화(洋畵)인 고종의 어진(御眞) 1점을 덕수궁에 보관하던 중 1904년 화재로 소실하였는데, 그 손자인 보스 3세가 다행히 또 다른 1점을 소유하고 있었다. 김홍남 연구원은 1년여 동안의 끈질긴 교섭 끝에 마침내 1982년 국립현대미술관에서 작품의 대여 전시를 하게 됐다.

한동안 메릴랜드주립대학교에서 전임강사와 조교수로 교편을 잡기도 했던 김 관장은 1991년 이화여대 대학원 미술사학과 교수 임용과 함께 국내로 복귀하고, 1995년부터 6년 동안 이대 박물관장직을 겸하게 됐다. 당시 대표적인 전시는 '매화를 찾아서'와 '탐매' 등이다. 1999년에는 국제박물관협의회(ICOM) 한국위원회 부위원장과 국제박물관협의회(ICOM) 부위원장에 선출되기도 했다.

정부는 이런 독특한 이력을 쌓은 그녀를 가만히 놔두지 않았다. 1994년 서울시 도시계획위원, 1995년 문화재관리국 박물관분과 문화재자문위원, 1998년 국립중앙박물관 건립위원, 1999년 국립현대미술관 운영위원회 부위원장, 1999년 한국국제교류재단 해외박물관 지원사업 자문위원, 2000년 문화재청 문화재위원, 2001년 대통령자문정책기획위원회 사회문화 분과위원 등 문화재와 박물관에 관련된 일에는 그녀를 불렀다.

김홍남은 그냥 평범한 교수가 아니었다. 문화재 관련 시민운동도 활발하게 전개했고 한국내셔널트러스트 이사 및 공동대표 등을 맡아 문화유산 보존에 강한 의지를 보였다. 정미숙 한국가구박물관장 등과 함께 '한옥 아낌이 모임'(한아모)을 설립해 무분별하게 한옥이 헐려 나가는 것을 막아냈고, 북촌문화포럼 대표를 맡아 북촌 가꾸기 사업의 올바른 방향을 제시했다. 2009년부터는 삼청동에 예쁘장한 한옥 독화루(讀畵樓, 그림을 읽는 집)를 짓고 몸소 한옥사랑을 실천하고 있다. 2015년 11월에는 소장 도서를 기증해 주민사랑방 겸 작은 도서관 '반송재 독서루'를 열었다.

그동안 국립중앙박물관장 대부분은 국사학자나 고고학자 출신이었고, 내부에서 승진하는 것이 관례였다. 그러나 제9대 김홍남 관장부터 관례가 깨졌다. 또 국립중앙박물관은 대대로 문화재 수집이나 보존, 기껏해야 명품 위주의 전시에 치중해왔다. 그러다 용산박물관 개관으로 '선진국형의 스토리가 있는 전시'로 탈바꿈을 하게 된 것이다.

그것을 해낼 사람이 바로 김홍남이었다. 우선 그녀는 미술사학을 전공한 최초의 해외파였다. 미국에서 세계적인 수준의 록펠러 컬렉션을 다루고 배운 것도 그녀가 1호였다. 이화여대 박물관장 재직 시절 독특한 기획전으로 이름을 날린 전시 전문가였다. 처음으로 내부 승진이 아닌 외부에서 발탁한 인물이었다. 그것도 별정직 2급에서 1급을 건너뛰어 바로 차관급으로 직행한 이례적인 케이스였다.

김홍남은 2003년 10월에 문화관광부 소속의 국립민속박물관장을 맡게 되었는데, 이 역시 37년 역사상 최초의 여성 관장이자 문화재 분야 1호 여성 중앙 기관장이었다.

김홍남 민속박물관장은 유물 중심 전시에서 탈피해 무형문화재에 관심을 가졌다. 〈무형문화유산〉이란 학술지를 발간하고, 유네스코를 통해 한국의 무형문화재를 세계에 알렸다. 박물관에 무형문화유산을 포함시킨 것은 세계 최초의 일이었다. 이렇듯 김홍남 박사는 문화예술 분야에서 여성 1호를 달고 살았다.

또한 김 관장은 학자 출신이지만 보기 드문 강한 추진력을 지녔다. 다양한 현장 경험을 바탕으로 했기 때문이다. 민속박물관장 시절 그녀는 취임 이틀 만에 업무보고를 끝내 직원들을 놀라게 했다. 빨리 보고를 끝내야 기관이 돌아가지 않겠느냐는 것이 이유였다. 미국 박물관에서 7년 넘게 일한 경험과 민속박물관에서의 전시 연출을 통해 관객과의 교감에 자신이 있었다.

1년 6개월 동안 재임한 김홍남 관장은 이명박 정부가 들어서면서 그 직을 물러나게 됐다. 김 관장의 주요 업적을 살펴본다.

'미술사 전시용어 개선작업'의 성과를 담은 《국립중앙박물관 전시용어

- 미술사》를 발간했다. 그동안 문화재 용어는 어른들도 이해하기 어려운 한 자로 되어 있었는데, 이를 한글 위주의 쉬운 단어로 고쳐놓았다.

연구기관으로서의 국립중앙박물관의 면모를 확실히 다졌다. 지금까지 연구에 필요한 한국 관련 영문 자료가 턱없이 부족해 외국의 연구자들에 게는 늘 불만이었다. 2007년 말 국내 고고미술사학계의 20년 주요성과와 연구물을 묶어서 'International Journal of Arts and Archaeology'라는 제 목으로 연간 학술지를 발간했다.

해외 박물관에 대한 문화재 대여 규모를 늘리고 대여 유물의 수준도 높 였다. 미국에서 한국 교민이 세 번째로 많은 도시인 휴스턴시 미술관에 한 국실을 열게 했다. 이를 위해 국보인 신라금관과 허리띠를 특별 대여 전시 하도록 했다. 동유럽 최초로 체코박물관에 한국실을 설치하기도 했다. 이 를 위해 국보급 고려청자 등을 대여 전시했다.

김홍남 관장은 2007년 8월 열린 국제박물관협의회(ICOM) 총회에서 선 거인단 투표를 통해 임기 3년의 집행위원회 상임이사에 당선됐다. 이로 써 용산시대를 맞이한 국립중앙박물관의 국제적 위상까지 드높이게 됐다. ICOM은 140개국에 21,000여 회원을 갖고 있으며 박물관학과 박물관의 운 영에 관계된 다른 학문을 진작시키기 위해 설립된 박물관과 박물관 전문 직원의 국제 비정부기구이다.

김홍남 교수는 2013년 2월로 이화여대에서 정년퇴직을 하고 2016년 5월 현재 명예교수로 재직 중이다. 그러나 미혼인 김 박사의 왕성한 활동은 여전히 멈추지 않고 있다. 문화유산기금 역사가옥박물관 총괄관장 겸 최순우 기념관장(4대 국립중앙박물관장)과 아시아뮤지엄연구소 소장, 그리고 서울시 박물관·미술관 사업자문단장 등 명함이 수북하다.

이공계 출신
중앙인사위원회 위원을 추천하라

외부 사람들은 청와대를 아주 대단한 곳으로 오해하기 쉽지만 3~5급 행정관들도 복사를 비롯해 보고서 작성 등 업무는 스스로 해결해야 한다. 그만큼 일손이 부족하기 때문이다. 따라서 비서 딸린 개인 사무실에 소파까지 갖춰놓고 여유를 부리던 중앙부처 출신 국장급 행정관들은 턱없이 부족한 근무공간과 회의실 때문에 불편하기 짝이 없어 한다. 그 이유 중 하나는 청와대가 산기슭에 있어 추가 건축이 쉽지 않은 탓도 있다.

2004년 10월 상순, 청와대는 비서동 건물 하나를 준공했다. 너무나 열악한 근무환경을 알게 된 노 대통령의 배려로 우리 비서진들이 숨 쉴 수 있는 작은 공간을 마련한 것이다. 몇 개월 전부터 식구가 늘어난 인사수석실이 우선 이 건물 1층에 배정됐다. 사실 인사수석실은 업무 특성상 장차관과도 상대를 하게 되므로 공간 때문에 난처한 일을 종종 겪곤 했다. 임시 응접실로 쓸 회의실조차 없으니 담당 부처 차관이 찾아와도 옆자리 행정관의 의자를 빌려서 앉히는 불경(?)을 저질러야 할 정도로 매우 궁색했다. 이런 형편에 20명이 한꺼번에 모여 회의할 수 있는 공간까지 생겼으니, 우리 모두는 싱글벙글할 수밖에 없었다.

이른 시간부터 인사수석실은 한창 이사를 한다, 비품을 정리한다, 청소를 한다 하며 분주하게 움직이고 있었다. 그런데 야구 모자를 쓴 아주 낯

익은 분이 우리 앞에 나타났다. 바로 노무현 대통령이었다. 지난밤 8박 9일 동안의 인도·베트남 ASEM정상회의 순방을 다녀온 노 대통령이 시차 적응이 안 되었는지 아니면 다른 무슨 생각이 있었는지 몰라도 아침 일찍 갑자기 비서들이 일하는 사무실을 방문한 것이다.

대통령이 비서동을 직접 방문하는 일은 흔치 않다. 그것도 전혀 격식을 갖추지 않고 아주 편한 복장으로 그냥 한번 휘 둘러보기 위해 말단 비서들의 근무공간을 찾은 대통령. 그러나 평생 상사 모시기가 몸에 밴 직업공무원들은 역시 뭔가 달라도 달랐다. 눈 깜짝할 사이에 슬리퍼를 구두로 갈아 신고 재킷을 단정하게 걸친 다음 어느새 다이어리까지 들고 나와 지시사항 메모 준비까지 완벽하게 갖춘 권혁인 인사관리비서관.

그는 인사수석실 선임비서관으로 행정자치부에서 전입해온 지 두 달 된 1급 공무원이었다. 그러나 대통령의 관심은 수석보좌관 회의석상에서 매주 마주치는 그가 아니었다. 우리 방에 쓰윽 들어선 노 대통령은 여전히 슬리퍼에다 복장 불량 상태로 마무리 작업에 한창이던 나를 향해 말문을 열었다.

"어, 광웅 씨가 여기 웬일이야? 지난번 유인태 수석, 청와대 퇴직할 때 같이 안 나갔나요?"

"아뇨. 여기 인사수석실에 남아서 일하라고 해서 남아 있는데요?"

"어디 힘든 일은 없고요?"

"예 힘든 일 생기면 말씀드리겠습니다."

노 대통령은 17대 총선 출마를 위해 지난 2월에 사직한 유인태 전 정무수석과 함께 일하던 나를 기억하고 있었다. 인사수석실 업무 특성상 대통령을 개별적으로 접촉할 기회가 별로 없으니 지금껏 내가 청와대에 근무하고 있다는 사실조차 모르고 있었던 것이다.

"어, 수연 씨도 여기 있네?"

"예, 여기서 일합니다."

수연 씨는 노무현 후보 경선캠프에서 일하던 여직원으로, 나와 같은 방에서 근무 중인 말단 여비서였다. 그녀를 직접 알아보며 말까지 섞는 대통령……. 직업 관료들이 보기에는 너무나 충격적인 장면이었다. 이전 대통령들이라면 도저히 상상할 수 없었을 것이다.

노무현 대통령은 사람 이름을 잘 기억하지 못하는 편에 속한다. 그런데 웬일인지 정확하게 내 이름을 부르며 특별하게 챙기는 장면을 목격한 권혁인 비서관과 인사수석실 직업공무원들은 나를 대통령이 인사수석실에 보낸 소위 '실세 행정관'으로 오해(?)하게 됐다. 당시 인사수석실에는 중앙인사위원회에서도 에이스로 소문난 행정관들이 네 명이나 나와 있었다. 이들이 갑작스레 자기 고시 동기들과 한잔하는 데 나를 데려가지를 않나, 청와대 근무 마치고 원대 복귀하게 되면 좋은 자리로 영전하게 힘을 써달라는 등등의 이야기를 비추곤 했다. 노 대통령이 참으로 인간적인 분이라는 사실을 미처 알지 못했기에 벌어진 해프닝이었다. 물론 그런 오해는 업무처리에 적지 않은 도움이 되기도 했다.

대통령직인수위원회 시절부터 미국 백악관 인사실(White House Office of Personnel)을 벤치마킹해 인재 발굴 전담기구인 인사보좌관실을 신설·운영한 참여정부는 인사추천 기능 강화를 위해 2003년 말 인사수석실로 확대·개편하고, 인사관리·인사제도·균형인사 등 3개 비서관실을 신설했다. 경찰·군·외교관 등 특정직 인사추천의 전문화 및 여성·이공계·장애인·지방인재 등 균형인사(Balanced Personnel) 정책 추진을 위해서였다. 나는 2004년 2월부터 바로 이 균형인사비서관실의 선임행정관으로 일하게 됐다.

두 달 전 임명된 균형인사비서관은 이화여대 사회학과 73학번으로 국내 1호 여성학 박사인 정영애씨였다. 정 비서관은 2007년 12월 마지막 인사수석으로 임명되어 정권교체기에 근무했다. 고 김근태 열린우리당 전 당의장의 부인인 인재근 더불어민주당 의원, 유인태 초대 정무수석의 부인인 이혜경 씨, 이화여대 여성학과 조순경 교수, 호주제 폐지 운동에 앞장선 홍명한 의원의 고은광순 원장 등 엄혹했던 박정희 유신 독재정권 시절 이화여대 학생운동을 이끈 주역들이 바로 그의 동기들이다.

그녀는 1998년 공모직 충청북도 여성정책관으로 4년여 동안 일하면서 실력을 인정받았으며, 이를 계기로 여성계에서 참여정부 대통령직인수위원회에 사회·문화·여성분과 위원으로 추천해 발탁된 여성정책 전문가이다. 그러나 균형인사비서관실은 여성뿐만 아니라 공직사회에서는 소수인 기술직과 이공계 출신도 챙겨야 하고, 장애인과 노 대통령이 특히 관심을 많이 보인 지방 출신 인재를 적극적으로 발탁해야 했다. 그러나 달랑 비서관 한 명에다 행정관 2명으로는 역부족이었다. 2004년 6월 중앙인사위원회에 균형인사과를 설치해 업무를 지원하도록 했지만 직업공무원들이란 본래 수동적이고 변화에 미온적이어서 기술직·이공계 출신을 우대한다는 것은 상상하기가 어려웠다.

"과학기술인들의 사회적 지위를 크게 향상시킬 수 있을 것으로 믿습니다. 시장의 경쟁 시스템을 잘 작동시키면 기술 경쟁력과 창조적 역량이 시장에 꽃피게 되고, 과학기술이 꽃피게 됩니다. 과학기술인력들은 그동안 권력에 직접 참여하지 못했습니다. 투명한 시장경쟁을 합시다. 권력의 합리적 운용을 통해 권력에서 소외된 사람들도 참여할 수 있도록 하겠습니다. 행정고시 중심의 공직사회를 제도적으로 바꿔 일반 행정직에서도 밀리지 않고 대등하게 진출할 수 있도록 하고, 국가 의사결정에 적극 참여할 수 있도록 길을 열겠습니다. 가장 어려운 문제지만 중요한 문제입니다. 최대한 참여의 폭을 넓히겠습니다. 이를 위한 개혁을 기술적으로 해 나갈 것입니다."

2003년 4월 21일 제36회 과학의 날 기념식에서 연설한 노무현 대통령의 축사 중 한 대목이다.

참여정부는 출범 전부터 '제2의 과학기술 입국' 실현을 위해 국가발전의 새로운 패러다임으로 '과학기술 중심사회 구축'을 12대 국정 과제 중 하나로 채택했다. 세부 추진사항은 △핵심 고급인력 1만 명 등 과학기술인력 양성·활용 촉진 △과학기술 사기진작으로 이공계 기피현상 해소 △남북 과학기술협력 강화 △첨단·원천·융합 기술 개발을 통한 신산업 창출 등이다. 2003년 5월에는 범정부적으로 이를 총괄하기 위한 '과학기술 중심사회 기획단'을 설치하고 같은 해 12월에는 '과학기술 중심사회 추진 로드맵'까지 마련했다. 여기에는 '이공계 전공자 공직 진출 확대방안'과 같은 획기적인 조치들이 담겨 있다.

균형인사 선임행정관으로서 내게 맡겨진 일은 과학기술부와 정보통신부 소관 인사 추천 및 이공계·지방 인재 발굴·육성이었다. 그러나 혼자서 40곳이 넘는 산하 공공기관 인사 추천과 이공계·지방 인재 발굴·육성 업무를 병행하기란 쉽지 않았다. 그것이 한계에 다다를 즈음인 2005년 6월, 중앙인사위원회 비상임위원 3명에 대한 인사 수요가 발생했다. 중앙인사위원회는 국민의정부 시절인 1999년 5월 행정부 소속 국가공무원 인사를 독립적으로 관장하기 위해 위원장, 상임위원 및 5인 이내의 비상임위원 등 총 7인 이내로 구성한 합의제 행정기관으로 참여정부 기간 중에도 계속 운영했다.

핵심기능은 약 1,500여 명에 달하는 고위직 공무원(1~3급)의 채용 및 승진 과정의 심의·의결과 공무원 인사정책 및 인사 관계 법령 제정 심의 등이며 거의 매주 회의가 개최됐다. 이처럼 중요한 위원회에 과학기술계 출신의 혁신적인 외부인사 한 명을 포함시킨다면 이공계 공직 진출 확대 방안 등 꽤 많은 일을 분담시키고 정기적으로 점검 정도만 해도 되지 않겠는가?

좋은 아이디어였다.

그런데 중앙인사위원 추천 업무는 인사제도비서관실 소관이었다. 인사제도비서관실에서는 우선 안재헌 전 여성부차관을 추천했다. 그는 내무부 출신으로 행정자치부와 여러 지방자치단체에서 근무한 다양한 경험이 있고, 여성부에서도 1년 반가량 근무했으니 균형인사비서관실 입장에서야 마다할 이유가 없었다. 이어서 정영애 비서관은 이화여대 사회학과 함인희 교수를 강력하게 추천했다. 여성을 챙겨야 하는 정 비서관 입장에서는 당연한 선택이었다. 3년 임기 중 1년을 경과한 서울대 법대 박은정 교수를 포함하면 여성위원은 7명 중 2명을 차지하게 됐다.

그리고 이제 남은 한 자리, 나는 고심을 거듭한 끝에 이공계 교수를 추천하자고 정영애 비서관에게 제안했고 김완기 인사수석의 동의까지 받아냈다. 그러나 지금까지 중앙인사위원회 비상임위원 5인은 관행적으로 법조계, 전직 관료, 행정학 또는 법학 교수로 구성했으며 여성은 1명 정도를 배정했다. 따라서 이공계까지 배정하겠다는 내 주장에 대한 중앙인사위원회 직업공무원들의 반발은 어쩌면 당연했다. 박은정 교수는 법학 전공이므로 용인할 수 있지만 이공계 교수까지 밀겠다는 내 입장을 매우 불편해 했다. 그렇지만 실세(?) 행정관이자 대통령과 직접 통하는 나는 중앙인사위원회로부터 우리 인사수석실에 전입해 근무하던 행정관들에게 협조를 요청했다. 그리고 실제로 대통령의 '빽'도 동원했다.

참여정부 청와대는 2004년 11월, 통합업무관리시스템인 이지원(e知園)을 전면 도입했다. 전자 지식정원이라는 의미의 이지원은 기존의 온라인 보고 체계를 한층 업그레이드해 일선 행정관부터 대통령까지 수시로 온라인상에서 만날 수 있도록 설계된 시스템이다.

발명가는 노무현 대통령과 강태영 업무혁신비서관 등 5명이며 특허까지 출원했다. 일선 행정관이 인터넷상에서 공문을 기안하고 관련 자료를 첨부해 소관 비서관에게 전송하면 비서관은 이를 검토한 뒤 자신의 의견을 댓글 형태로 붙여 수석비서관에게 전송한다. 수석비서관은 다시 이를 검토한 뒤 댓글 의견을 붙여 대통령에게 전송하거나 보완 지시를 내린다. 대통령은 문서를 읽은 뒤 자신의 댓글을 붙이거나 최종 결재를 한다. 이렇게 해서 하나의 공문 파일 속에 특정 사안에 대한 의사결정 과정이 족보처럼 담기게 되는 것이다.

이지원 시스템이 도입되면서 노 대통령이 보고받는 보고서는 일주일에 통상 100여 건이 넘었고, 부득불 온라인 야근까지 할 수밖에 없었다. 새벽 1~2시는 보통이고 이른 아침 5~6시에도 보완지시 또는 별도의 지시사항이 내려졌다. 그러니 새벽 2~4시만 빼면 대통령과 말단 행정관이 언제든지 소통할 수 있는 게 참여정부였다.

우리 인사수석실은 특성상 인사추천업무를 제외하고 정책 관련 업무만 온라인으로 보고하면 됐다. 그런데 '이공계 전공자 공직진출 확대방안'은 주요 국정과제였기 때문에 그와 관련된 내용은 반드시 보고 대상이었다. 역시 국정과제로 채택된 양성평등채용목표제 달성을 위해 여성 중앙인사위원 추가 위촉계획(안)과 함께 이공계 중앙인사위원 위촉계획(안)을 기안하고 엔터를 눌렀다. 비서관, 수석을 거쳐 노 대통령의 댓글이 달렸다. "잘 읽었습니다. 그대로 추진하세요." 중앙인사위원회가 두 말 없이 협조했음은 물론이다.

나는 즉각 후보군 물색에 들어갔다. 기왕이면 이공계와 지방인재 육성이라는 두 마리 토끼를 잡기 위해 지방대학 출신이 더 좋겠다는 생각으로 과학기술인사자문단을 풀가동했다. 마침내 적임자가 추천되었으니 경남대 전기공학과 이현우 교수였다. 1953년생으로 적당한 연배에다 거의 매주 열리는 회의에는 창원에서 비행기로 왕복할 수 있다는 답변까지 얻어냈다.

그는 2002년 12월 노무현 대통령 후보의 과학기술계 지지선언에 주도적으로 참여한 과학기술경제협력협의회(약칭 과경협)의 경남지역 공동 대표였다. 그러나 이현우 위원은 안타깝게도 임기의 절반도 채우지 못한 채 2006년 12월 별세하고 말았다. 다행히 전북대 기계항공시스템공학부 양균의 교수가 2007년 2월부터 이공계 위원의 명맥을 이어갔지만, 작은 정부를 지향한 이명박 정부가 중앙인사위원회를 행정안전부에 통·폐합하면서 2008년 2월 그의 임무도 종료되고 말았다. 재미있는 것은 호남 출신인 나는 경남대의 이현우 교수를 추천했는데, 부산 출신인 내 후임 손성수 행정관은 나와 반대로 전북대의 양 교수를 추천했다는 점이다.

두 명의 이공계 중앙인사위원들은 기술직과 이공계 출신이 공직사회에 더 많이 진출할 수 있도록 다양한 정책을 추진했다. 그리고 참여정부가 2004년부터 추진했던 '4급 이상 기술직·이공계 공무원 임용목표제'(표 참조)와 '5급 기술직 신규채용 확대 5개년 계획'을 통해 2008년까지 공직사회 내 4급 이상 기술직·이공계 공무원의 비율을 34.2%까지 끌어올리는 계획을 꼼꼼히 챙겼다.

IT, BT, NT 등 신기술 분야의 우수 과학인재의 양성과 활용, 이를 위한 공무원 인사시스템의 획기적인 혁신을 주도하고, 기술직도 4급 이상 간부가 되면 정책을 입안하거나 결정하는 직위로 옮겨갈 수 있도록 문호를 개방했다. 이와 더불어 이공계 전공자의 공직 진출을 확대하기 위한 과학기술 전문인력 5급 특별채용도 실시했다. 특히 5급 특채를 통해 2004년부터 2007년까지 연인원 159명을 선발했는데, 박사·변리사·의사 등이 몰리면서 평균 30대 1 정도의 경쟁률을 보였다.

〈표4〉 4급 이상 기술직·이공계 출신자 연도별 임용 현황

구 분	2004년	2005년	2006년	2007년	2008년
인 원	1,672명	1,775명	1,923명	2,172명	1,947명
비 율	28.9%	29.5%	29.6%	32.3%	30.9%

– 중앙인사위원회(2004~2007) 및 행정안전부(2008) 내부자료

또한 이공계 출신이 참여한 중앙인사위원회는 지속적인 노력 끝에 2007년 9월 재정경제부를 통해 공공기관이 직원을 채용할 때 어느 수준만큼 이공계나 지방 출신자를 채용할지 목표치를 미리 정하는 '이공계 및 지방인재 채용목표제'를 '공공기관 인사운영지침'에 추가시키기도 했다.

이명박 정부로 바뀌면서 중앙인사위원회는 폐지되고 행정안전부 제1차관을 위원장(현재는 인사혁신처장)으로 하는 7인의 '고위공무원임용심사위원회'가 그 역할을 대신해 오고 있다. 이 위원회에도 기술고시 13회 출신으로 오랜 과학기술부 관료생활을 하고 정책홍보관리실장으로 퇴직한 김상선 한양대 대학원 과학기술정책학과 특임교수가 2008년 3월 비상임위원으로 위촉되어 3년 임기를 연임하며 다행히 이공계 몫을 유지했다.

"과학기술 혁신의 핵심은 역시 인재 양성입니다. '이공계지원특별법' '이공계전공자공직채용목표제' 등을 통해 과학기술 인력을 키우고 처우를 개선하는 데 힘써 왔습니다. 특히 교육에서 취업과 연구, 은퇴에 이르기까지 생에 전 주기에 걸쳐 과학기술인을 양성·지원하는 체계적인 시스템을 마련했습니다."

2007년 10월 25일 '미래성장동력 2007' 전시회 개막식 축사에서 노무현 대통령이 강조한 발언이다.

국민의정부 시절에 매년 예산(안)과 함께 제출하는 '5년 단위의 중기재정계획' 제도가 만들어졌다. 참여정부는 노무현 대통령의 의지로 비교적 장기 재정계획이자 국가 발전전략인 '비전 2030'을 수립했다. 노 대통령은 비록 5년 단임 대통령이었지만 후손들을 위한 미래성장동력을 미리미리 준비해야 한다는 생각이었다. 과학기술을 국가발전의 핵심과제로 인식한 노무현 대통령은 과학기술 혁신정책을 통한 미래경쟁력에 승부를 걸었다.

참여정부는 과학기술의 핵심을 인재 양성과 연구개발의 효율성 증대로 규정했다. 과학기술행정체제 개편(과학기술부장관의 부총리 승격), 청와대 정보과학기술보좌관 설치, 과학기술인들의 사회적 지위 향상을 위한 이공계 공직진출 확대 방안 추진 등이 활발하게 이루어진 배경이었다.

최연혜 코레일 사장
레일이 희망이다

"공공기관 인사의 문제점을 해결하기 위해서는 공공기관의 업무 성격에 따라 인사방식을 달리 적용해야 한다. 효율성이 중시되는 분야는 민간시장에서 전문경영인 출신을, 공익성이 중요한 분야는 공공분야의 전문가를, 개혁과제를 안고 있는 분야는 개혁성과 전문능력을 갖춘 인사를 임용해야 한다. 효율성이 중시되는 업무에는 좀 열린 시장을 인력풀로 할 수 있으며, 공익성이 강조되는 업무는 공직자나 공익 관련 종사자 가운데 적임자를 찾는 것이 바람직하고, 개혁과제를 안고 있는 분야라면 해당자의 가치관, 특정 정책에 대한 태도 및 역량 등이 필요할 것이다. '무엇을 누가 하느냐'에 있어서는 '무엇을'이 먼저고 그 이후 '누가' 갈 것인지를 결정하는 방식을 택해야 한다."

2003년 1월 8일 중앙인사위원회를 방문한 자리에서 노무현 대통령 당선자는 공공기관 인사운영의 3대 원칙을 천명했다. 이후 참여정부는 300여 개에 달하는 공공기관을 효율성, 공익성, 개혁성의 기준에 따라 구분하고 적임자를 추천하는 방식의 인사를 실시했다.

2007년 4월 한국철도대학 제8대 총장으로 최연혜 한국철도공사 부사장이 취임했다. 그녀는 '개혁성과 전문능력을 갖춘 인사'로 110년 한국 철도 역사에서 여성 철도전문가의 새로운 페이지를 써 내려갔다.

한국철도대학은 1899년 경인선 개통 이후, 체계적인 철도인력 양성을 목적으로 1905년 설립된 제물포의 '철도요원양성소'에서 출발해 교통고, 철도고, 철도전문학교 등으로 교명을 바꿔오다 1999년 국립한국철도대학이 됐다.

철도는 현장 중심이고 남성 중심이다. 그러나 최연혜는 여성이지만 국내에서 둘째가라면 서러워할 철도 전문가다. 그 사연은 이렇다.

최연혜는 1956년 충북 영동에서 태어났지만 지리적으로 대전과 가까워 대전여고를 졸업했다. 여고 시절에 헤르만 헤세와 토마스 만의 소설을 즐겨 읽었던 그녀는 서울대 독문학과로 진학했다. 석사도 모교에서 독문학을 전공했다.

하지만 결혼 후 부부가 함께 떠난 독일 유학은 그녀의 인생을 바꿔놓았다. 남편이 입학한 만하임대학교는 경제학 분야가 특성화되어 있어서 한국에서 받은 독문학 석사학위를 인정하지 않았다. 선택의 여지없이 학사과정부터 다시 시작해야 했다. 공기업 마케팅으로 전공을 바꿨는데 공부할수록 적성에 맞았다. 덕분에 현지인도 평균 14학기가 걸린다는 학·석사 통합과정을 8학기 만에 마치는 최단기 기록을 남겼다. 박사과정 역시 장학금을 놓치지 않았을 정도로 우수한 성적으로 졸업했다.

최연혜 박사는 철도가 발달한 독일에서 공부하면서 자연스럽게 철도여행을 즐겼다. 1990년 동서독이 통일되면서 가장 크게 대두된 이슈 중 하나가 바로 동서독 철도회사의 통합이었다. 이 같은 변혁의 시대에 독일에서 공부한 최 총장이 철도회사 통합 사례를 중심으로 한 공기업 개혁에 관심을 두게 된 것은 너무나 자연스런 일이었다. 그래서 최 박사는 독일 철도청의 경영혁신과 철도구조 개혁과정 등을 직접 경험하며 한국인으로서 철도

경영학을 전공한 최초의 인물이 되었던 것이다.

최연혜 총장이 국내에서 철도와 본격적인 인연을 맺은 것은 1997년 국립철도대학 운수경영학과 교수로 임명되면서부터이다. 1995년 박사학위를 들고 귀국했지만 그녀가 전공한 공기업 지배구조 연구는 한국에선 불모지였다. 산업연구원 연구위원으로 잠시 근무하는 동안 우연히 신문에서 '철도대학의 공공부문 마케팅 전공자 공모 공고'를 보게 된 것이 시작이었다. 운명이었는지 교수 임용 조건이 마침 최 박사의 경력 및 전문 분야와 딱 들어맞았다. 이후 그녀는 한국철도학회 부회장을 역임하며 철도개혁의 핵심으로 떠올랐다.

철도대학에서 강의를 시작한 지 얼마 지나지 않아 한국은 외환위기를 맞게 됐다. '공기업 개혁'이 화두로 부각되는 사회적 분위기 속에서 최연혜 교수는 자연스레 철도청 구조개혁 작업에 깊숙이 참여했다. 이때의 경험은 훗날 그녀가 철도청 차장과 철도공사 사장에 오르는 데 큰 힘이 됐다.

이후 건설교통부 철도산업구조개혁추진위원회 위원, 철도청 업무평가위원장, 철도청 철도운임정책심의위원장, 노무현 대통령직인수위원회 경제2분과(건설교통) 자문위원 등을 지내며 철도와의 끈을 단단히 다져갔다.

시간이 흘러 2003년 2월, 새천년민주당 이미경 의원은 노무현 정부의 초대 철도청장 후보로 국립철도대학 최연혜 교수를 천거하는 장문의 추천서를 문희상 대통령비서실장 내정자에게 보냈다. "최 교수는 독일에서 철도연구로 박사학위를 받아 선진철도 제도에 대한 식견을 갖췄고, 운수경영학 전공이어서 철도운영의 적임자다."라는 게 이 의원의 설명이었다. 이 당시 최 교수의 나이는 47세에 불과했다.

출생지(부산), 연배(1950년생), 출신학교(이화여대)도 전혀 다른 이미경 의원이 어떻게 최연혜 교수를 추천했을까? 때는 약 1년 반 전으로 거슬러 올라간다. 6·15 남북정상회담 1주년과 경의선 복원을 기원하기 위해 이 의원이 포함된 새천년민주당 국회의원 일행은 2001년 6월 모스크바에서 출발해 단둥까지 향하는 유라시아 횡단 철도여행을 했는데, 이때 최연혜 교수가 전문가 자격으로 동행을 하게 됐다. 그리고 여행 중 러시아 철도장관과 철도대학 총장, 중국 철도부장관 등과 면담을 갖고 철의 실크로드 구상에 관한 의견 등을 교환했는데, 이 과정에서 최 교수가 철도인으로서의 식견을 유감없이 보여준 것이다.

2004년 11월, 최연혜 박사는 드디어 철도청 차장으로 임명됐다. 그리고 2005년 1월 1일자로 철도공사로 전환되는 철도청장 공모에 모두 10명이 응모했는데 최종적으로 최연혜 교수, 송달호 철도기술연구원장, 박남훈 전 건설교통부 수송정책실장 등 5명으로 압축됐다. 그러나 최종 평가에서 적임자를 찾기 못해 재공모를 했고, 결국 신광순 철도청 차장의 청장 승진으로 결정이 났다.

나는 이 과정에서 최연혜 박사를 직접 면접했다. 균형인사업무 담당자로서 '여성'을 챙겨야 했던 내 소관으로 분류가 되어 있었기 때문이었다. 다행히 과학기술부 산하 철도기술연구원장에 대한 추천 업무를 한 차례 진행해봤기 때문에 철도에 대한 이해는 어느 정도 자신이 있었다. 5명 모두 고만고만한 수준을 보였기 때문에 당연히 나는 여성인 최연혜 교수한테 높은 점수를 주었다. 직접 만나본 최 교수는 듣던 대로 호불호(好不好)가 명확하고 철도경영에 대한 강한 의욕까지 보여주었다.

하지만 행정경험이 없는데다 여성이라는 한계 때문에 1급 차장에 만족해야 했다. 현장직 위주로 운영돼온 105년 철도청 역사상 3만 명에 이르는 직원 중 그 당시까지 여성은 서기관조차 1명도 없었던 것이 현실이었다. 그래서 최연혜 차장은 청와대로부터 9급 기술직 출신으로 철도 수장까지 오른 신광순 청장을 잘 보좌하고 성과 있는 경영 개혁을 해내도록 특별히 주문을 받았다.

최 차장은 부임 두 달 만에 철도공사 부사장으로 명함을 바꾸고 업무를 봤는데, 공기업임에도 도대체 수익이나 비용 개념이 전혀 없었다.

그녀는 '수익구조'로 전환하기 위해 조직 개편에 착수했다. 차량·전기·운수 등 기술 중심이던 조직을 기업형으로 바꾸기 위해 영업본부를 신설했고, 조직 개편이 어느 정도 마무리된 뒤에는 만년 적자구조에서 탈피하기 위해 다양한 수익사업 발굴에 소매를 걷어붙였다. 우선 예상 수익을 너무 높게 책정하는 바람에 적자를 보고도 메울 방법이 없었던 고속철도의 수익을 현실적으로 분석하는 작업부터 시작했다. 이로써 정부의 재정지원을 이끌어냈다.

그녀는 2년 5개월 동안 재임하면서 서서히 철도경영의 정상화를 위한 기틀을 다졌다. 계열사 통폐합, 신규 정원 억제, 수익성이 낮은 역 정비, 역세권 개발 등으로 비여객운송 분야 수익비율 증대를 추진했고 일정한 성과도 거뒀다.

이러한 능력을 인정받은 최연혜 박사는 2007년 다시 '구원투수'로 등판

했다. '한국철도대학 개편사업'을 위해 국립철도대학의 여성1호 총장으로 임명된 것이다. 이 사업은 국립대 법인화처럼 대학경쟁력을 높이기 위해 국립전문대학인 철도대학을 4년제 종합대학교 내의 단과대학으로 개편하는 것이었다.

철도청 시절에는 철도대학을 졸업하기만 하면 전원 취직이 보장됐다. 최연혜 박사가 총장에 취임할 당시에도 현장경험과 전문성 덕분에 여전히 철도관련 공사나 기업체에 졸업생 중 80% 정도가 취업을 하고 있었지만 예전의 명성에 비할 바는 아니었다. 철도대학을 4년제로 개편하고 경쟁력을 끌어올리는 것이 시급한 과제였다.

최연혜 총장은 2010년 4월 KAIST와 충남대학교 등 경쟁 대학을 제치고 충주대학교를 통합 1순위로 선정했으며, 마침내 2012년 3월 국립교통대학교를 공식 출범시켰다. 이렇게 바쁜 와중에도 그는 세계철도대학협의회 회장을 역임하는 등 대외활동도 소홀히 하지 않았다.

평교수로 돌아온 최연혜 박사는 2012년 4월 제19대 총선에 새누리당 간판으로 대전 서구(을) 지역구에 출마했다. 현직 당원협의회 위원장을 제치고 단수공천을 받아 선거운동에 전력투구했다. 상대는 고향 후배로 17대부터 준비한 민주통합당 박범계 변호사와 현역인 자유선진당 이재선 의원이었다. 결과는 3위, 대전지역 새누리당 후보 6명 중 가장 저조한 득표율(23.3%)을 기록한 참패였다.

최연혜 교수에게 정치는 역시 낯설었다. 같은 해 말 대통령선거 때도 김광두 박사가 이끄는 박근혜 후보의 국민행복추진위원회 '힘찬경제추진단'

의 주축으로 활동하면서 주로 '정책공약' 발굴에 주력했다.

2013년 10월, 최연혜 교수는 마침내 114년 한국철도 역사상 최초의 여성 철도공사(코레일) 사장에 선임됐다. 이번에도 우여곡절이 많았다. 1차 공모 때는 무려 22명이 응모했는데, 3배수 후보에서 탈락한 것이다. 그동안 철도 민영화에 반대 입장을 취해왔다는 이유로 기획재정부와 국토해양부가 컷오프를 시켜버렸다. 다행히 국토교통부 관료 출신을 그 자리에 앉히려는 개입 시도가 발각되어 재공모가 이루어졌다. 2차 공모에도 대거 19명이 지원했지만 최 교수의 능력과 자질을 눈여겨보아둔 박근혜 대통령은 결국 그를 발탁했다.

철도공사 사장 임명 발표 직후 경실련, 참여연대, 한국YMCA 등 전국 210여개 시민단체로 구성된 '철도공공성 시민모임'은 성명을 통해 현직 새누리당 당원협의회 위원장이며 18대 대통령선거 당시 박근혜 후보 선거대책위원회에서 활동한 최 사장의 경력에도 불구하고 이례적으로 낙하산 반대가 아닌 임명 환영 성명을 냈다. 시민모임은 "최연혜 사장은 독일에서 경영학을 전공한 연구자이며 철도공사 부사장을 지낸 현장 경력자이다." "그동안 해온 발언을 종합하면 철도 민영화 반대, 정부의 철도투자 확대, 철도 구조의 상하통합, 대륙철도를 통한 경제 활성화가 철학이며 국토교통부의 '철도산업발전방안'과는 근본적으로 배치된다."고 강조했다. 철도 전문가임을 인정한 것이다.

최연혜 사장은 2006년 시베리아 횡단열차 여행기인 《시베리아 횡단철도》(부제: 잊혀진 대륙의 길을 찾아서)를 발간한 적이 있다. 1999년 이래 거의 매년 러시아를 방문해 5,000km 이상을 철도로 여행했고, 2001년과 2002년에는 두 차례에 걸쳐 1만km에 달하는 시베리아 횡단열차를 타고 노선을 완주했다. 철도 전문가인 최 사장은 이 책에서 단순한 여행담뿐 아니라 남북 철도를 러시아 및 중국 철도와 연결할 때의 기술적 문제점 및 해결방안을 제시하고, 남북 철도가 복원되었을 때의 파급효과까지 적었다. 또한 시베리아 횡단철도의 과거와 현재, 미래를 넘나들며 역사와 각 구간별 특징, 건설공사에 얽힌 일화, 기관차의 종류와 유래, 우리나라 철도와의 차이점 등 시베리아 횡단철도에 관련된 모든 것들을 담았다.

시베리아 횡단철도 여행이 특별한 것은 열차가 지나가는 길에서 지난 100년의 과거와 현재, 그리고 다가올 미래를 체험할 수 있기 때문이다. 또한 시베리아 횡단철도는 반세기가 넘는 냉전과 단절의 굴레를 벗어던지고 러시아에 이르는 길을 발견하는 여행이며, 러시아 땅에 묻혀 있는 우리 민족의 대륙의 꿈을 되찾기 위한 여행임을 강조한다.

2013년 코레일 사장 취임 직후 최연혜는 《시베리아 횡단철도》 개정판을 또 냈다.

최연혜 사장은 국내 유일의 철도 및 공기업 개혁 전문가로서 고속철도 경쟁 도입을 반대해온 인물이다. 코레일 사장 선임 과정에서 정부가 가장 경계했던 후보이기도 하다.

그녀는 2012년 초 〈조선일보〉에 기고한 글을 통해 '국가 기간교통망인 고속철도에 민간 참여라는 극단적 방법까지 동원해 경쟁을 도입하는 것은 자가당착'이라며 정부를 강력하게 비난한 바 있다. 국토교통부의 철도산업

발전방안은 코레일의 간선철도만을 남겨둔 채 모든 사업을 6개 자회사로 쪼개 지주회사로 전환하는 게 핵심이다. 지금은 민간을 배제하고 코레일이 지분의 일부를 투자하는 자회사 설립을 통한 경쟁도입으로 가닥을 잡았지만 최 사장은 큰 틀에서 이 방안조차도 반대했었다.

2013년 12월 초 철도노조는 KTX 민영화 저지를 목적으로 총파업에 돌입했다. 철도노조는 정부에서 일방적으로 추진하는 수서발 (KTX 분리를 위한) 코레일의 임시이사회 일정을 연기하고 노조와 협의하라고 촉구했다. 모회사와 자회사가 경쟁하는 이런 경쟁구조는 수용할 수 없고, 결국은 민영화로 가는 수순으로 판단할 수밖에 없다고 본 것이다. 그러나 정부는 철도파업 중 KTX 자회사 면허 발부를 강행했고, 최연혜 사장은 노조파업을 불법으로 규정하고 노조집행부 194명에 대한 대규모 고소·고발조치를 강행했다. 이어서 대국민호소문을 세 번씩 발표하며 파업 참가 조합원 6,000여 명을 일방적으로 전원 직위해제해 버렸다. 사장 취임 전 갖고 있던 철도 철학을 180도 바꾼 것이다. 특히 취임 직후 언론 인터뷰를 통해 "노조와 새로운 상생 모델을 만들겠다."고 공언했지만 채 두 달이 가지 않았다.

최연혜 박사는 25년 동안 철도와 공기업 개혁 분야에서 연구와 현장을 두루 섭렵하며 국내 최고의 전문성을 쌓아왔다. 그렇지만 시시때때로 정치권에 참여하는 등 폴리페서(정치지향 교수) 논란에서 자유롭지 못하다. 철도학회 부회장, 철도청 업무평가위원장, 철도청 차장 및 코레일 초대 부사장, 한국철도대학 총장 등을 맡기도 했지만, 그 이후에는 철도전문가라기보다는 정치권의 바람에 따라 움직이는 철새 정치인의 길을 걸어왔다.

최 박사는 지난 2002년 16대 대선 직후 참여정부의 대통령직 인수위원회에 참여했다. 이후 열린우리당의 싱크탱크인 '열린정책연구원'에서 활동한 것까지 플러스가 되어 철도청 차장으로 기용됐다. 하지만 대권이 열린우리당에서 한나라당을 거쳐 새누리당으로 이동하자 그는 잽싸게 말을 갈아탔다. 19대 총선에서는 박근혜 비대위원장의 지원을 받아 대전 서구(을)에서 직접 출마했다가 낙선을 했다. 이후 새누리당 당원협의회 위원장직을 역임하며 박근혜 대통령 후보 캠프에 둥지를 틀었다가 코레일 사장 자리를 거머쥐었다.

철도파업이 마무리된 2014년 1월 그는 출입기자단과의 신년간담회에서 "20대 총선에 출마하지 않겠다."고 밝히며 경영전념을 약속했다. 2015년 12월 초 공기업 수장들이 총선 출마를 선언하며 잇따라 사표를 던질 때도 코레일 홍보팀을 통해 "총선에 절대 출마 안 한다."며 진화에 나서기도 했다. 하지만 2014~2015년 2년 연속 1,000억원 대 영업이익을 달성하자 그의 말은 180도 바뀌었다. 최연혜 사장은 임기 7개월을 앞둔 2016년 3월 14일 돌연 사직을 하더니 새누리당 비례대표 5번으로 당선됐다. 개혁적 지식인의 전형적인 변신, 아니 씁쓸한 말 바꾸기이다.

2004년 당시 나는 철학을 중심으로 보지 못하고 최연혜라는 한 철도경영학자를 주목했다. 지금은 통렬하게 반성한다. 그럼에도 그가 6년 5개월 동안 철도대학과 코레일에서 경험한 CEO 활동은 소중하다. 대화와 타협을 통한 정치적 이해를 조정해내는 일이 주된 임무인 20대 국회에서의 활약을 조심스럽게 기대해본다.

인사 원칙은 실천이다

"지금까지 청탁문화는 밑져야 본전이었습니다. 그것으로는 청탁문화를 근절할 수 없습니다. 걸리면 패가망신을 하도록, 특히 인사에 관해 청탁을 잘못해서 걸리면 엄청 불이익을 받도록 하고 다른 청탁에 있어서는 특별 조사제도를 만들겠습니다."

노무현 대통령이 2002년 12월 27일 새천년민주당 중앙선거대책위원회 당직자 연수모임에서 한 폭탄 발언이다. 나 역시 그 현장에 있었다.

참여정부는 4대 인사원칙을 제시하고 그에 따라 인사를 실시했다. 공정 투명, 적소적재, 자율통합, 균형인사가 바로 그것이다.

공정하고 투명한 시스템에 의한 인사운영은 조기에 정착됐다. 이전 정부가 기본적으로 (청탁을 통한) 비선 방식의 인선이었다면 참여정부는 인사수석을 신설해 인사추천 창구를 일원화하고, 추천과 검증을 분리했다. 대통령비서실장을 의장으로 하는 인사추천회의를 운영해 공식적인 인선체제도 구축했다. 국민 참여 등 다양한 채널을 통해 인재를 발굴하기 위해 청와대와 중앙인사위원회 홈페이지에 상시 온라인 추천창구인 '삼고초려' 코

너를 개설·운영했고, 중앙인사위원회 인재 DB 구축, 수석·보좌관 및 관계 부처 장관의 추천 등을 통해 후보자를 발굴해 나가는 인사운영제도는 역대 어떤 정권과도 차별되는 진일보한 인사운영이었다.

2003년 1월 8일 노무현 대통령 당선자는 중앙인사위원회를 방문해 방명록에 적재적소(適材適所)라고 적었다. 그러나 관계 공무원과의 대화에서는 적소적재(適所適材)론을 피력했다. 예로부터 가장 잘 알려진 인사원리가 적재적소(適材適所)이다. 그런데 노 대통령은 이를 거꾸로 표현한 것이다. 위인설관(爲人設官), 즉 사람을 위해 자리를 만드는 것이 아니라 자리에 맞게 사람을 고르는 것이 바로 적소적재론이다. 노 대통령은 공공기관의 경우에도 전문성, 개혁성, 공익성 등 세 가지 기준으로 분류해 각각 그 기준에 맞는 인물을 배치하도록 지시했다. 대선에서의 공로를 이유로 '자리'에 대한 기대가 부풀었던 여당으로부터 큰 불만이 터져 나왔음은 물론이다.

참여정부는 각 부처의 인사운영의 자율성을 강화하고 능력과 실적에 입각해 공무원 인사를 운영하기 위해 1급 이하 인사의 경우 중앙행정기관장에게 인사의 자율성을 부여하되, 결과에 대한 책임을 지도록 했다. 그리고 다면평가와 창의적인 성과에 대한 분명한 인센티브 부여 등으로 지속적인 공무원 혁신을 유도했다. 국민의정부 시절부터 시작된 직위공모제를 활성화하였고, 고위공무원단 제도로 발전시켰다. 공공기관의 경우에는 정권의 출범에 기여한 사람에 대한 배려 차원의 인사를 하더라도 철저하게 공모를 거치거나 전문성을 고려했다.

　참여정부는 2003년 12월 청와대에 균형인사비서관, 2004년 6월 중앙인
사위에 균형인사과를 설치해 균형인사 분야에서 상당한 성과를 거뒀다.
2007년 말 현재 4급 이상 기술직·이공계 출신을 32.3%까지 늘리는 등 이
공계 우대에 힘썼고, 여성1호 국무총리, 여성1호 법무장관, 여성1호 대법관,
여성1호 헌법재판관, 청와대 정무직 10% 여성 발탁 등은 상징적인 조치였
다. 그리고 2002년에 수립된 '5급 이상 여성 관리자 임용 확대 계획'에 따라
2007년에 드디어 목표(10%)를 달성했다.

　군수 출신 장관, 지방 시민운동가 출신 인사수석, 지방대학 출신 장관
들……. 참여정부는 지방에 숨어 있는 진주들을 찾아 마음껏 능력을 펼치
도록 한 지방분권 공화국이었다. 이렇듯 많은 균형인사 성과를 거두었음
에도 불구하고 임기 말로 가면서 역대 정권에서 논란이 됐던 지역편중 인
사가 발생하는 등 원칙이 다소 훼손됐다.

　노무현 대통령은 당선자 시절부터 지역균형인사를 약속했다. 내각은 물
론 대통령비서실에서도 자연스럽게 지역균형이 맞는 인사가 되도록 하겠
다고 했다. 호남에서 93.2% 몰표를 얻었을 뿐만 아니라 충청도에서의 승리
를 바탕으로 집권한 노 대통령으로서는 당연한 약속이었다. 그러나 우연
히도 2006년 5월 호남 출신 김완기 인사수석이 퇴진하면서 청와대 정무직
인사에서 영남 편중이 도드라지기 시작했다. 하지만 참여정부 말기에 발탁
된 영남 출신 정무직 가운데 정권이 교체되면서 곧바로 등을 돌리거나 배

신을 하는 경우가 적지 않았다.

　바람직한 인사원칙을 다룬 이야기는 교과서에 이미 다 나와 있다. 문제
는 실천이다. 인사추천회의처럼 아무리 좋은 '시스템'을 구축해놓아도 결국
그것을 운영하는 것은 사람이다. 담당자들의 인적 고리(지연·혈연·학연)
에만 얽매이지 말고 채널을 더욱 다양화해야 한다.

　박근혜 정부도 청와대에 인사위원회를 운영하고 있고 인사추천 업무를
위해 인사수석과 두 명의 비서관(인사·인사혁신)이라는 형식적인 시스템
을 갖추고 있다. 인사검증을 담당하는 민정수석실도 여전히 운영하고 있
다. 그러나 매번 개각이 단행될 때면 고위공직자 후보 명단에는 어김없이
부동산 투기, 위장전입, 탈세, 이중국적, 병역 특혜, 논문 표절 등 국민의 인
상을 찌푸리게 하는 단어들이 포함되곤 한다. 대통령의 깜짝 수첩인사가
빚어내는 참극이다.

　만사의 시작인 인사는 말 그대로 사람을 쓰는 일이다. 대통령이 하는 인
사든 시골 군수가 하는 인사든 그 원리는 똑같고 소중하다. 원칙과 시스템
을 아무리 공정하고 훌륭하게 갖춰도 이를 실천하지 않으면 소용이 없다.
이 책이 널리 읽혔으면 하는 이유다.